Hohenheim

Nur ein Ortswechsel?

Eine Zwischenbilanz der Berliner Republik

Zum 70. Geburtstag von Arnulf Baring
herausgegeben von Hans-Dietrich Genscher
und Ulrich Frank-Planitz

Hohenheim Verlag
Stuttgart · Leipzig

Die Deutsche Bibliothek – CIP-Einheitsaufnahme
Ein Titeldatensatz für diese Publikation ist bei der Deutschen Bibliothek erhältlich.

Satz: L & N Litho, Waiblingen
Druck: Maisch & Queck, Gerlingen
Bindung: Dieringer, Gerlingen
Printed in Germany

ISBN 3-89850-074-8

Inhalt

Vorwort der Herausgeber

Gelehrte, zunehmend aber auch Politiker und Unternehmer, werden zu runden Geburtstagen in der Regel durch Festschriften geehrt. Diese mehr oder weniger literarischen Gaben nehmen die meisten Jubilare gern in Empfang, selbst wenn die Autoren oft nur das beisteuern, was sie gerade zur Hand haben. Auf diese Weise entstehen, so erhellend viele Überlegungen kluger Köpfe auch sind, nicht selten disparate Bände, die trotz klangvoller Namen unter Ausschluß der Öffentlichkeit erscheinen und nach der feierlichen Überreichung schließlich in Bücherregalen verstauben.

Deshalb hat Arnulf Baring den naheliegenden Gedanken abgewehrt, zu seinem 70. Geburtstag die übliche Festschrift herauszugeben. Dennoch wollten seine Kollegen, Schüler, Weggefährten und Freunde diesen Anlaß nicht verstreichen lassen, ohne „Barings Rolle als mobilisierender Kopf" (Wolf Jobst Siedler) zu würdigen. So ist die Idee entstanden, sich von verschiedenen Seiten einem Thema zu nähern, das ihm besonders am Herzen liegt und auf das er immer wieder zu sprechen kommt – mit den Folgen der deutschen Einheit, zu denen nicht zuletzt die Rückkehr von Staatsoberhaupt, Parlament und Regierung in die alte Hauptstadt gehört: Wie geht es weiter mit Deutschland? Wird es sich den Herausforderungen, die aus Bonn unerledigt nach Berlin weitergeschleppt worden sind, gewachsen zeigen? Und auf die neuen Herausforderungen, die im Innern und von draußen auf uns zukommen, überzeugende Antworten finden?

Was Arnulf Baring bewegt, hat er in seinem 1999 erschienenen Buch „Es lebe die Republik, es lebe Deutschland!" beschrieben.

Die entscheidende Passage zu diesem Thema ist unserem Band vorangestellt – auch dabei weicht er vom Charakter von Festschriften ab, in denen die Geehrten gewürdigt werden, aber nicht selbst zu Wort kommen. Das trifft in anderer Weise ebenfalls auf den Beitrag des viel zu früh verstorbenen Johannes Gross zu, der 1995 mit einem seiner Buchtitel den von Baring aufgegriffenen Begriff „Berliner Republik" in Umlauf gebracht hat. Aus diesem Buch wird hier die Einleitung zitiert, was ganz gewiß im Sinne des geistreichen Publizisten ist, der mit dem Jubilar befreundet war.

Schon zwei Jahre zuvor hatte Christian Meier in einer Rede wenn nicht von „Berliner Republik", so doch von „Berliner Demokratie" gesprochen. Diese Rede ist zwar 1994 in einer Zeitschrift nachgedruckt worden, aber nicht ohne weiteres zugänglich, weshalb wir den Münchner Historiker aus Pommern nicht um einen Beitrag, sondern um die Erlaubnis gebeten haben, daraus in dem Band zitieren zu dürfen. Denn auch das, was er damals gesagt hat, illustriert das gewählte „ideale Generalthema", das uns Barings Schüler Volker Zastrow bescheinigt.

Er gehört zu den wenigen, die es sich aus Zeitgründen versagen mußten, unsere Einladung zur Mitarbeit anzunehmen. Besonders originell hat Barings alte Freundin Carola Stern ihre Absage begründet: „Gerade sind die Franzosen am 14. Oktober *(1806 nach der Doppelschlacht von Jena und Auerstedt, in der die preußisch-sächsische Armee von Napoleon entscheidend geschlagen wurde – die Herausgeber)* in Weimar einmarschiert und ziehen plündernd durch die Stadt. Meine Heldin Johanna Schopenhauer und ihre Tochter Adele leben in großer Angst. Sie sehen, ich arbeite an einem neuen Buch."

Einige der von uns Angesprochenen wollten keine „Zwischenbilanz der Berliner Republik" ziehen, wohl aber im Rück- oder Ausblick andere Aspekte des wiedervereinigten Deutschlands beleuchten. Ihre Beiträge finden sich im dritten, vierten und fünften Kapitel. Schließlich mochten es sich zwei Weggefährten Arnulf Barings nicht nehmen lassen, ihn und seine Bedeutung für unser politisches Leben zu charakterisieren; ihre Würdigungen stehen am Schluß und stellen damit einen weiteren Höhepunkt des Bandes dar.

Daß unser Projekt nicht bis zum 8. Mai 2002, dem 70. Geburtstag von Arnulf Baring, realisiert werden konnte, war von vornherein klar, weil sich die Idee dazu erst allmählich konkretisiert hat. Immerhin wurde sie ihm aus diesem Anlaß verraten. Sie hat ihn überrascht, wurde aber skeptisch-wohlwollend, wie das seine Art ist, aufgenommen. Als Erscheinungstermin war Ende August geplant, etwa vier Wochen vor der Bundestagswahl. Aber jeder Sammelband kann eben erst dann gedruckt werden, wenn der letzte zugesagte Beitrag abgeliefert worden ist, weshalb das Buch nun im Oktober ausgeliefert wird – wenn die Bürger unseres Landes möglicherweise wissen, „Wohin wir gehen".

Bonn und Stuttgart, im September 2002

Hans-Dietrich Genscher
Ulrich Frank-Planitz

I. ZUM BEGRIFF

Wohin wir gehen

Die Masse der Westdeutschen wird erst, wenn die Hauptstadt wieder Berlin ist, überhaupt merken, was sich 1990 ereignet hat. Nach dem Umzug wird man hoffentlich allmählich erfahren, was von der »Berliner Republik« zu halten ist, von der man jetzt so viel hört.

Die Regierungserklärung Schröders enthielt erste, unsichere Hinweise, was er sich unter einer »Republik der Neuen Mitte« vorstellt, die von Berlin ausgehen soll. Er pries das weltoffene Klima, Berlin als Anziehungspunkt für Jugend und kulturelle Avantgarde, sah in Berlin eine »heitere und aufregende Stadt« für jüngere Deutsche und Europäer, »die sie von Fußballspielen und der Love Parade her kennen. Auch und gerade an diese Traditionen werden wir anknüpfen, wenn wir Berlin zur Hauptstadt einer Republik der Neuen Mitte machen wollen«.

Das wird nicht reichen. Man muß sich gedanklich mehr anstrengen bei diesem Ortswechsel, der zugleich eine Rückkehr in unsere lange Geschichte ist, auf die man sich so oder so neu einstellen muß. Wer einen neuen Stil deutscher Politik entwickeln, sich offener, unbefangener, souveräner geben möchte als im kleinstädtisch zugeschnittenen Bonn, muß sich an einem hohen Anspruch messen lassen. Er muß mehr im Blick haben als die letzten fünfzig Jahre. Aber er darf gleichzeitig keinen Augenblick die Tugenden vergessen, die der alten Bundesrepublik Respekt und Zustimmung der Welt eingetragen haben: die Bescheidenheit des Auftretens, den kooperativen Arbeitsstil, die Fähigkeit, anderen zuzuhören, ihre Interessen wahrzunehmen, behutsam am Konsens mitzuwirken.

Falls sich eine selbstbewußte Stillosigkeit durchsetzt, wird das auch die Substanz der Bundesrepublik verändern, obwohl die etablierten Institutionen, das Grundgesetz, die Parteien, die Apparate natürlich bleiben. »Berliner Republik« – das sind bisher nur zwei Wörter. Aber sie spiegeln eine verbreitete, vage Erwartung. Es fällt auf, daß immer weniger von der »Bundesrepublik« die Rede ist, ihre 50-Jahr-Feier nur müdes Interesse findet. Mehr und mehr wird von »Deutschland«, von der »Republik« gesprochen. Schröder hat recht: Auffällig viele junge Menschen – und nicht nur junge – blicken erwartungsvoll auf Berlin, ziehen dorthin. Medien, Zeitungen, Verlage rechnen mit einer neuen Metropole, stellen sich auf sie ein. Diese breite, mächtige Erwartung ist in sich ein Element der Veränderung. Sie wird uns das Bestehende mit anderen Augen wahrnehmen lassen. Sie schafft eine Atmosphäre, in der Neues die Chance erhält, zum Thema zu werden, sich durchzusetzen.

Bonn war immer untypisch für die Bundesrepublik, weil es bürgerlicher, gesetzter, provinzieller war als große Teile des Landes. Man bekam dort wenig von dem mit, was die Deutschen bewegte. Berlin ist der umgekehrte Fall. Es ist schlechter beieinander als alle anderen Großstädte. Es ist arm. Vieles liegt im argen, muß und wird unbedingt geändert werden. Zugleich ist die kulturelle, künstlerische Vielfalt außerordentlich. Soziale Spannungen sind sichtbar, die Ghettobildung in einigen Bezirken weit fortgeschritten. Zugleich regt die Stadt an und auf, inspiriert Gespräche, Auseinandersetzungen. Die Geschichte Deutschlands ist hier unausweichlich überall näher als sonstwo.

Das alte West-Berlin und die Hauptstadt der DDR leben immer noch weitgehend nebeneinander her, gehören politisch in verschiedene Welten, und dennoch sieht man nirgendwo in Deutschland so viel Neugier und Wandel.

Das wird atmosphärisch eine Menge ausmachen, falls sich die Nation, deren Kraft der Kanzler beschwört, nach einer Pause von fünfzig Jahren zu einer richtigen Hauptstadt aufrafft, also nicht länger mit einer bloßen Geschäftsstelle zufrieden ist. Die Union, die bei weitem wichtigste Partei der alten Bundesrepublik (alle anderen waren im Grunde nur Zutaten), prägte mit Westintegration und Marktwirtschaft den Bonner Staat, dessen Symbol die D-Mark war. Jetzt liegt in der Berliner Republik eine breite Linksunion in der Luft, und die Westverlagerung Deutschlands wird ergänzt werden durch ein umfassend konstruktives Engagement in den Staaten östlich von uns. Sie werden in Berlin ungleich stärker ins Blickfeld rücken als am Rhein. Andererseits hat zu Beginn dieses Jahres das waghalsige westeuropäische Experiment des Euro begonnen, das – wenn es gelingt – die Verschmelzung des Kontinents bewirken könnte, in jedem Falle die EU vor eine große Bewährungsprobe stellt. Deutschland steht also vor einer Reihe neuer, ungewohnter Herausforderungen. Vieles spricht dafür, daß wir zwischen Ost und West, auch zwischen Freiheit und Gleichheit, nach außen und im Innern eine neue Balance finden müssen. Die künftige Synthese, so ist zu vermuten, wird dem neuen, jetzt schon populären Namen der kommenden Berliner Republik Inhalt und Sinn geben.

(1999)

JOHANNES GROSS

Begründung der Berliner Republik

Von der Berliner Republik soll in diesem Buch gesprochen werden, doch ist die Bezeichnung nicht wie vordem das Wort Bonner Republik oder Weimarer Republik in wertender – meist war es eine herabsetzende – Absicht gebraucht, sondern nur zum Zweck der Unterscheidung. Die Bundesrepublik ist durch die Wiedervereinigung nicht nur größer, sondern dank auch der sie begleitenden Veränderungen der internationalen Politik von Grund auf anders geworden. Nach den gelungenen Anfangsjahren der alten Bundesrepublik hatte der Schweizer Schriftsteller Fritz René Allemann in einem erfolgreichen Buch die These vertreten »Bonn ist nicht Weimar«; er hob die Stabilität der zweiten Republik gegenüber der ersten hervor, die Kraft ihrer demokratischen Institutionen, die vernünftige antiutopische Gesinnung ihrer Gestalter, die Bereitschaft der deutschen Gesellschaft, die in Sackgassen führenden deutschen Sonderwege nicht zu beschreiten und die westlichen Ideale zu den ihrigen zu machen.

Wenige Jahre nach der Umwandlung der Bundesrepublik zum Nationalstaat für alle Deutschen ist es an der Zeit, die politische Physiognomie einer Republik, die nicht mehr Bonn als Hauptstadt hat, zu zeichnen. Mag das Gesicht der Berliner Republik in allen Zügen, Falten und Runzeln auch noch nicht erkennbar sein, die Unterschiede zum Bild der alten sind es. Die Berliner Republik ist mit der Bonner Republik staatsrechtlich identisch; gesellschaftlich, politisch, kulturell ist sie es nicht.

(1995)

Zwischen Bonner und Berliner Demokratie

Da deutsche Republik (und Demokratie) gern nach Städten bezeichnet wird: Erst die Weimarer, dann die Bonner, kann man den Zwischenzustand im Politischen heute als den zwischen der Bonner und der Berliner fassen. Bonn war nicht (wie es ein berühmter Buchtitel besagt) Weimar. Bonn ist aber auch nicht, so kann man heute feststellen, Berlin. Und solange die Berliner Demokratie noch nicht an die Stelle der Bonner getreten ist, so läßt sich hinzufügen, sollte man vorsichtshalber zögern, von einer wohlfundierten Demokratie im vereinten Deutschland zu sprechen.

Denn zwischen Bonn und Berlin geht es nicht einfach um einen Umzug, sondern um einen wesentlichen Teil der Integration des Landes, um die Neugründung deutscher Demokratie, um deren politische Zukunft. Die Berliner Demokratie wird im wesentlichen das gleiche Grundgesetz haben wie die Bonner. Sie wird westlich orientiert bleiben. Trotzdem wird sie eine andere sein. Dafür sorgen die Anforderungen, denen sie sich stellen muß, die Agenda, die Inhalte der Politik und wohl auch die Verwandlung der Gesellschaft. Nicht nur wegen der deutschen Vereinigung, sondern wegen des Wandels der ganzen Welt (infolge der Auflösung der Blöcke), deren Teil diese Vereinigung war und ist. Jenes Wandels, der sich freilich auf Deutschland ganz besonders auswirkt. Und die Übersiedlung nach Berlin wird, wie gleich noch deutlicher werden sollte, eine wesentliche Blockade auf dem Weg zur Überwindung des Durchgangssyndroms durchbrechen.

Die Bonner Demokratie hat eine außerordentlich erfolgreiche Geschichte zu verzeichnen. Ihre Anfänge waren sehr schwer: Der verlorene Krieg, weithin zerstörte Städte, Fabriken, Verkehrswege.

Millionen von Flüchtlingen. Die Last einer Vergangenheit mit einzigartigen Untaten. Der Wiederaufbau hatte gerade erst begonnen. Es galt, mit Menschen, die zum großen Teil dem Nationalsozialismus angehangen hatten, eine Demokratie zu schaffen.

Daß das gutging, war zunächst das Verdienst der Gründergenerationen, darunter nicht zuletzt der Alten, der Generation Adenauers, jener Politiker, die schon im Kaiserreich und in der Weimarer Republik eine Rolle gespielt hatten. Aber auch die nachfolgenden haben Wesentliches dazu beigetragen.

Doch ist unverkennbar, daß die Umstände dem Aufbau und der Festigung der Bonner Demokratie außerordentlich günstig waren und blieben. Bei all den Schwierigkeiten, Nöten und Auseinandersetzungen kann man mit gutem Grund feststellen, daß die Bonner Demokratie ein Glückskind war, von Anfang bis zum Ende, bis zur Wiedervereinigung.

Es kamen ihr die außerordentlichen wirtschaftlichen Erfolge sehr zugute, die ihrerseits nicht nur einer guten Wirtschaftspolitik, einem relativ guten Verhältnis zwischen den Tarifpartnern sowie dem Fleiß und Verstand der Deutschen zu verdanken sind, sondern zum nicht geringen Teil den Umständen der damaligen Zeit. Dank dieser Erfolge wurde eine rasche Beseitigung der Arbeitslosigkeit möglich, die Integration der Benachteiligten, der Vertriebenen und Flüchtlinge, der Obdachlosen, oft auch der alten Nazis. Der Massenwohlstand nahm rasch zu; die D-Mark wurde zu einer der stabilsten Währungen der Welt. Verfassungsrechtler hatten befürchtet, daß es im Zeichen der Demokratie (und der Ungleichheit der Vermögensverhältnisse) zu großen Umverteilungen käme; doch wie sich dann erwies, genügte es, die Arbeitnehmer stärker an den Zuwächsen zu beteiligen. Und was immer an Kämpfen (und Unkenrufen) zwischen Arbeitgebern und Arbeitnehmern die ganze Zeit über stattfand – in aller Regel haben am Ende immer beide Seiten gewonnen. Die Erfolge der Wirtschaft erleichterten den Konsens – und belohnten ihn. Sehr bald reichte die westdeutsche Arbeitskraft nicht mehr aus, und man holte Millionen von Gastarbeitern ins Land.

Der Gunst der wirtschaftlichen Verhältnisse korrespondierte die der außenpolitischen. Die Bundesrepublik wurde dringend gebraucht. Der aufkommende Ost-West-Gegensatz machte die Gegnerschaft zur Sowjetunion derart beherrschend, daß darüber alle Gegensätze zu den westlichen Kriegsgegnern in den Hintergrund gerieten; die neue Parteiung hatte für die Deutschen zudem den Vorteil, daß sie eine außenpolitische Kontinuität bedeutete. Denn die Feindschaft zur Sowjetunion war ja auch im Krieg als die entscheidende empfunden worden. So konnte man den eigenen Krieg im Osten im doppelten Sinne als Vor-Kämpferschaft für das Abendland betrachten.

Unverhofft rasch wurde die Bundesrepublik zum anerkannten Mitglied der westlichen Welt. Man nahm sie in die Bündnisse auf. Der Ost-West-Gegensatz erleichterte auch den Zusammenschluß Westeuropas (der andererseits natürlich in der Erkenntnis wurzelte, daß Europa sich keinen Krieg mehr leisten konnte, ja enge Zusammenarbeit brauchte). Gestützt auf diese Bündnisse konnte dann später die deutsche »Ostpolitik« begonnen werden.

Als dritte Bedingung der Erfolgsgeschichte der Bonner Demokratie sollte man die – bei aller Anerkennung – verminderte Verantwortung hinzufügen. Die Republik war in die großen Probleme der Welt wenig involviert; gegebenenfalls sandte sie in Katastrophengebiete Wolldecken und Milchpulver. Im übrigen leistete sie Entwicklungshilfe, gewährte in dem kleinen Umfang, in dem es nötig war, großzügig Asyl. Das gab ein gutes Gewissen, und mehr schien nicht geboten zu sein, außer wenn man genauer hinsah – doch drängte sich das nicht auf.

Die Bundesrepublik lebte zudem im Windschatten des Eisernen Vorhangs. Die Mauer ermöglichte es ihr, sich von den anderen Deutschen, die zunächst noch die armen »Brüder und Schwestern im Osten« gewesen waren, abzusetzen; übrigens zum Teil auch den deutschen Selbsthaß auf sie zu projizieren. Die Klarheit, in der man sich zu verwestlichen suchte, wurde vermutlich durch die Grenze, die innerdeutsche Distanz, erleichtert. Außerdem wurden dadurch vielerlei Probleme von Westdeutschland ferngehalten. Aufs Ganze gesehen konnte man sich auf die Geschäfte konzentrieren.

So kam man in den verschiedensten Hinsichten überraschend gut und schnell von der Stelle. Mehr oder weniger alle hatten daran teil. Wenn einmal geringere Zuwachsraten zu verzeichnen waren, so erschien das schon als ein Unglück.

Abgeschirmt gegen zahlreiche Probleme und da die Verbindung zur eigenen Geschichte nur schwach geknüpft war, konnte man meinen, zumindest implizieren, in einer ganz neuen Zeit zu leben; also vieles, was die deutsche, ja die Weltgeschichte immer wieder so schwer belastet hatte, endgültig hinter sich zu haben.

Was derart begünstigt, gleichsam unter Treibhausbedingungen heranwuchs, hat mit der Zeit an eigener Kraft gewonnen: Die Bonner Demokratie, die politische Ordnung also, trieb die eigenen Wurzeln immer tiefer und breiter in den Boden des Denkens und der Mentalität. Die Überzeugung von den Vorteilen, der Richtigkeit und Angemessenheit dieser Verfassung wurde allgemein. Man entwickelte den vielbeschworenen »Verfassungspatriotismus«. Wobei der Generationenwechsel, die Unruhen von 1968 und vor allem die daran anknüpfende Auseinandersetzung zwischen den Generationen wichtig waren.

In diesem Zusammenhang spielt auch die Beschäftigung der Deutschen mit den schlimmsten Teilen ihrer Vergangenheit (zwischen 1933 und 1945) eine nicht geringe Rolle. Sie war gewiß voll Peinlichkeiten, voll Verdrängungen (ist es ja übrigens bis heute), sie war insgesamt unzulänglich. Nur darf man nicht übersehen, daß es eine zulängliche Auseinandersetzung mit einem solch gigantischen, welthistorisch einzigartigen Verbrechen wie Auschwitz gar nicht geben kann. Stellt man dies in Rechnung, so muß man nach meinem Urteil fairerweise sagen, daß die alte BRD sich dieser Vergangenheit bemerkenswert offen gestellt hat. Normal ist es, daß Völker nach großen Niederlagen einen trotzigen Stolz entwickeln. Hier geschah genau das Gegenteil. Es war übrigens zugleich Voraussetzung und Konsequenz der raschen Einordnung in den Westen.

Freilich hatte das Folgen, und auch die waren kennzeichnend für die Bundesrepublik: Es war schwierig, ja wurde immer schwieriger, sich dem Volk, auf dessen Konto jene unsagbaren

Verbrechen gingen, zugehörig zu fühlen. So wurde die deutsche Geschichte zur Verlegenheit. Auch die deutsche Nation. Grob gesagt, fühlte man sich lieber als Bundesrepublikaner denn als Deutscher.

Im anfänglichen Provisorium indes, in der ungeheuren Aktivität, in die das Land verfiel, konnte man dies weitgehend im unklaren lassen. Teils war man mit Selbstverständlichkeit deutsch, teils ließ man das Problem der Nationalität rechts liegen, teils suchte man in Europa aufzugehen, gleichsam die nationale Identität an der Garderobe der europäischen Gemeinschaft abzugeben; wobei man, was Flucht-(also Orientierungs-)punkt deutscher Politik sein sollte, zugleich als Fluchtburg benutzte. In den achtziger Jahren aber, knapp vierzig Jahre nach Kriegsende, als mehr Distanz entstanden war, begann man über das Nationale zu reden, durchaus unzulänglich zwar, dafür um so erregter. Die einen meinten, »nationale Identität« bekräftigen zu sollen (offenbar nur für die BRD, denn von der DDR war nicht die Rede; ja man kam sogar auf den drolligen Einfall zu fragen, welchem von den beiden deutschen Staaten die deutsche Geschichte »gehöre«); andere traten die Flucht nach vorn an und begaben sich neuerdings, übrigens auch in missionarischer Absicht, auf einen deutschen Sonderweg: Als einzige Nicht-Nation unter den Nationen der Welt. Postnationalität und – entsprechend – das Postulat einer multikulturellen Gesellschaft waren die Rezepte, um aus der Not eine Tugend zu machen.

Ohne viel Vergangenheit also, das heißt mit einem ungeklärten, brüchigen, kalten Verhältnis zur eigenen Geschichte (die gleichwohl vorhanden und wirksam war), bildete die Bundesrepublik einen sehr rationalen, aufgeräumten, westlich orientierten, effizienten Staat. In etwa so wie ihre Architektur: Praktisch, transparent, leistungsfähig und brav. Allen Anforderungen, zumindest denen, die sich aufdringlich stellten, gut gewachsen.

Das Leben in dieser Republik war bequem. Nachdem man sich eine ganze Zeitlang in ihr trotz bemerkenswerter Stabilität unsicher vorgekommen war, schien endlich das Gefühl einer gewissen Geborgenheit um sich zu greifen, auch wenn immer wieder Wellen von dem, was man im Ausland gern *the German angst* nennt, über die Republik hinweggingen. Der Sozialstaat wurde großzügig, ja geradezu verführerisch ausgebaut. Rechte wurden immer größer, Pflichten eher kleingeschrieben; unter der Formel der »Selbstverwirklichung« wurde die mögliche Entfaltung des Egoismus zum Surrogat einer Staatslegitimation. Des Menschen Recht, nach Glück zu streben, brauchte man nicht allen möglichen Ansprüchen abzuringen, sondern es schien gleichsam auf einem silbernen Tablett präsentiert zu werden.

Diese Republik zeichnete sich zugleich durch große Aufgeschlossenheit, Toleranz, Liberalität aus. Sie wurde mit der Zeit sogar aufmerksam auf ihre Intellektuellen. Nachdem man in den Jahren seit 1968 die kritischste deutsche Geistesrichtung, die »Frankfurter Schule«, weithin heftig bekämpft hatte, konnte deren wichtigster überlebender Vertreter, Jürgen Habermas, sogar in den Rang eines *praeceptor Germaniae* aufdrücken.

Gewiß, es gab viele schwere Auseinandersetzungen bis in die achtziger Jahre hinein. Es gab auch große Probleme. Aber die Verhältnisse waren im ganzen so berechenbar, daß in der Regel Politiker schon dabei waren, sich mit diesen Problemen auseinanderzusetzen, bevor sie die breite Öffentlichkeit zu beschäftigen (und zu beunruhigen) begannen. Nur in der Bewegung der Grünen stellte sich ein etwas anderes Verhältnis zwischen Politikern und deren Anhängern sowie der breiteren Öffentlichkeit her. Worin sich übrigens die Fähigkeit des Systems dokumentierte, auch neue Parteien hervorzubringen; ein Beweis für seine Kapazität.

Der bundesrepublikanischen Gesellschaft widerfuhr sogar zunehmend, was sie sich immer so heiß ersehnt hatte: Sie wurde beliebt. Und die ganze Welt schien zum Guten unterwegs zu sein; zuletzt kam sogar die Abrüstung voran, um die Menschenrechte, die Reisefreiheit, die Demokratie schien es allmählich besser zu stehen: Man war in einem großen, erfreulichen Prozeß befangen. Am Ende wurde auch die Wiedervereinigung möglich, der Ostblock brach zusammen. Der Westen schien gesiegt zu haben, eine neue Weltordnung in Sicht zu sein.

Das war die Bonner Demokratie. Trotz allem, was man dagegen einwenden konnte, relativ gesehen (im Vergleich zu anderen Staaten unserer Zeit und vor allem: zu den vorangegangenen Teilen der deutschen Geschichte) eine Insel der Seligen.

(1993)

II. ZUR LAGE

Ortswechsel im Gezeitenwechsel

Ob der Bundestag ahnte, was er tat, als er Anfang der neunziger Jahre beschloß, in die alte Hauptstadt zurückzukehren, wissen wir nicht. Zumindest rückschauend kommen einem Zweifel. Denn jetzt, zehn Jahre danach, wird immer klarer, daß sich der Ortswechsel mit einem Gezeitenwechsel überlagert hat. Umzug und Umbruch fielen zusammen und haben sich in ihren Auswirkungen gegenseitig verstärkt. Daß das politische Geschäft in einer mittelgroßen Kleinstadt, die mehrheitlich von Beamten, Studenten und Pensionären bevölkert wird, etwas anderes bedeuten würde als in der ehemals geteilten Mehrmillionenstadt Berlin, lag für die meisten auf der Hand. Überraschend war dann aber doch, wie schnell das in der alten Bundesrepublik vorherrschende, von Parteien und Verbänden kräftig genährte Gefühl von Sicherheit und Planbarkeit des Lebens in ganzen zehn Jahren erschüttert worden ist. Einbrüche und Einwirkungen von außen haben es durcheinandergeworfen, nicht erst am 11. September, sondern schon früher. Es genügt, an die Krise des Wohlfahrtsstaates, die anhaltende Schwäche des Arbeitsmarktes und das einstweilige Ende der Wachstumswirtschaft als Mahnzeichen auf diesem Wege zu erinnern. Die Balkan-Kriege und das klägliche Bild, das der Verteidigungsminister bei diesem Ernstfall, dem ersten in der Geschichte der Bundeswehr, abgegeben hat, kommen hinzu. Unterwegs von Bonn nach Berlin hat Deutschland die Entdeckung gemacht, daß es so etwas wie Geschichte und Kontingenz, allen Eskamotierungsversuchen zum Trotz, immer noch gibt.

Bis heute ist Berlin eine Stadt ohne selbstbewußtes Bürgertum. Zwei Gewaltherrschaften, eine rechte und eine linke, haben den

Menschen beigebracht, daß es sich lohnt, unauffällig zu bleiben und bei Gefahr den Kopf einzuziehen. Was vom Berliner Bürgertum noch übrig war, ist größtenteils vom Osten in den Westen geflüchtet und dort allmählich korrumpiert worden. Die in Ost und West aus unterschiedlichen Gründen, aber gleichermaßen erfolgreich gemästete Subventionsgesinnung erweist sich heute als eines der größten Hindernisse auf dem Rückweg zur Normalität. Die Erben der westlichen Frontstadt – und (in der östlichen Hauptstadt) der DDR-Mentalität leben gemeinsam nach der Devise »Wir amüsieren uns, und die anderen bezahlen«. In keiner zweiten deutschen Stadt, Frankfurt am Main und Köln vielleicht ausgenommen, dürfte die Klientelpflege so üppige Sumpfblüten getrieben haben wie in Berlin. Neun Zehntel des kommunalen Etats gehen für die Bezahlung des hochprivilegierten öffentlichen Dienstes drauf und rauben der Stadt jede Bewegungs- und Gestaltungsfreiheit. Nirgendwo sonst wird das erste und letzte Ziel der Gewerkschaftspolitik, Besitzstandswahrung, mit so viel Rücksichtslosigkeit verkündet und verfolgt wie in Berlin. Wenn eine überaus entbehrliche Einrichtung wie die Pferdestaffel der Polizei aufgelöst werden soll, geht ein gutorganisierter Aufschrei durch die Stadt, der so lange anhält, bis sich der Bundesinnenminister in Person dazu bereitfindet, die Gäule beim Bundesgrenzschutz unterzustellen und bis auf weiteres durchzufüttern.

Ähnliches gab es natürlich auch in Bonn. Lobbyistentum, Klientelwirtschaft und Klimapflege sind keine Erfindungen der Berliner Republik; sie zu Bestandteilen des politischen Geschäfts, ja zu Stützen der Macht gemacht zu haben, gilt nicht zu Unrecht als ein Merkmal, durch das sich die Bonner von der Weimarer Republik unterscheidet. In Berlin treten diese Einrichtungen aber aufdringlicher, handfester, um nicht zu sagen: schamloser hervor. Die Handelsplätze und die Niederlassungen der Macht, die Hauptquartiere der Parteien, der Arbeitgeber, der Arbeitnehmer und all der anderen, die in Bonn erst mit der Zeit Fuß gefaßt hatten, waren in Berlin von Anfang an präsent und tätig: größer, stärker und näher an der Quelle als früher. Die häßlichen Züge der Verhandlungsdemokratie, die das Duell im Parlament durch vertrauliche Gespräche im kleinen Kreis ersetzt, treten in Berlin schärfer und greller hervor als in Bonn: Energiepolitik ist Atompolitik, Gleichstellungspolitik, Schwulenpolitik und so weiter. Das Abgeordnetenhaus und der Bundestag werden zu Vollzugsorganen für irgendwelche Konsense oder Kompromisse, die anderswo gefunden und abgesegnet worden sind. In Berlin blüht, was in Bonn noch Keim oder Knospe war.

Der Zustand der Politik ist danach. Die Interessenten haben die Politiker eingekreist und spielen ihnen ihre Melodien so laut und penetrant ins Ohr, daß die Stimme des Volkes, der Menschen draußen im Lande, kaum noch verstanden wird. Um in Berlin gehört und berücksichtigt zu werden, müssen Interessen nicht allgemein und legitim sein, sondern speziell und gut organisiert. Das traurige Schicksal von Kindern und Müttern, die ja auch zum Volk gehören, aber nur eine leise oder gar keine Stimme haben, spricht für sich. Alle Singles, alle Mehrfachverdiener und alle Kinderlosen genießen mehr Schutz und Wohlwollen als sie; allen Schutzzusagen des Grundgesetzes zum Trotz ist die Familie zur Lebensform einer Minderheit geworden, und das läßt man sie spüren. Verteidigt wird sie nur noch vom Bundesverfassungsgericht, das sich über das Grundgesetz nicht ganz so leicht hinwegsetzen kann wie Exekutive und Parlament. Der Vertrag zu Lasten Dritter ist zum geheimen Muster für die Politik geworden: Die Angehörigen der ersten und der zweiten Generation verbünden sich gegen die dritte, Arbeitgeber und Gewerkschaften gegen die Verbraucher, Produzenten und Konsumenten gegen die stumme Natur; die Reihe läßt sich fortsetzen. Die Bündnispartner haben nur ein Ziel, sie wollen den Status quo gegen die Zumutungen schützen, die jede Veränderung mit sich bringt. Leider wird dieses Ziel auch viel zu oft erreicht. Etliche von denen, die über den Reformstau lauthals klagen, sind insgeheim heilfroh, daß es ihn gibt, weil sie an ihm so gut verdienen.

Natürlich ist Interessenvertretung legitim, in gewissen Grenzen ist sie sogar notwendig für das Gelingen der politischen Willensbildung, an der die Parteien bekanntlich mitwirken sollen. In Berlin geschieht das allerdings unter veränderten Bedingungen. Die

Apparate haben sich weitgehend selbständig gemacht, sie wollen unabhängig sein vom Verständnis und der Zustimmung von unten und haben das zum guten Teil ja auch geschafft. Die Volksparteien leiden unter Mitgliederschwund; den Gewerkschaften laufen die Arbeiter davon; in den Spitzenverbänden der Industrie und des Handwerks dominieren die Großen zu Lasten von Mittelstand und Kleinunternehmern – ohne daß die Schlagkraft oder das Selbstbewußtsein dieser Organisationen darunter erkennbar gelitten hätte. Im Gegenteil: Gestützt auf das Parteienprivileg, auf eine vage Vorstellung von Gemeinnützigkeit und die schwülstige Formel von den Arbeitern und »ihren« Gewerkschaften sind die Funktionäre dieser Großgebilde rührig wie nie zuvor. Mit Pflichtbeiträgen oder öffentlichen Geldern gut ausgestattet, sind sie auf die berühmte Basis kaum noch angewiesen und können ihre Geschäfte unter sich abmachen. Was früher als ein Krisenphänomen erster Ordnung angesehen worden ist, das Ausbleiben von talentiertem Nachwuchs in den etablierten Parteien, wird heute kaum noch wahrgenommen. Parteien, hat ein böser Mund behauptet, wird es auch dann noch geben, wenn sie das letzte ordentliche Mitglied verloren haben. Von den meisten Verbänden und Kommissionen, den Foren, Räten und Arbeitsgemeinschaften läßt sich dasselbe sagen. Sie leben und wirtschaften aus eigenem Recht.

Was zählt, ist nicht der Dienst an der Sache und, daraus folgernd, »die Verantwortlichkeit gegenüber eben dieser Sache«, wie es bei Max Weber altmodischerweise heißt, sondern die Medienpräsenz. Fernsehtauglichkeit ist zur ersten und wichtigsten von allen Eigenschaften geworden, die von einem Politiker verlangt werden. Die Karriere von Leuten wie Möllemann und Westerwelle auf der einen, von Fischer oder Cohn-Bendit auf der anderen Seite des politischen Spektrums beruht zu großen Teilen auf der Überraschung, mit der man als Wähler immer wieder feststellt, daß flotte Sprüche und eine extravagante Biographie in der Politik alles andere als schädlich sind. Mit ihnen kommt man dort genauso weit wie im Showgeschäft, vielleicht sogar noch etwas weiter. Nicht erst in Edmund Stoibers Wahlkampftruppe ist der Medienberater zur wichtigsten Figur geworden; die anderen Spitzenleute machen es genauso, die basisorientierten Grünen natürlich auch.

Zusammen mit ihrem Gewicht hat sich auch die Funktion von Öffentlichkeit drastisch verändert. Macht beginnt dort, wo die Öffentlichkeit aufhört: Diese apodiktische Aussage, die noch vor fünfzig Jahren richtig war, gilt nicht mehr. Sie hat sich geradezu ins Gegenteil verkehrt, so daß man heute sagen könnte, Macht und Öffentlichkeit begännen und endeten an ungefähr denselben Punkten. Die Öffentlichkeit zu gewinnen und zu bearbeiten ist zur alles entscheidenden Voraussetzung für den Erwerb und den Erhalt der Macht geworden. Dagegen wäre wenig einzuwenden, wenn die Sachwalter der Öffentlichkeit, die Medien, ihre Aufgabe so ernst nähmen, wie sie das verdient. Thomas Jefferson soll gesagt haben, er wolle lieber in einem Staat ohne Regierung als in einer Gesellschaft ohne Zeitungen leben, ein schönes Kompliment an die Rolle der Medien als der vierten Gewalt im Staate. Leider erfüllen sie diese Rolle nur noch schlecht, weil auch die Medien dazu übergegangen sind, ihre eigenen Interessen zu verfolgen, ziemlich rabiat sogar. Sie genügen sich immer seltener in der Rolle des Vermittlers, gefallen sich immer häufiger als Produzenten von Nachrichten, über die sie mit viel Tamtam berichten. Die Sensation ist ihnen lieber als die Mitteilung, und wenn es nur eine halbe Sensation sein sollte, hilft man durch Inszenierung etwas nach. »Erst grob vereinfachen, dann maßlos übertreiben« ist eine Maxime, nach der inzwischen alle Medien handeln, die sogenannten seriösen auch.

Man muß eine ziemlich blutleere Vorstellung von Politik haben, um angesichts dieser Entwicklung von einer Politisierung der Öffentlichkeit zu sprechen. Was mit Hilfe der Medien rüberkommt oder hängenbleibt, sind Kanzlersprüche wie der von den Lehrern, den faulen Säcken, und anderes von gleicher Art. Beiträge zur Lösung von irgendwelchen großen oder kleinen Fragen sind das in aller Regel nicht. Die stereotyp wiederholte Bitte, dies oder jenes um Gottes willen »aus dem Wahlkampf herauszuhalten«, ist geradezu zum Kennzeichen für ein politisches Thema von Gewicht geworden. Ob und wie die Europäische Union den Machtverlust des Nationalstaats wettmachen kann; wann und wie die groteske Überalterung des Landes den Wohlfahrtsstaat bedroht; warum und wie die Einwanderung den Charakter des Volks und damit eben auch des Souveräns verändern muß: Diese und ähnliche Fragen werden von der politischen Klasse, angefangen beim Bundespräsidenten bis hinunter zum postpolitischen Sprecher der Oppositionsparteien, mit dem Mahnruf begleitet, im Wahlkampf davon lieber nichts zu sagen. Was anderswo als Merkmal der lebendigen Demokratie empfunden wird, die Fähigkeit, auch über kontroverse Dinge öffentlich mit Augenmaß und Leidenschaft zu debattieren, ist in Deutschland nicht einmal probeweise erlaubt. Die Vormünder trauen dem Mündel nicht; sie wollen unter sich bleiben und haben es so eingerichtet, daß sie das auch können.

Das Vertrauen in den fürsorglichen, den paternalistischen Staat scheint immer noch ungebrochen zu sein. Das ist vor allem deshalb so erstaunlich, weil es an Zeichen für die Wirkungslosigkeit, um nicht zu sagen: für die Kontraproduktivität des permanenten Eingriffs von oben nicht fehlt. Wo sich der Staat einmischt, scheint es nach dem Muster der Pisa-Studie zu gehen, bei der die Schüler in denjenigen Schulformen, die sie besonders gerecht wollten, besonders schlecht abgeschnitten haben. Neben dem für Deutschland insgesamt beschämenden Ergebnis besteht der Skandal dieser Veranstaltung darin, daß das Versprechen der Reformer, mehr Chancengleichheit oder doch -gerechtigkeit zu gewährleisten, himmelweit verfehlt worden ist. Die ohnehin schon Benachteiligten, die Kinder von Ausländern oder aus bildungsfernen Schichten, stehen heute noch jämmerlicher da als vor dreißig Jahren. Der massive Eingriff des Staates hat nicht mehr, sondern weniger Gerechtigkeit hervorgebracht. Die Regel scheint auch sonst zu gelten: Das aufwendige und unverständliche Steuersystem begünstigt nicht die Armen, sondern die Reichen. Die Pflegeversicherung entlastet die wohlhabenden Alten, nicht den gebeutelten Nachwuchs, die Rentenversicherung befördert die Armut unter denen, die ehemals als die Schwächsten galten und deshalb den besonderen Schutz des Staates genossen, die Kinder und die Mütter. Eine Korrektur dieser Fehlentwicklung ist fast unmöglich und kommt, wenn sie denn überhaupt noch irgendwann gelingt, auf jeden Fall zu spät. Der umverteilende Sozialstaat ist zum Gefängnis seiner eigenen Politik geworden, die das Alter auf Kosten der Jugend gepäppelt hat. Die Nutznießer dieser Neuverteilung, die Rentner und die Pensionäre, sind in die Mehrheit geraten und bedrohen jeden, der ihren Besitzstand anzutasten wagt, mit Wahlverlust. Das Beispiel der Niederlande und Italiens, wo Rentenwahlkämpfe versucht und verloren worden sind, ist von den deutschen Parteien gut verstanden worden.

Die Konsequenz aus alledem wäre ein Rückzug, ein Teilrückzug des Staates. Er hätte einzusehen und einzuräumen, daß er sich übernommen hat. Die Ansprüche, die er den Menschen in besseren Zeiten zugesichert hatte, kann er schon längst nicht mehr erfüllen. Deswegen sollte er sich auf das beschränken, was unzweifelhaft seines Amtes ist, auf die Garantie von innerer und äußerer Sicherheit; Hobbes ist längst noch nicht veraltet. Etwas von dieser Art, von Rückzug und von Konzentration auf das Wesentliche, bildet das programmatische Grundmuster der populistischen Parteien, die ja nicht zufällig in ganz Europa so viel Zulauf finden. Bei allen Unterschieden im einzelnen beuten sie das Unbehagen aus, das alle Machtkartelle auf sich ziehen. Weniger Nachgiebigkeit und mehr Ehrlichkeit, mit diesen beiden Parolen mobilisieren sie die Abwehrinstinkte, die sich bei denen »da unten« gegen die »da oben« richten. Der im Wahlkampf erschossene Niederländer Pim Fortuyn warb mit dem Satz: »Ich sage, was ich denke, und tue, was ich sage«: Ein Mißtrauensvotum gegen alle Berufspolitiker, zugleich ein schönes Beispiel dafür, wie sich der Unmut und der Überdruß an der Routinepolitik politisch ausschlachten läßt.

In Deutschland ist es die FDP, die auf eine solche Politik setzt, mit guter Aussicht auf Erfolg. Denn in der rot-grünen Regierungskoalition hat sie es mit Leuten zu tun, die nicht wahrhaben können oder wollen, daß man als Obrigkeit im alten Stil nicht mehr weiterkommt. Je länger sie im Amt sind, desto ungenierter geben sie sich als Repräsentanten des väterlichen Staates zu erkennen, in dem ja schon Kant aus gutem Grund den größten denkbaren Despoten sah. »Nur reiche Leute können sich einen schwachen Staat leisten« heißt der Slogan, mit dem die SPD für diese Art von mildem Despotismus wirbt. Zusammen mit den Grünen will sie ihr Generationenprojekt, das ihr so viele schöne Früchte eingetragen hat, nicht vor der Zeit aufgeben. Der ewige Rekurs auf die Ideale ihrer Jugend, auf die Kämpfe und die Erfolge »ihrer« Generation ist alles andere als Zufall oder Beiwerk; es macht den Zeitraum klar, auf den die Perspektive dieser Leute begrenzt ist. Die Frist, auf die sie planen und vorsorgen, verkürzt sich auf die eigene Lebenszeit. Abgesehen vielleicht von den Repräsentanten des Ancien Regime zur Zeit Ludwigs XVI. dürfte es noch nie eine Generation gegeben haben, die so bedenkenlos alles, was vor ihr war und nach ihr kommen könnte, in den Dienst der eigenen Karriere gestellt hat.

Als ihre Zeit da war, unter der Kanzlerschaft Willy Brandts, sind die Achtundsechziger jahrgangsweise in den öffentlichen Dienst eingetreten. Auf diese Weise komfortabel in der Gegenwart verankert, haben sie alles getan, sich auch die Vergangenheit und die Zukunft zu unterwerfen: Die Zukunft in Gestalt der nächsten Generationen, denen sie untragbare Versorgungslasten aufbürdeten, die Vergangenheit dadurch, daß sie aus der Erinnerung an Deutschlands dunkelsten Jahre, wie die rituelle Formel lautet, ein Instrument zur Disziplinierung des politischen Gegners machten. Jede Errungenschaft, jeder Emanzipationsschub, jede Antidiskriminierungs-Kampagne mündete in der Einrichtung von ein paar tausend Dienststellen für Sonderpädagogen und Bewährungshelfer, für Frauenbeauftragte und hauptberufliche Betriebsräte. Die Reformer von gestern blockieren die jetzt fälligen Reformen.

»Die kriegen uns nicht weg« hat Joschka Fischer, die Inkarnation dieses selbstverliebten Generationsdenkens, seinen Grünen zugerufen. Andersherum formuliert heißt das soviel wie: Wir geben nicht auf! Wir geben nichts ab! Wir geben nichts her! Nun gut, kann man dazu nur sagen, dann werden sie eben müssen. Die nach ihnen kommen, werden den statusbewußten Projektmachern die Forderungen, die sie sich selbst auf fremde Rechnung ausgestellt haben, mit Hohn und Spott zurückreichen und sie daran erinnern, daß sie zwar Ansprüche erworben haben, mehr aber auch nicht. Und daß es bei ihnen, der nächsten Generation, liegt, ob diese Ansprüche eingelöst werden.

Auf dem Weg ins neue Deutschland
Östliche Länder und die »Berliner Republik«

Zwölf Jahre nach der Vereinigung liegt das Kanzleramt inmitten einer Steppenlandschaft. Rund um Deutschlands Regierungszentrale blüht sommers Goldlack im Baustellenschutt, sprießen Disteln aus dem Sand. Hier, in der neuen Mitte des Landes, ist vieles noch provisorisch; der halbfertige Zentralbahnhof, die unterirdischen Tunnels, die Verwaltungsgebäude des Bundestags entlang der Spree – Baustellen, wohin man blickt. Deutschland werde östlicher, hatte der letzte Ministerpräsident der DDR, de Maizière, dereinst vorhergesagt, auch protestantischer. Davon ist mehr als ein Jahrzehnt später nichts zu spüren. Der Regierungsumzug nach Berlin ist für viele Ministerien noch immer nicht vollendet, das Bonn-Berliner Pendlerdasein, versilbert von einer beispiellosen gesetzlichen Süßigkeitenregelung für die Beamten, behindert den Betrieb und symbolisiert die Unentschlossenheit der Westrepublik, sich mit der neuen Wirklichkeit anzufreunden. Der Umzug von Regierung, Parlament und Bundesrat in den Osten kam viel zu spät, um dort noch als Zeichen des Aufeinanderzugehens empfunden zu werden. Er geriet zum Symbol der Unfähigkeit der Westrepublik, sich den neuen Gegebenheiten rasch und konsequent anzupassen. Genau das wurde, umgekehrt, von den Bewohnern der ehemaligen DDR gefordert.

Je nach ihrer Art, erwartungsvoll froh, als ungebeugt Besiegte oder als teilnahmsloses Treibgut haben sich die Leute dort auf den Weg in die neue Republik gemacht. Angekommen sind viele noch immer nicht. Dafür spricht schon die Tatsache, daß etwa ein Fünftel der Wähler in Treue fest zur Nachfolgerin der Diktaturpartei steht, zur PDS. Und doch ist im Osten viel geschehen während der vergangenen zwölf Jahre, hochzuschätzen ganz besonders in Anbetracht der selbstgefälligen und in jahrelang vergeblichen Reformdiskussionen erstarrten Westprovinzen des vereinten Vaterlands. Viele Hoffnungen des Winters 1989/90 sind unter den Trümmern der ruinierten Kombinate begraben worden, aber es haben auch Millionen Bürger gute und ermutigende Erfahrungen mit der Einheit in Freiheit gemacht. Mancher Altkader, der im Freundeskreis den Untergang des Sozialismus bejammert, liebt doch seinen Mazda, die sanierte Plattenbauwohnung, den Urlaub in Österreich, das solide Werkzeug aus dem Baumarkt. Und wenn er während der vergangenen zwölf Jahre in Sachsen lebte, dann hat er zumindest einen Westdeutschen zu respektieren gelernt: den Ministerpräsidenten.

Überall hat sich der Zustand der Städte vollkommen verändert. Schwerin, Güstrow, Potsdam Quedlinburg, Weimar, Bautzen oder Görlitz – aus all diesen Schönheiten der Gegenwart waren in Krieg und Sozialismus ruinierte, feuchte Steinwüsten geworden, winters getaucht in den stinkenden Rauch der Braunkohleöfen. »Ihr habt unsere Städte gerettet«, antwortete meine Freundin Jana aus Dresden, als ich sie neulich fragte, was denn das Beste war an der Hilfe aus dem Westen. Wer im Osten wohnt und in die alte »Bonner Republik« reist, nach Dortmund, Wuppertal oder Celle, der wundert sich zuweilen, wie abgenutzt die öffentlichen Gebäude dort sind, wie verschlissen viele Innenstädte, wie muffig und fleckbödig manche Hotels. Mensch, denkt sich der Reisende, der Westen hätte auch mal eine kleine Modernisierung nötig!

Hinter den östlichen Ländern liegt ein weiter Weg. Wie weit die Strecke bis zum Noch-Ziel ist, und worin dieses Ziel besteht, darüber gibt es Ansichten, die so unterschiedlich sind, wie die Landschaften und ihre knapp fünfzehn Millionen Einwohner (inklusive Berlins). In den Jahren nach der deutsch-deutschen Vereinigung sind die Bewohner von Brandenburg, Mecklenburg-Vorpommern, Thüringen, Sachsen, Sachsen-Anhalt und Ost-Berlin nur sehr langsam der begrifflichen Gleichmacherei als »Ostdeutsche« entkommen, die 1990 halbwegs zutreffen mochte, als aus den

Bewohnern der Deutschen Demokratischen Republik soeben erst wieder Landesbürger geworden waren. Danach haben sich zwischen Rostock und Zwickau rasch lokale und regionale Identitäten erneuert, die östlichen Länder haben politisch, ökonomisch und kulturell unterschiedliche Wege genommen, so daß der überwiegend von Westdeutschen gebrauchte Begriff »die Ostdeutschen« oberflächlich bleibt und jede summierende Beschreibung als »die neuen Länder« häufig Auskunft über eine beleidigende Unkenntnis der Verhältnisse gibt. Die PDS hat allerdings ein starkes Interesse an der fortwährenden Nutzung des Begriffs. Sie lebt davon. Auf der anderen Seite gilt, daß viele »deutsche« Diskussionen überwiegend westdeutsche sind. Bei der Debatte um den Kosovo-Krieg, beim Ringen um ein Holocaust-Denkmal, aber auch mit den Erörterungen über eine »Berliner Republik« entstehen Gedankengebäude, die vor allem in den Feuilletons überregionaler Tageszeitungen errichtet werden – die wiederum werden im Osten wenig gelesen. In der sächsischen Hauptstadt Dresden verkauft die *Frankfurter Allgemeine Zeitung* wochentäglich 1900 Exemplare, in der nordrhein-westfälischen Hauptstadt Düsseldorf sind es mehr als fünfmal so viele, nämlich zehntausend Exemplare.

Dies offenbart für sich schon einen Befund über die vereinigte Republik: Viele im Westen kennen Vieles im Osten nicht, Vieles im Westen geht am Osten vorbei. Im Osten verfestigt sich auf diese Weise ein Gefühl der Benachteiligung, obwohl aktive Teilhabe, wenigstens Kenntnisnahme oft gar nicht versucht wird, wie man an den geringen Abonnentenzahlen der überregionalen Blätter erkennt, aber auch am geringen Interesse, sich beispielsweise in politischen Parteien zu engagieren. So hat der SPD-Landesverband in Sachsen etwa 5000 Mitglieder, der Landesverband des an Einwohnern vergleichbaren Rheinland-Pfalz zählt 62 000 eingeschriebene Sozialdemokraten. Bei der CDU stehen 17 500 sächsische Christdemokraten 61 000 in Rheinland Pfalz gegenüber. Die Ungleichheiten schlagen sich nieder in politischem Einfluß, beispielsweise bei der Delegiertenzahl auf Parteitagen, wo sich die Vertreter Brandenburgs oder Mecklenburg-Vorpommerns regelmäßig als Kleingruppen am Rande des Geschehens wiederfinden. Solche Zustände werden oftmals als Ungerechtigkeiten wahrgenommen, obgleich sie lediglich Ausdruck der tatsächlichen Gewichte sind. Von den erfolgreichsten Bürgerrechtlern und Revolutionären in der deutschen Geschichte haben nur wenige über das »Bündnis 90« den Weg zu den westdeutschen Grünen gefunden, wo sie geschluckt wurden, als ob eine Fliege den Frosch fräße. Das mag die Leute im Osten des Landes stören, denen im Westen ist es egal, denn bei ihnen daheim, in ihren Bundesländern und Städten, liegen die Zentren der Republik: Industrie, Handel, Finanzmärkte und auch die Forschung haben ihre Hauptquartiere dort. Der Osten, die angeblich »neuen Bundesländer«, müssen sich strecken – nach der Decke und nach Westen.

Bei solcher Betrachtung des Gebiets der »neuen Länder« im allgemeinen verkennt man allerdings leicht die regionalen Unterschiede. Professor Biedenkopf konnte sich schon vor Jahren insbesondere über das Wort »neue Länder« erregen und darauf hinweisen, daß zumindest in Sachsen ein erst kurfürstlicher, dann königlicher Staat und eine Bergbauakademie (seit 1765 in Freiberg) schon existierten, als auf rheinischen Braunkohlevorkommen noch die Schafe bäuerlicher Grafschaften weideten. Solche Belehrungen haben Westdeutsche verwundert, für die Sachsen waren sie erhebend. Die unterschiedliche Ausprägung von erneuerter Selbsterkenntnis und Selbstgewißheit in den östlichen Ländern nach 1990 kann als ein Indikator für den Erfolg ihres Neubeginns in der gemeinsamen Republik gelten: Dort, wo rasch an landestypische Traditionen und ruhmreiche Vergangenheit angeknüpft werden konnte, wie in Sachsen, teilweise in Thüringen und regional beschränkt an den Küsten Mecklenburg-Vorpommerns, da wuchs ein Selbstvertrauen, dem auch die wirtschaftlichen Rückschläge und nicht einmal das Hochwasser den Garaus machen. So kommt es, daß kaum anderswo selbstbewußtere Industriearbeiter zu finden sind, als in Betrieben des Chemnitzer Maschinenbaus, die zum Teil (beispielsweise Union-Werkzeugmaschinenbau) dreimal von westdeutschen Aufbauhelfern, Treuhändern oder Investoren mit Versprechen irregeführt und dann zur Gesamtvollstreckung gebracht wurden, ehe sie nunmehr auf eigenen und vergleichsweise sicheren Füßen stehen. Es gehört zu den schönen Eigentümlichkeiten Sachsens, daß im Lande zwar die CDU seit zwölf Jahren mit absoluter Mehrheit regiert, in Chemnitz aber im vergangenen Jahr ein SPD-Oberbürgermeister mit 69,8 Prozent der Stimmen wiedergewählt wurde und auch Leipzig seit 1990 von Sozialdemokraten regiert wird. Ein wenig ist vom »roten Sachsen« der Kaiserzeit und der Weimarer Republik doch geblieben.

Anderswo, beispielsweise in Sachsen-Anhalt, vielfach auch in Regionen Brandenburgs und Mecklenburg-Vorpommerns ist die Selbstentdeckung schlechter gelungen. Hier fehlt bis heute ein festes Bild von der Gegenwart und einer Vorstellung von der Vergangenheit, aus der Zukunftszuversicht entsteht. Der »Sachsen-Anhalter« ist ebenso unbestimmt geblieben wie der »Brandenburger« (der nicht mehr »Preuße« sein soll oder darf). Von den »östlichen Ländern« zu sprechen ist also erlaubt, aber nur dann, wenn man nicht vergißt, wie groß die Unterschiede inzwischen sind.

Das gilt auch, wenn man den Begriff »Berliner Republik« und das Verhältnis der Ostdeutschen zu diesem gemeinsamen Staat betrachtet. Für die Bewohner des Landes Brandenburg mag das Ausrufen einer »Berliner Republik« durch westdeutsche Politologen und Journalisten Tröstliches in sich bergen – vom Regierungsumzug hat zumindest die Handwerkerschaft des preußischen Stammlandes profitiert, ebenso die Makler für Sommergrundstücke am Teupitzsee oder in der Uckermark. Die Berliner, ganz klar, finden es überwiegend sowieso »logo« und selbstverständlich, das sie Hauptstadt sind und benehmen sich entsprechend, obgleich ihr Land unter allen östlichen am schlechtesten verwaltet wird, am höchsten verschuldet ist und seine Wirtschaft schrumpft. Für Sachsen jedoch hat schon der Begriff »Berliner Republik« etwas Provozierendes.

Von Berlin aus ist dem Wettiner Königreich in den vergangenen 250 Jahren wenig Wohl, aber viel Ach und Weh zugekommen. Seit dem Einmarsch preußischer Truppen in Sachsen und der demütigenden Niederlage in der Schlacht bei Kesselsdorf 1745, wo die sächsische Barockarmee sich gegen die Truppen Friedrichs II. tapfer schlug, ehe sie die Flucht ergriff, sind die Sachsen auf Berlin schlecht zu sprechen. Sie verloren seinerzeit endgültig die Aussicht auf schlesischen Besitz, für den sie erst mit Preußen gegen Österreich (im ersten Schlesischen Krieg) und dann mit Österreich gegen Preußen vergeblich gekämpft hatten. Ein paar Jahre später (1815) ging auch noch der Norden an die Berliner Macht (heute die südlichen Teile von Sachsen-Anhalt und Brandenburg). Für seine Niederlagen bezahlte Sachsen nicht alleine mit Land und Talern. Unter der systematischen Benachteiligung des Gebiets im preußisch geprägten deutschen Eisenbahnnetz litt der sächsische Bahnverkehr auch schon, bevor die Sommerflut zwanzig Prozent der Gleise zerstörte: Von Dresden nach München benötigt die Bahn sechseinhalb Stunden, auf der dreihundert Kilometer längeren Strecke Hamburg-München errreicht der Zug sein Ziel eine halbe Stunde früher. Auf der Strecke Dresden-Köln fährt ein ICE zweieinhalb Stunden länger als auf der Strecke Berlin-Köln, die Distanz ist fast die gleiche. Derzeit, im Spätsommer 2002, wäre man allerdings glücklich, wenigstens diese Zeiten zu ereichen.

Zu den ungeplanten Vorzügen der sächsischen Niederlagen und der Sachsen unnachahmlicher Gabe, stets den Koalitionen der Besiegten anzugehören (etwa in den napoleonischen Kriegen, wo die Sachsen mehrfach die Seite wechselten und so zuverlässig immer bei den Verlierern waren), gehörte die Konzentration auf das Nichtmilitärische. So wurde, während Preußen Soldaten drillte und in seinen Fabriken Kanonen goß, Sachsen zum erfindungsreichen Industrieland: Spinnmaschinen, später Werkzeugmaschinen, Autos aus Zwickau (Horch, Audi und dann auch DKW), Uhren aus Glashütte, feine Optik, etwa Spiegelreflexkameras aus Dresden (von der Firma Ikon, aus deren Namen sich der Name des japanischen Kameraherstellers »Nikon« ableitet: N(ippon)ikon)), aber auch Bücher aus den Leipziger Verlagen und Druckereien, Melitta-Kaffeefilter, Odol-Mundwasser, die erste Trommelwaschmaschine – die Liste der Entdeckungen aus Sachsen ist endlos.

Der Zweite Weltkrieg und die Jahre des Sozialismus haben viel von dieser Industrielandschaft zerstört. Preußen war hinüber, aber Berlin als Ausgangsort von Bedrohungen blieb den Sachsen ein Stachel im Gemüt. Daß mit Walter Ulbricht ausgerechnet ein Leipziger mehr als zwanzig Jahre lang den Sozialismus kommandierte, hat die Verachtung für die Hauptstadt im sandigen Norden eher vergrößert. Ulbricht erwies sich als Sachsenfeind, sowohl die Sprengung der Leipziger Universitätskirche im Jahre 1961 als auch die Zerstörung der Ruine der Sophienkirche 1962/63 in Dresden befahl er persönlich. Die Ausplünderung des sächsischen Bauwesens zugunsten von Berlin, Hauptstadt der DDR, war jedermann bekannt und ärgerlich.

Als es mit dem Sozialismus zu Ende ging, da war der Widerstreit zwischen Berlin und Sachsen ausschlaggebend. Diesmal und zum ersten Mal seit zweihundertfünfzig Jahren siegten die Sachsen, die in Leipzig, Dresden und anderswo auf die Straße gingen gegen jene, die in Berlin über Maschinenpistolen und Panzer das Kommando hatten. Natürlich gab es auch außerhalb Sachsens Demonstrationen, mutige Bürger, die ihr Schicksal in die Hand nahmen. In der »Heldenstadt« Leipzig aber fiel die Entscheidung. Hier siegte im Oktober 1989 die friedliche Revolution über das Regime, als Hunderttausende auf dem Ring demonstrierten und Berlin erkannte, daß sie nicht mehr zu stoppen waren, es sei denn um den Preis eines Bürgerkriegs (Egon Krenz rühmt sich dieser Weisheit). In Sachsen zuerst ertönte der Ruf nach einem gemeinsamen, vereinten Deutschland, der Auftritt Helmut Kohls in Dresden am 19. Dezember 1989 überzeugte den damaligen Bundeskanzler davon: Die Einheit kommt schnell.

Sie kam. Eine »Berliner Republik« war sie allerdings für die Sachsen nicht, vielleicht noch nicht. Ihnen hat die »Bonner Republik« geholfen, nach der Niederlage der Berliner Sozialisten den Neuaufbau zu beginnen. In den ersten Jahre dieses Aufbaus wuchs der »Freistaat Sachsen« heran, der – wie in den anderen östlichen Ländern auch – zunächst ein Staat westdeutscher Prägung wurde. So wie beispielsweise in Brandenburg Verwalter, Staatsanwälte und Richter aus Nordrhein-Westfalen halfen, in

Sachsen-Anhalt Aufbauhelfer aus Niedersachsen, waren es in Sachsen Experten aus Baden-Württemberg und Bayern, die den Staat machten. Ministerpräsident Kurt Biedenkopf kam aus Nordrhein-Westfalen und mit ihm Finanzminister Milbradt und Wirtschaftsminister Schommer. Auch auf den darunterliegenden Ebenen der Ministerialbürokratie – Staatssekretäre, Abteilungsleiter, Referatsleiter – dominierten die aus dem Westen gerufenen Helfer. Und sie tun es bis heute. Wem dieser Tage vor dem Dresdner Landgericht der Prozeß gemacht wird, dem verkündet oft ein Richter mit schwäbischer Stimmfarbe das Urteil. Aber nicht nur die Verwaltung und der Rechtsstaat kamen aus dem Westen, auch die Vorstände der Industrie und die Chefs in Handel und Dienstleistung, Kaufhausdirektoren, Hotelmanager, Banker. Und viele blieben.

Genützt hat das den ostdeutschen Ländern viel. Der Aufbau des Rechtsstaates wäre ohne diese Hilfe kaum möglich gewesen. Was von der Wirtschaft blieb, hat seine Existenz auch der Hingabe und Selbstlosigkeit vieler Experten aus Paderborn, Nürnberg oder Hannover zu verdanken. (Manches Unternehmen haben sie auch zugrunde gerichtet oder ausgeplündert, wir wollen es nicht verschweigen.) Andererseits wurde eine ganze Generation ins Abseits gedrängt, auch jene der damals Vierzig- bis Fünfzigjährigen, die nicht zu den treuen Dienern des Systems gehört haben. In den Familien hat es nach der Wende viele Eltern gegeben, die fast ausschließlich mit sich selbst und ihrem zerbrochenen Lebensrahmen beschäftigt waren. Die Kinder fanden sich oft schneller zurecht im neuen Leben. Sie kannten noch nicht die Verbitterung verschwendeter Jahre. Andererseits gab und gibt es auch Zeichen von Vernachlässigung, wozu man die gewaltbereite und ausländerfeindliche Orientierung vieler Jugendlicher zählen muß.

Die jungen Leute, die seit Mitte der neunziger Jahre die Schulen verlassen haben und nun eine Lehre oder ein Studium beenden, werden irgendwann in Spitzenfunktionen einrücken, sie sind nicht dümmer oder fauler als andere. Das konnte man auch am dritten Platz sehen, den Sachsens Schüler beim Ländervergleich der PISA-Studie errangen. Aber noch sind ihre Chefs in Staat und

Wirtschaft überwiegend Westdeutsche. Es wird eine Weile dauern, ehe Sachsen in Sachsen das Sagen haben.

Mit ihrem höchsten Repräsentanten, ihrem »Anwalt«, wie Kurt Biedenkopf sich kokett nannte, haben die Sachsen Glück gehabt. Alle anderen Länder, mit Ausnahme Brandenburgs, sahen Ministerpräsidenten kommen und gehen, gelegentlich auch fallen. Die Namen Gomolka, Duchac oder Münch sind beinahe vergessen, auch an den Vorgänger des gegenwärtigen Ministerpräsidenten von Mecklenburg-Vorpommern, den Tierarzt Berndt Seite, erinnert man sich kaum noch. Biedenkopf hingegen prägte Sachsen, die Bürger verehrten ihn und auch seine Frau. Daß der edle Staatsmann und sächsische Aufbauvater auch seine eitlen, kleinlichen und geldsinnigen Seiten hatte, war eine schmerzliche Erkenntnis. Sie hat jedoch dazu beigetragen, den Übergang zu normalen politischen Verhältnissen zu erleichtern, der ja doch einmal kommen mußte.

Bis zu seinem Rücktritt haben Kurt Biedenkopf, sein damaliger Finanzminister Georg Milbradt und der frühere Chef der sächsischen Staatskanzlei, Thomas de Maizière, gemeinsam mit einer Handvoll von finanzpolitischen Spezialisten – Niels Jonas, der frühere Chef der Staatskanzlei von Sachsen-Anhalt, wäre beispielsweise für die SPD-Seite zu nennen – die Zahlenwerke für den Aufbau Ost in Bonn, später in Berlin vorgelegt und das Geld für den Solidarpakt I und die Nachfolgeregelung, den Solidarpakt II, organisiert. Der letztgenannte bringt dem Osten weitere 100 Milliarden Euro von 2005 bis 2019 – eine politische Leistung (im Sinne der östlichen Länder und zur Besorgnis der Bundeskassenwächter), deren Bedeutung in Zeiten gesamtwirtschaftlicher Schwierigkeiten umso höher ist. Die insgesamt großzügige Finanzierung des Aufbaus in den östlichen Ländern hat dortzulande das Vertrauen in die deutsche Gemeinsamkeit verstärkt, auch wenn mancher Politiker aus Brandenburg oder Thüringen sich gewünscht hätte, seine westdeutschen Landsleute nähmen zur Kenntnis, daß den »Solidaritätszuschlag« nicht etwa nur sie, sondern alle arbeitenden Bundesbürger zahlen. Biedenkopf, sein Kollege Vogel in Thüringen, aber auch Brandenburgs Ministerpräsident Stolpe wurden nicht müde, jeder auf seine Art, in Bonn und Berlin oder Düsseldorf oder München zu erklären, warum die Milliardenhilfe nötig sei. Nach der Flut gilt das leider um so mehr. Zugleich sagten sie ihren Bürgern, weshalb sie stolz auf sich sein können, obwohl die Hälfte ihres Landeshaushalts von der Verwandtschaft im Westen finanziert wird. Die Forderung aus der Tatsache, daß die sowjetisch besetzte Zone nach dem Krieg weit höhere Reparationen zu zahlen hatte als die Westzonen und daher ein Ausgleich geboten sei, gehörte zu den mißglückten Denkfiguren in diesem Zusammenhang. Wesentlich erfolgreicher und ermutigender war es, an die Gemeinsamkeit der Deutschen zu appellieren und auf die gesamtdeutschen Folgekosten eines mißlungenen Aufbaus im Osten hinzuweisen. Der frühere Ministerpräsident von Sachsen-Anhalt entschied sich frühzeitig für eine larmoyantere Stimmart gegenüber den Landsleuten und für einen beleidigt beleidigenden Unterton gegenüber den Westdeutschen – die deprimierende Stimmung in Sachsen-Anhalt ist ein bleibendes Ergebnis dieser Bemühungen Reinhardt Höppners.

Die Mentalitäts-Unterschiede zwischen den östlichen Ländern sind groß, Sachsen hat mit Mecklenburg-Vorpommern nicht viel mehr gemeinsam als Bayern mit Schleswig-Holstein. Es gibt allerdings auch bedrückende Gemeinsamkeiten des Neuanfangs: Die Schwäche der Wirtschaft, die daraus folgende Arbeitslosigkeit und eine wachsende Neigung der Jugend, ihre Heimatländer zu verlassen, um anderswo eine Stelle zu finden. Entlang der entsprechenden Zahlen verläuft die Trennungslinie zwischen zwei Teilen der Bundesrepublik: Die niedrigste Arbeitslosenquote im Osten hat Thüringen (15,8 Prozent im Juni 2002); sie ist fast doppelt so hoch wie die Höchststände in westdeutschen Flächenländern (Nordrhein-Westfalen, Saarland, Niedersachsen mit je 9 Prozent). Der Abstand zwischen der Wirtschaft Ost und der Wirtschaft West wird nicht kleiner, er vergrößert sich seit Mitte der neunziger Jahre wieder. Das Bruttosozialprodukt pro Erwerbstätigem ist in Hessen mit 61 000 Euro um fast ein Drittel höher als in Sachsen-Anhalt, Sachsen oder Brandenburg (Stand 2001).

Die statistischen Unterschiede innerhalb der ostdeutschen Länder sind nach zwölf Jahren unterschiedlicher Politik nicht so groß, wie man das erwarten könnte. Zwar liegt Sachsen-Anhalt mit 19,8 Prozent Arbeitslosigkeit einsam hinten, aber auch das östliche Musterland Sachsen hat eine Erwerbslosenquote bei 17,9 Prozent und ist damit sogar schlechter als die des rot-rot regierten Mecklenburg-Vorpommern (17,7). Insgesamt sind etwa 35 Prozent der erwerbsfähigen Bevölkerung im Juni 2002 ohne feste Beschäftigung auf dem sogenannten ersten, also dem eigentlichen Arbeitsmarkt.

Die Ähnlichkeit der Zahlen erklärt sich, paradoxerweise, aus der Unterschiedlichkeit der Gegebenheiten. Die Regionen Sachsen-Anhalts oder Sachsens mit einst großen Industriekombinaten hatten unter dem Zusammenbruch der DDR-Wirtschaft mehr zu leiden als die eher ländlich geprägten Gebiete, wo die Landwirtschaftlichen Produktionsgenossenschaften rasch in große und bald profitable Agrarbetriebe verwandelt wurden, oft unter Führung gerissener LPG-Vorsitzender. In Sachsen und Brandenburg wurden durch das faktische Ende des Bergbaus in der Lausitz und des Uranbergbaus im Erzgebirge mehrere zehntausend Bergleute erwerbslos, Sachsen-Anhalt hatte sehr zu leiden unter dem Zusammenbruch der hier konzentrierten chemischen Industrie der DDR um Bitterfeld. Manche Länder profitieren heute von der Nachbarschaft zum westlichen Bundesgebiet, indem Tausende ihrer Bewohner wochentags dorthin zur Arbeit pendeln. Wer hingegen Sachsen der Arbeit wegen verläßt, tut dies häufig dauerhaft und mit seiner Familie. Aber auch im Umgang mit den öffentlichen Haushalten sind Unterschiede unübersehbar. So ist jeder Sachse statistisch mit 2300 Euro verschuldet, die Bewohner der anderen Länder tragen jeweils fast 5000 Euro Landeskredite. Auf diese Weise fehlt in Magdeburg, Schwerin oder Potsdam inzwischen viel Geld, für das Zinsen gezahlt werden müssen, während Sachsen weiter investieren kann.

Der Wegzug der Mutigen und Schöpferischen aus dem Osten war schon zu DDR-Zeiten ein Phänomen, das viel zum Untergang des Regimes beigetragen hat. Die Abwanderung ist noch immer nicht gestoppt, im Gegenteil. Nach jedem Schuljahr machen sich junge Absolventen auf in den Westen, um dort ihre Lehre zu beginnen. Auch wer zunächst im Lande bleibt, an den überdurchschnittlich guten Universitäten in Greifswald, Ilmenau, Jena oder Leipzig studiert hat und Karriere machen will, der wird eine vielversprechende Stelle noch immer eher in Frankfurt am Main oder Stuttgart finden als in Dresden oder Leipzig. So hat beispielsweise Mecklenburg-Vorpommern im vergangenen Jahr einen Netto-Verlust von 13000 Bewohnern erlitten. In der Bergbau-Stadt Hoyerswerda lebten Anfang der neunziger Jahre 65000 Menschen, heute sind es noch rund 47000, etwa ein Drittel der Bewohner hat die Stadt verlassen. Auch hier sind es die Jungen und Tatkräftigen, die gehen.

Auf die Dauer wird der Bevölkerungsrückgang zur größten Herausforderung für die östlichen Länder. Nachdem Anfang der neunziger Jahre die Geburtenrate um die Hälfte gesunken war, geht nun schon seit Jahren eine Schließungswelle durch das Land: Erst waren die Kindergärten dran, dann die Grundschulen, nun die Gymnasien, demnächst werden die Universitäten wesentlich weniger Studenten haben als gegenwärtig. Inzwischen macht sich die Staatsregierung Sorgen darüber, ob demnächst noch genug Facharbeiter dableiben werden, um den Bedarf zu decken.

Die Zahlen klingen nicht übermäßig ermutigend. Tatsächlich, die Aufgaben in den östlichen Bundesländern sind schwer zu lösen. Am Geld allein liegt es nicht, die Fördertöpfe sind gefüllt, die Infrastruktur ist weitgehend erneuert. Kein Unternehmer mußte bis zum Sommer 2002 mehr über bröselige Reichsautobahnen oder auf maroden Gleisen zu seiner Investition fahren. Die Innenstädte sind weitgehend saniert, hunderttausende Quadratmeter Büroräume stehen bereit für Tatkräftige. In Dresden und Leipzig läßt es sich mindestens so schön wohnen wie in München oder Köln, aber halb so teuer. Was fehlt, sind tatkräftige Menschen, eine bessere wirtschaftliche Gesamtentwicklung, vielleicht auch die Ost-Erweiterung der EU, die mancherorts mit Sorge erwartet wird, zugleich aber den Osten Deutschlands in die Mitte der Union rücken wird.

Um zu verhindern, daß die »Berliner Republik« ein falsches Etikett für einen Weststaat mit teuer-lästigem Anhanggebiet wird, sind die Sachsen, Thüringer, Brandenburger und Sachsen-Anhalter in erster Linie selbst gefragt. Sie müssen für sich werben, müssen Investoren – ihre Kunden sozusagen – besser, schneller, freundlicher bedienen als andere. Hier wird es weiterhin nötig sein, sich beweglich zu halten, wenn es um Löhne, Tarife und Preise geht. Das ist nicht immer erfreulich für die Betroffenen, aber unvermeidlich, wenn es Gründe geben soll, warum jemand in Schwerin sein Geld anlegt und nicht in Schleswig. Für ihre Vorzüge baulicher und landschaftlicher Art könnten die östlichen Länder überdies ein bißchen intensiver werben, auch beispielsweise für die Tatsache, daß arbeitende Familien hier eine viel bessere Kindertagesbetreuung vorfinden als in den meisten Städten und Gemeinden des Westens, daß die Universitäten nicht so überfüllt (und oft besser) sind, daß zumindest in Sachsen die Schüler bessere Ergebnisse erzielen als in dreizehn anderen der sechzehn Bundesländer. Gute Gründe, dort zu leben, gibt es genug.

Was die Innere Einheit sei und wann sie vollendet sein wird, darüber denkt jeder anders. Vielleicht, wenn es die PDS nicht mehr gibt, wenn Cottbus Deutscher Fußballmeister wird, ein Leipziger Bundeskanzler? Oder wenn das erste östliche Bundesland zu den Nettozahlern im Länderfinanzausgleich gehört. Vielfach ist sie längst verwirklicht. Wer dieser Tage als junger Soldat gemeinsam mit anderen in Bosnien oder Afghanistan den Frieden schützt, der wird sich als Deutscher unter Deutschen fühlen. Im Sport gilt ähnliches, auch im Kulturbetrieb. An den Universitäten wird längst nicht mehr bewußt unterschieden (hier hat Geschichtslosigkeit mal einen Vorteil). Unter den jungen Leuten existieren die gedanklichen Barrieren ohnehin kaum noch. Für Politiker und ältere Leute gilt, daß sie sich entweder irgendwann an das größere Deutschland gewöhnen und darin einrichten oder eben nicht. Dann beantwortet vergehende Zeit diese Frage in ein paar Jahren und Jahrzehnten.

Umzug in die Unbefangenheit

»Es sind mehrere Flaschen Poesie nötig, damit man in Berlin etwas anderes sieht als tote Häuser und Berliner.« Die Sentenz eines umzugsverdrossenen Rheinländers? Nicht ganz. Der Düsseldorfer Dichter Heine, der Berlin einerseits schätzte und sich doch zeitlebens daran rieb, hat dies 1828 formuliert. Heute, zwölf Jahre nach der Wiedervereinigung, im dritten Jahr der Regierungszeit in Berlin, schaut man wieder auf diese Stadt. Und auf die »Berliner Republik«. Die griffige Vokabel Johannes Gross'scher Prägung, die sich im Laufe der Jahre inhaltlich aufgeladen hat: Konservative erwarteten den nationalen Ruck, während das linksliberale Lager in dem Begriff eher die Option auf ein gegenwärtiges und flottes Zukunftslabor sah. Eine holzschnittartige Trennung der politischen Linien ist dennoch nicht möglich, was sich besonders während der Hauptstadtdebatte des Bundestags im Juni 1991 zeigte. Es gab bürgerliche wie liberale und linke Skeptiker, alte und junge Warner vor einer neuen Republik.

Jenseits dieser emotionalen, unscharfen Projektionen fixiert die »Berliner Republik« jedoch ein ganzes Bündel von Fakten: die deutsche Wiedervereinigung, das Ende der Nachkriegszeit, die Wiedererlangung der Souveränität und, viertens, den Umzug von Bonn nach Berlin. Einig sind sich die Betrachter ferner darin: Das Deutschland der »Berliner Republik« referiert seine historische Signatur zunehmend auf 1989 und nicht mehr auf 1945. Die »Wiedervereinigung als moralische Anerkennung der Bundesrepublik« (Fritz Stern) macht nicht nur den Ortswechsel von Bonn nach Berlin offenkundig. Sie markiert auch das Ende einer über Dekaden außen- und sicherheitspolitisch eindeutigen Situation.

Vom »ruhelosen Reich« zur »erwachsenen Nation«

Daß die »Berliner Republik«, Code aller westlichen Ängste vor einem neuen deutschen Wilhelminismus, bei vielen europäischen Nachbarn die Sorge hervorgerufen hat, ob das Land zwischen Ost und West wieder in alte Großmannssucht verfiele, wunderte niemanden. Um so erfreulicher, daß Deutschland seine neugewonnene Souveränität und Verantwortung ausgewogen wahrnimmt und als zuverlässiger Partner EU- und Nato-weit anerkannt ist. Herausragendes Indiz dafür ist der Auslandseinsatz der Bundeswehr. Vor nicht allzu langer Zeit noch undenkbar, ist die Liste der Einsatzorte der Bundeswehr im Ausland umfangreich, werden inzwischen Anfragen an Deutschland herangetragen, die Führungsrolle in Konfliktgebieten der Welt zu übernehmen. Wahrgenommen wird diese Entwicklung längst nicht mehr als Tabubruch, sondern als selbstverständliche Verpflichtung eines souveränen demokratischen Staats. Und wenn der ehemalige Bundeskanzler Helmut Kohl am 3. Oktober 1990 erklärte, »daß Deutschland nie wieder ein ruheloses Reich« sein würde, und sein Nachfolger, Bundeskanzler Gerhard Schröder, zehn Jahre später bereits das »Selbstbewußtsein einer erwachsenen Nation« betont, dann zeigt dies, daß die »Berliner Republik« in dieser Dekade ein großes Stück souveräner und gelassener geworden ist.

Gelassenheit ist im übrigen auch eingekehrt in Hinblick auf die Verwendung des Begriffs der Wiedervereinigung – jahrzehntelang beinahe ein politisch unkorrektes Wort, das in manchmal erschreckendem Automatismus mit Großdeutschland, Imperialismus und schlimmster NS-Vergangenheit konnotiert wurde. Den Wunsch nach Einigung des Landes gestatteten sich deshalb viele Deutsche nicht. Eine falsche Assoziation, wie sich herausstellte. Denn auch das wiedervereinigte Land ist sich seiner kollektiven Verantwortung bewußt. Es gab und gibt keinen Widerspruch zwischen Nation und dieser Verantwortung – ein Punkt, der übrigens für den Verleger Axel Springer von besonderer Bedeutung war. Sein 1967 formuliertes Unternehmensziel, »das Herbeiführen einer Aussöhnung zwischen Juden und Deutschen«, stand für ihn niemals im Gegensatz zu seinem Engagement für die deutsche Einheit – und für die Hauptstadt Berlin.

Arthur Miller: »Wie San Francisco nach einem Erdbeben« – eine Ortsbestimmung

Seit drei Jahren arbeiten Parlament und Regierung nun in der Millionenstadt. Fern von »Langem Eugen« und »Diplomatenrennbahn«, inmitten einer pulsierenden europäischen Großbaustelle. Der Umzug des politischen Bonns nach Berlin, von der niederländischen an die polnische Grenze, macht die Qualität der Wiedervereinigung erst richtig faßbar. »Deutschland wird östlicher, protestantischer und preußischer – und das ist schlecht«, erweiterte ein westdeutscher Fernsehjournalist Anfang der neunziger Jahre das Diktum Lothar de Maizières. Doch kann man in der Eifel und im Emsland vielleicht manchmal die Präsenz der deutschen Wiedervereinigung vergessen, gelingt dies in Berlin nicht. Die Stadt, Symbol der wechselvollen deutschen Geschichte, steht stellvertretend für den Einigungsprozeß.

So wie der Publizist Fritz René Allemann Mitte der fünfziger Jahre »Bonn ist nicht Weimar« prägnant postulierte, kamen mit der Entscheidung für die neue alte Hauptstadt auch neue alte Fragen auf: Wenn Berlin nicht Bonn ist, wie wird sich die neue Hauptstadt definieren – aufgeklärt, föderal oder zentralistisch, preußisch, östlich? Und die Fragen, die nicht nur in den europäischen Hauptstädten, sondern auch in Hamburg, Köln, München aufgeworfen wurden, spiegelten Unsicherheit, Sorge, manchmal aber auch ein klein wenig Arroganz.

Dabei steht Berlin in einem Bereich ganz unschuldig da. Denn zum ersten Mal ist hier eine Stadt zur Kapitale geworden, die keinen Fluchtort markiert. Bonn und Weimar waren jeweils Reaktionen auf nationale Notlagen, erst daraufhin wurden beide Städte Begriffe der Verfassungsgeschichte. Sie haben insofern rückwärtsgerichteten Charakter. Berlin 1991 dagegen ist eine freiwillige Hauptstadt. Sicherlich mit jahrzehntelangen Willenserklärungen garniert; an die damals immer weiter in die Ferne rückende

Möglichkeit einer deutschen Wiedervereinigung geknüpft; in der Debatte um den Hauptstadt-Beschluß dann auch stigmatisiert wie überhöht. Es bleibt jedoch festzuhalten: Nur aufgrund der friedlichen Revolution der Bürger der DDR und der glücklichen internationalen Entwicklung, also aufgrund eines höchst erfreulichen historischen Vorgangs, ist Berlin, die preußische und deutsche Kapitale, Hauptstadt der DDR bis 1989, nun Hauptstadt der Bundesrepublik Deutschland.

Zur Ortsbestimmung gehört auch der Blick auf die Silhouette einer Stadt. In kaum einem Bereich läßt sich die neue Republik, das neue Selbstbewußtsein und der Wille zur Machtpräsentation so deutlich erkennen wie in der Architektur des politischen Berlins: vom bescheidenen Bonner Bundestag zum Berliner Reichstag (wobei sich die politische Klasse mit der Begriffsfindung unnötig schwertat, was man immer noch an den Straßenschildern im Regierungsviertel erkennen kann), vom unauffälligen, geduckten Bonner Kanzleramt, spöttisch »Kreissparkasse« genannt, zum pompösen Berliner Pendant an der Spree, dessen Architekt als bekennender Wagnerianer gilt.

Geschichtslos und voller Geschichte zugleich, bietet Berlin große Chancen. Die Stärke der Stadt ist ihre pragmatische Traditionslosigkeit zwischen Abriß und Aufbau, schillerndem Nachtleben und stiller Datschenromantik. Seit dem 1910 erschienenen Buch von Karl Scheffler »Berlin – ein Stadtschicksal« wissen wir: Berlin ist nie fertig, war es nie, wird es nie sein. Das neue Berlin zieht viele an: mit seiner Unfertigkeit, seiner Gestaltungsfläche und seiner Möglichkeit für Projektionen. Berlin sei das New York Europas, hört man, wenn man nach der Motivation fragt, in dieser grauen und gleichzeitig glamourösen Stadt zu leben.

Berlin weckt Sehnsüchte. Doch so wie die Debatten um die »Berliner Republik« ein Stück weit virtuell geblieben sind, ist es in gleichem Maße auch ihr Namensgeber, die deutsche Hauptstadt. Hier zeigt sich erneut der typisch deutsche Zug der Übertreibung: Es war keine schwierige Übung, Berlin jahrzehntelang mit negativen historischen Prädikaten zu versehen; es fällt in Deutschland aber offenbar ebenso leicht, die deutsche Hauptstadt nun mit

Vorschußlorbeeren und positiven Vokabeln zu belegen. Heute ist es jedenfalls en vogue, Berlin en vogue zu finden.

Deshalb muß man, spricht man über die »Berliner Republik«, ein gehörig Maß an Nabelschau und Zeitgeist-Pathos abziehen, will man dem wahren Geist wirklich auf die Spur kommen. Denn der geschichtslose Pragmatismus der Stadt, aber auch der historisierende »Hype«, der Synagogen, Einschußlöcher und Tunnelsysteme romantisiert oder bestenfalls banalisiert, reflektieren ein allzu einseitiges Bild vom Zentrum der »Berliner Republik«. Beides, »Hype« wie Pragmatisierung, blenden das aus, was Bedeutung, aber auch Brisanz der Hauptstadt ausmacht.

Im Gegensatz zu anderen westlichen Großstädten besitzt Berlin wesentlich weniger bürgerliche Substanz und damit weniger Potential für die Entwicklung einer modernen Bürgergesellschaft – ein Begriff, der übrigens häufig mit der »Berliner Republik« in Zusammenhang gebracht wird. Zwar war die Region Berlin-Brandenburg bis zum Zweiten Weltkrieg Industrie-, Wissenschafts- und Medienstandort Nummer eins in Deutschland. Aber die politischen Brüche der vergangenen fünfzig Jahre haben nicht nur das wirtschaftliche Profil der Stadt verändert. Auch die gesellschaftlichen Strukturen Berlins sind heute gänzlich anders als im Berlin der Vorkriegszeit. Aristokratie, Großbürgertum und vor allem die jüdischen Eliten, die jahrhundertelang der Stadt ihr kulturelles, geistiges und wirtschaftliches Gesicht gaben, sind in Berlin nicht mehr präsent. Das ist ein spürbarer, schmerzhafter Verlust – noch heute.

Auch im zwölften Jahr nach der Wiedervereinigung befinden sich die wirtschaftlichen (und nicht unbedingt geistigen) Zentren der Republik weiterhin im Westen und Süden. Daß Berlin wieder an seine alten Traditionen anknüpfen kann, nicht allein geistig-kulturelles Zentrum der Republik wird, sondern daß die vielgewünschte Sogwirkung endlich gelingen kann, liegt auch an der Verantwortung der gesamten »Berliner Republik« für ihre Hauptstadt. Jenseits aller west- wie ostdeutschen Zentralismus-Ängste, die in der Vergangenheit sicherlich Ursache manchen Unwillens waren, sollte es für ein Land zum Common sense gehören,

Ehrensache sein, die eigene Hauptstadt, das nationale Symbol schlechthin, zu unterstützen.

Das Ende der Nachkriegsgeneration und die »Generation Berlin«

So wie sich in der »Berliner Republik« und in der Hauptstadt die Wiedervereinigung Deutschlands direkt vollzieht, werden auch gesellschaftliche Brüche stärker evident. Traditionelle Bindungen an gesellschaftliche Gruppen wie Parteien, Verbände, Kirchen – die zentralen Träger der Bonner Republik – haben viel an Stellenwert und Legitimität eingebüßt. Hinzu kommt eine normative Polschmelze: Die politische Klassifizierung zwischen Rechts und Links gelingt nicht mehr eindeutig; eine präzise Zuordnung zwischen Richtig und Falsch, Fortschritt und Rückschritt bereitet zunehmend Probleme. Diese Entwicklung ist nicht auf den Ortswechsel zurückzuführen; die Verschiebungen in der politischen Topographie waren schon vorher wahrnehmbar. Doch die Plattform Berlin macht die Veränderungen erst richtig virulent.

Ein weiteres allgemein konzediertes gesellschaftliches Kennzeichen der »Berliner Republik« ist das Sterben der Nachkriegsgeneration und damit das Verschwinden der Erfahrungswerte dieser Zeit. Vertreter jener Generation – normative Basis und gutes wie schlechtes Gewissen der alten Bundesrepublik – sind inzwischen sehr alt oder leben bereits nicht mehr. Die beiden Weltkriege, die unseren Eltern und Großeltern noch als unverrückbare zeitliche und existentielle Wegmarken dienten, sind heute Geschichte. Doch auch die sogenannten Achtundsechziger befinden sich bereits in reiferem Alter und oft in verantwortungsvoller Position, an den Schaltstellen der Macht in Politik, Wissenschaft, Wirtschaft und Medien. Erstaunlicherweise stehen jedoch nicht die Achtundsechziger, die als erste Generation Einzug in die »Berliner Republik« hielten, im Fokus der gesellschaftlichen Betrachtung. Vielmehr wird mit der »Berliner Republik« die nächste Generation assoziiert: die sogenannte »Generation Berlin«. Wenn Arnulf Barings These gilt, daß das Deutschland des 20. Jahrhunderts stets von Generationengegensätzen geprägt war, dann müßte die »Generation Berlin« nun das neue, unbefangenere Deutschland symbolisieren. Betrachtet man diese Entwicklung genauer, stellt man folgendes fest: Während »Bonn« von der Kriegs- und Nachkriegsgeneration als wohltuend stabiles Synonym einer friedlichen Existenz wahrgenommen wurde, während die Achtundsechziger wiederum gegen die Bonner Republik rebellierten und gleichzeitig als erste Generation von ihren – auch materiellen – Segnungen bis heute profitierten, fehlen der »Generation Berlin« derartige einschneidende Sozialisierungserfahrungen. Die heutigen Mittdreißiger bis Vierziger, in der alten Bundesrepublik aufgewachsen, bringen diesem Land und dieser Regierungsform eher Sympathien entgegen und können mit nationalen Symbolen häufig unbekümmerter umgehen als frühere Generationen. Deshalb fiel es der »Generation Berlin« wohl auch leichter, die frühere Hauptstadt am Rhein zu verlassen – dankbar, aber nicht zu wehmütig – und sich auf Berlin einzulassen – offen für Neues, aber nicht zu euphorisch. Insofern charakterisiert die »Generation Berlin« in der Tat einen gelasseneren Umgang mit der neuen politischen Situation.

Nüchterner und weltanschaulich weniger festgelegt als die Generationen zuvor, befindet sich die »Generation Berlin« aber dennoch auf der Suche nach Identitäten, nach Sicherheiten und nach Sinn. Ohne romantische Verklärungsoptionen, wie sie sich noch den Achtundsechzigern boten, ohne klare Identität und ohne feste Feindbilder, ist die pluralistische Unentschiedenheit gerade in einer ökonomisierten Welt von besonderer Brisanz und weist auf ein unübersehbares normatives Defizit der jetzigen »Berliner Republik« hin.

Weitere Verschiebungen sind zu vermerken. Wenn sich in der Vergangenheit Generationen ausschließlich gegeneinander profiliert haben, läßt sich heute eine neue Offenheit erkennen, festzumachen beispielsweise am Umgang mit dem vermeintlichen geistigen Giftschrank der Deutschen. Die Jungen tabuisieren weniger, sondern beschäftigen sich weitgehend vorurteilslos mit Werten und Unwerten der Alten.

Doch nicht nur Offenheit, auch Gemeinsamkeit ist zu konstatieren. Ein weiterer optimistisch stimmender Hinweis einer ernsthaften, generationenübergreifenden Debatte innerhalb der »Berliner Republik« zu einem neuen, längst totgeglaubten und mit Tabus behafteten Thema ergab sich vor einigen Monaten, als von einem älteren ostdeutschen SPD-Landesminister die Frage nach einem Bundesland Preußen aufgeworfen wurde. An der Diskussion beteiligten sich Ost- und Westdeutsche, Dreißig- wie Siebzigjährige gleichermaßen engagiert – ein ermutigendes Zeichen dafür, daß die Periode der überspannten geschichtsbezogenen, schuldkomplexbeladenen und passiven *political correctness* vielleicht ihrem Ende entgegengeht.

Spricht man von gesellschaftlichen Brüchen und Verschiebungen, muß man sich ferner dem Kernstück der »Berliner Republik«, der Wiedervereinigung, dem bisher ungekannten und von keiner Nation vorher erlebten Zusammenwachsen zweier gänzlich unterschiedlicher gesellschaftlicher Milieus, zuwenden. Gleichaltrige erkennen zwar die großen Sozialisierungsdifferenzen und Erfahrungsunterschiede. Gleichwohl eint sie eine gemeinsame alte Kultur und vor allem: eine Sprache. Der Prozeß des Zusammenwachsens ist schwierig, zuweilen schmerzhaft und anstrengend; besonders spürbar ist dies täglich an der Nahtstelle Berlin. Aber mittelfristig wird diese »innere Einheit«, der Dialog zwischen Ost und West und auch zwischen den Generationen, eine erhebliche Bereicherung und Stabilisierung für die deutsche Gesellschaft zur Folge haben.

Das Raumschiff ist gelandet: Berliner Republik der Medien

»Bonn bleibt in Berlin«, schrieb Alfred Grosser 1999 und erteilte damit allen Illusionen auf eine Politik der anderen Art eine Absage. So wie jede politische Klasse und deren Berichterstatter in allen Hauptstädten der Welt immer ein Stück weit unter sich bleiben, so gibt es Wolfgang Koeppens »Treibhaus« auch in Berlin. Aber während sich Bonn als Kleinstadt gänzlich zurücknahm, bietet Berlin per se eine ganz andere Kulisse für die politische Berichterstattung.

Eine rauhe Millionenstadt, große Bilder, starke Symbole und, Berlin-immanent, die »Krise« – das sind Szenarien, mit denen der Journalist in der neuen Hauptstadt arbeiten kann. Umgekehrt formuliert: Realitätsverweigerung und heile Welt gibt es in Berlin nicht. Die Stadt ist unerbittlicher, unsicherer, auch kaputter als andere deutsche und europäische Städte; sie kaschiert Gegensätze und Abgründe nicht, ihre Probleme sind unübersehbar. Der Versuchung zu widerstehen, diese Stimmung unreflektiert eins zu eins abzubilden, also der oberflächlichen News-Hysterie nicht zu erliegen, ist schwieriger geworden.

Die politische Klasse und den täglichen Medienbetrieb in der Hauptstadt hat der Szenenwechsel längst erfaßt. Eine noch stärkere Medialisierung der Gesellschaft und der Politik, stärkere Konkurrenz, aber auch zuweilen härtere Berichterstattung sind die Kennzeichen der Arbeit in Berlin. Legte sich der frühere Bundeskanzler Adenauer in der Wahlnacht noch ruhig in Rhöndorf schlafen und gab erst am nächsten Morgen Koalitionspläne bekannt, ist heute die Zahl der auskunftswilligen Bundestagsabgeordneten nicht nur zu Wahlkampfzeiten stark gestiegen, ist es heute für einen Journalisten keine allzu schwierige Herausforderung mehr, einen Minister exklusiv am Handy zu erreichen. Das politische Berlin findet zunehmend in Talkshows statt, Pressekonferenzen der Parteien scheinen wichtiger als Programmarbeit, politische Willensbildung funktioniert mehr denn je über die Medien. Hinzu kommt der unreflektierte und gegenwartsverliebte »Hype« um die Hauptstadt, der auch Teile der Medien ergriffen hat und damit abermals das erhebliche Projektionspotential der »Berliner Republik« bestätigt.

Berlin, die »Berliner Republik« und ihr Medienbetrieb befinden sich im Umbruch, sind derzeit noch eine Großbaustelle, auch geistig. Neue Eitelkeiten und neue Gefährdungen stellen die gesamte Medienszene vor ungekannte Herausforderungen. Frischluft und Weite der großen Stadt, der »Ostseewind«, wie 1991 noch vermutet, haben bislang nur teilweise zu neuem Denken geführt.

Noch nicht alle Umzugskartons ausgepackt: Offene Fragen aus Bonn

Klaus Hartung hat mit der »Berliner Republik« das »Ende der Denkblockaden« postuliert. Eine große These und eine optimistisch stimmende allemal. Betrachten wir zunächst die Anfänge. Die gutgemeinte Hoffnung, daß sich durch den Umzug von Regierung und Parlament in eine pulsierende, von Gegensätzen und Härten gekennzeichnete Metropole auch der Regierungsstil positiv verändern und die politische Klasse mehr Volksnähe demonstrieren würde, ist weitgehend unerfüllt geblieben. Daß dieser Wunsch wirklichkeitsfremd war, zeigt sich schon im direkten Vergleich: Dann stünde Bonn, geprägt durch sein bürgerliches Kleinstadt-Umfeld, für durchgehend rheinisch-provinzielle Politik. Daß dies nicht zutrifft, geben selbst hartnäckigste Berlin-Verfechter zu. Bonn vielmehr war eine Hauptstadt, die konstruktiv, professionell und bescheiden Verfassungsnähe, Stabilität und Demokratie symbolisierte – der berühmte »Glücksfall« für Deutschland, fünfzig Jahre Frieden und Freiheit.

Historische Zäsuren werden nicht von Städten oder Ortswechseln hervorgerufen; politischer Stil orientiert sich nicht an räumlichen Bedingungen, sondern vielmehr an den Strukturen eines Staats und dem Status seiner Demokratie. 1991 wurde entschieden, daß ein politischer Apparat seinen Standort wechselt. Dieser Beschluß ist 1999 umgesetzt worden. Sicherlich können Umzüge manchmal probate Mittel sein, um seine Vergangenheit hinter sich zu lassen. Aber bekanntermaßen kann niemand vor seiner Biographie davonlaufen, auch eine Nation nicht. Und deshalb ist auch die »Berliner Republik« kein neuer Staat – zum Glück. Denn wenn die »Berliner Republik« etwas gänzlich anderes sein sollte, dann wäre der Begriff irreführend – und auch gefährlich. Der Ortswechsel also, so mag man daraus schließen, ist kein Symptom allein für eine veränderte Republik.

Aber in der »Berliner Republik« werden gesellschaftliche Entwicklungen virulent. Denn Berlin ist – im Gegensatz zum »Raumschiff Bonn« – durchaus ein gesellschaftliches Brennglas, denn es bietet eine gänzlich andere Kulisse für eine sich schon seit längerem wandelnde Gesellschaft. Daß die Republik stärker in Bewegung ist, wird hier sichtbar. Das Nischendasein in der heilen unbeobachteten Nachkriegsecke ist vorbei. Und damit einige stille gesellschaftliche Verabredungen: Konsens vor Konflikt, Sicherheitsmentalität, Gleichheit vor Freiheit, *political correctness* vor mutiger Meinungsäußerung. Die »Berliner Republik« hat also insgesamt keinen neuen Staat, aber eine neue gesellschaftliche Wirklichkeit hervorgebracht.

Das Ende einer Epoche, der Paradigmenwechsel ist bereits spürbar. Umgesetzt ist er allerdings noch nicht. Gilt hier Arnulf Barings Wort, wonach das gegenwärtige Deutschland in eine »menschenfreundliche, aber antriebsarme Provinzialität« zurückgefallen sei? Noch will die neue Republik die offene Gesellschaft und den ihr immanenten Konflikt verneinen und vermeiden; präferiert vielfach Konsens und einen falsch verstandenen Konservatismus, der oft in tiefer Reformfeindlichkeit Ausdruck findet, sowie einen geschichtslosen Pragmatismus. Letzterer war vielleicht angesichts der veränderten internationalen Lage noch am einfachsten nutzbar zu machen – wie überhaupt der Schwenk auf eine außen- und sicherheitspolitisch neue Positionierung ausgesprochen geschmeidig und unauffällig stattgefunden hat. Der »Berliner Republik« ist daher das Kompliment zu machen, daß sie in diesem Bereich gesunde Kontinuitäten pflegt und eine weiterhin bescheidene, verantwortungsvolle und verläßliche Außenpolitik betreibt.

Doch trotz hoher internationaler Reputation ist Berlin bislang kein kosmopolitischer Politikplatz. Noch immer mangelt es an der Ausgewogenheit und am Zusammenspiel dreier Faktoren: des nationalen, des europäischen und des internationalen. Ein ablehnender, ungelenker, manchmal verschämter Umgang mit nationalen Symbolen, Unsicherheiten in Hinblick auf den eigenen Status selbst im europäischen Umfeld und, daraus resultierend, Abwehrmechanismen und im schlimmsten Fall Intoleranz beweisen, daß noch immer die Diagnose Dolf Sternbergers zutrifft: »Wir wissen nicht, wer wir sind. Das ist die deutsche Frage.«

Es ist wenig verwunderlich, daß diese wahre deutsche Frage – nach der Lösung der Deutschen Frage – Grundlage verschiedener Probleme der »Berliner Republik« ist. Bedrückendstes Beispiel ist die Holocaust-Aufarbeitung und der Umgang mit der aktuellen Politik Israels. Doch auch der innenpolitische Diskurs um die Zukunft des Sozialstaats weist auf offene gesellschaftliche Flanken hin. Ist soziale Gerechtigkeit nur noch gewünschtes Beiwerk in einer gänzlich ökonomisierten und globalisierten Welt? Ferner ist fraglich, wieviel Macht die Wirtschaft in der Gesellschaft haben soll, wo Gleichheit durch Freiheit begrenzt wird – und umgekehrt. Ein weiteres wichtiges Thema ist der Umgang der deutschen Gesellschaft mit Globalisierungs- und Kapitalismuskritik. Denn jenseits der von Arnulf Baring notierten neuen »Menschenfreundlichkeit« ist auch eine neue aggressive Beliebigkeit und Mitleidslosigkeit gerade Randgruppen gegenüber spürbar. Gegensätze in der »Berliner Republik«, ausgelöst durch veränderte Kulissen, einen breiteren Horizont und sich auflösende traditionelle Bindungen bedeuten eine neue, härtere Wirklichkeit. Angelegt war dies jedoch deutlich früher.

Weiterhin offene Themen, die die Gesellschaft von Bonn nach Berlin mitgenommen hat, sind die Fragen nach der Zukunft des Parteienstaats und der Bürgergesellschaft: Finden sich neue politische Partizipationsmöglichkeiten angesichts der Politikverdrossenheit, sinkender Wahlbeteiligung und hoher Wählervolatilität? Ferner wird zu debattieren sein, ob es den Parteien gelingt, die grundgesetzlich vorgegebene Meinungsträgerschaft wieder ernsthaft auszufüllen und programmatische Akzente in die Gesellschaft zu tragen. Daran hängt eng die Frage nach der Förderung des politischen Nachwuchses und, generell, des politischen Denkens der jüngeren Generation. Ferner wird nach Aufgabe und Definitionsmacht der Intellektuellen zu fragen sein. Diese Problemstellungen, wie gesagt keine neuen, werden uns weiterhin beschäftigen, werden die Gesellschaft fordern und verändern. Aber sie müssen auch beim Namen genannt werden: mutig, verantwortungsvoll und konstruktiv.

»Achieving Our Country«: Ankommen in der Unbefangenheit

Christoph Stölzls Sentenz, wonach die Neigung der Deutschen, Geschichte mit den Vorstellungen von historischen Brüchen aufzuladen, in Widerspruch zu der erwünschten Normalität stünde, mündet im Zauberwort der »Berliner Republik« – der Normalität. Erscheint der Begriff zunächst logisch, kommt auf den zweiten Blick schon die Rückfrage: Was heißt denn »normal«? Normal bleibt etwas, wird es aber nicht. Es sei denn, man fügt ein »wieder« ein. Aber auf welchen Referenzwert bezöge sich dies, was war normal in Deutschland, bisher, wieder?

Ein zweiter Einwand: Der Begriff »Normalität« impliziert in Deutschland häufig noch das Vergessenmachen von Auschwitz. Darum kann und darf es in der Debatte um die »Berliner Republik« nicht gehen. Deshalb plädiere ich persönlich mit Roman Herzog statt für »Normalität« für »Unverkrampftheit«.

Drittens sei hier einer deutschen Neigung widersprochen: Normalität, also Unbefangenheit und Unverkrampftheit, ist nicht automatisch negativ und mit schlechten und gefährlichen Traditionen gleichzusetzen. Zumal der Begriff zwar schillert, aber doch auf einigen Fakten beruht: Berlin ist jetzt normal, Bonn war es nicht. Das Deutschland von 1989 ist jetzt normal, das geteilte Land war es nicht.

Johannes Gross' These, wonach es sich in der »Berliner Republik« um die »Normalität der Instabilität« handelt, ist sicherlich beizufügen, daß auch die Bonner Grundgesetz-Tradition ein weiteres prägendes Kontinuum ist. Doch überlagert wird dieses Kontinuum zweifellos von neuen gesellschaftlichen Brüchen, Friktionen und Unsicherheiten. Nächste gewünschte Entwicklungsstufe wäre die Bereitschaft, diese Brüche und Lücken zu erkennen und zuzulassen. Als normatives Gerüst für diese Zumutungen allerdings reichen das ubiquitäre Modernitätscredo der »Berliner Republik« sowie das übliche juvenile Berlin-Bekenntnis zu einer heiteren und aufregenden Stadt nicht aus. Voraussetzung ist vielmehr die grundsätzliche Akzeptanz einer offenen Gesellschaft, mit allen Risiken und Chancen. Voraussetzung, darin zu bestehen, ist ferner zu lernen, jenseits vom *juste milieu* der *political correctness* in Optionen und Möglichkeiten zu denken – gelassen und verläßlich, auch unter Inkaufnahme des Scheiterns. Eine schwierige Übung gerade für uns sicherheitsaffine Deutsche, die wir als Bundesrepublik wie als Deutsche Demokratische Republik vierzig Jahre in der Nische gelebt haben. Ost und West verbindet bis heute eine ähnlich gelagerte Aversion vor den Zumutungen der Freiheit; sichtbar an der hohen Erwartungshaltung gegenüber dem Staat und daran, daß Freiheit und Selbstverantwortung bisher ungeübt und nicht verabredet sind. Freiheiten anzunehmen impliziert auch die Freiheit zu nationaler Identifizierung. Dies haben sich die Deutschen bisher nicht gestattet. Ein entspannteres Verhältnis zur eigenen Nation, der Wille, sich für sie einzusetzen und für sie verantwortlich zu fühlen und nicht den Staat allein dafür in Haftung zu nehmen, stehen in engem Zusammenhang zu Eigeninitiative und individuellem Gestaltungswillen und übrigens auch zu dem Willen, jenseits der deutschen Freudlosigkeit zu mehr Optimismus, Tatkraft und – schlicht – mehr Fröhlichkeit zu gelangen.

Heute, gut zehn Jahre nach dem Hauptstadt-Beschluß, ist eine neue Debatte zur Essenz der »Berliner Republik«, also zur Frage nach der neuen Unverkrampftheit, notwendig. Eine solche öffentliche Diskussion könnte die Virtualität überwinden, neue Werte und neue Bindungen schaffen. Denn: Das Ende der Projektion ist der Beginn der Politisierung.

Für diese Entwicklung ist die Hauptstadt Berlin ein gutes Symbol: groß, vielseitig, offen. Ich bin fest davon überzeugt, daß der »Ortswechsel«, also die deutsche Wiedervereinigung als Initiator und Motor der »Berliner Republik«, eine Jahrhundertchance ist, um Identität und Stabilität zu stärken, ohne dabei Verantwortung und Überzeugung aus Bonner Jahren über Bord zu werfen. Die Chancen der neuen »Berliner Republik« und ihrer offenen Gesellschaft zu erkennen und nutzbar zu machen, wäre ein gewaltiger Schritt. Ich plädiere für ein unbefangenes Verhältnis zur »Berliner Republik« und damit auch zur deutschen Nation. Am besten mit einer Flasche Poesie. Denn die kann allemal nicht schaden.

JÜRGEN ENGERT

Nun machen wir mal ne Bilanz

Wir stellen Aktiva und Passiva gegenüber, ziehen einen Strich darunter, und dann haben wir ihn, unseren Status. Bestand aufgenommen, Überblick gewonnen. Solvent oder insolvent, das ist nicht mehr die Frage, das ist die Antwort.

Irgendwann ist das Bilanz-Machen als Begriff im Politik-Betrieb in Mode gekommen. Seitdem ist dieser Begriff inflationär. Ungezählte politische Buchhalter kopieren das Ökonomische; und dabei irritiert sie nicht, daß sie es nicht mit festen, sondern mit variablen Größen zu tun haben.

Die Bilanz wird zwar auch als Instrument im Wettbewerb, im Streit, im Kampf der Parteiungen benutzt; unser Laden floriert, der eurige ist pleite – ich vermute aber, wesentlich für den Drang zum Bilanz-Machen ist der Wunsch nach Selbstvergewisserung. Und der ist so groß, daß der Bilanz gern die Zwischenbilanz vorgesetzt wird.

Den Buchhaltern geht es um das Grundsätzliche. Deshalb steigen sie auf die Kanzel zum Abkündigen desselben. Dabei staune ich, wie schnell ihre Selbstvergewisserung zur Selbstsicherheit mutiert. Die Buchhalter als Prediger haben alles im Sack. Sie sind zu beneiden. Das Kontingente als das Absolute: Was habe ich dagegen für eine Chance, ich der Skeptiker mit dem Relativsatz?

Diese Vorrede soll erklären, unzulänglich, warum ich weder mit einer Bilanz, noch mit einer Zwischenbilanz der Berliner Republik aufwarte. Ich kann nicht, was ich soll.

Ich bin ein Zeitgenosse von Geschehnissen, die unter dem Begriff Zeitgeschichte subsumiert werden. Den Buchhaltern ist dieser Begriff suspekt. Für sie bezeichnet er eine Art Gemischtwarenladen, der erst geordnet und normiert werden muß, damit er eigentlich, damit er zu *der* Geschichte werden kann. Mir werden die Rufeindrücke des durch *die* Geschichte galoppierenden Weltgeistes entgegengehalten, Gesetzmäßigkeiten werden behauptet, und wieder staune ich, weil ich *die* Geschichte nicht kenne, sie für mich lediglich aus einer Vielzahl von Geschichten besteht, die zu selektieren sind, in gute und schlechte, wobei das Kriterium durch die Frage bestimmt ist: Lohnt sich das Erzählen? Was aber lohnt?

Wenn Geschichten illustrieren, was dem Menschen möglich ist, im guten wie im bösen, was seine Kräfte übersteigt, so daß das Scheitern unausweichlich wird.

Grenzerfahrung: 1980 wurde der Schriftsteller Jurek Becker, der DDR-Schriftsteller, seit 1977 in West-Berlin lebend, gefragt:

»Was war die angenehmste Überraschung, die Sie nach der Übersiedlung in den Westen erlebt haben?«

Beckers Antwort:

»Gleich am Anfang meiner hiesigen Zeit hatte ich in der Schweiz zu tun, ich fuhr von Freiburg mit dem Zug. In eine Lektüre vertieft, verfolgte ich nicht den Weg und blickte erst aus dem Fenster, als der Zug schon tief in der Schweiz war. Da niemand mich auf das Grenz-Überfahren aufmerksam gemacht hatte, hatte ich es nicht wahrgenommen. Eine solche Art, mit einer Grenze umzugehen, war für mich eine unerhörte Begebenheit, das ist ja wohl klar.«

Grenzerfahrung: 1955 sitze ich, ein Jahr zuvor noch eingezwängt in einen Staat, der ein System unter dem Kürzel DDR war, in einem Westberliner Bus, unterwegs nach Braunschweig. Dem DDR-Offizier am Grenzkontrollpunkt Drei Linden zeige ich meinen ganz frischen Westberliner Personalausweis vor. Wir beide hatten etwas gemeinsam gehabt, jetzt trennt uns eine Welt. Ich kann eine Grenze überwinden, weil ich sie passieren darf.

Und jederzeit kann ich diese unerhörte Begebenheit wiederholen, anstandslos.

Grenzerfahrungen im tatsächlichen und im übertragenen Sinn, wurzelnd im Politischen, hatten meine Biographie von Kindheit an mit Kennzeichen versehen. Von der ersten deutschen Diktatur in die zweite: Einsperrung als normaler Zustand. Für den östlichen Teil Deutschlands, wobei die Bezeichnung, wie beim westlichen, über das Geographische hinausging, dauerte diese Einsperrung von 1933 bis 1990.

Ich kann reisen, auch wenn ich nicht reise. Leben als potentielle Möglichkeit. In dem Wunsch, reisen zu können, drückte sich für Einwohner der DDR das Verlangen nach genereller Freiheit angesichts tiefgestaffelter Grenzen aus. Ich kam in Restaurants der DDR, und ich sah das Schild, hinter dem Leute aufgereiht zu warten hatten: »Hier werden Sie plaziert!« Eine Herrschaft plakatierte ihr Prinzip.

1991 wurde der Schriftsteller Heiner Müller gefragt:

»Denken Sie heute, daß Sie vielleicht auf Ihre Privilegien hätten verzichten sollen?«

Müller antwortete:

»Nein, das nicht, das ist doch eine ganz simple Entscheidung. Die Privilegien waren eine wichtige Arbeitsbedingung... Ich hätte nicht so schreiben können, ohne die Reisen in die USA und sonstwohin. Das war ein wichtiges Material für meine Arbeit. Es wäre hirnverbrannt gewesen zu sagen, ich reise nicht dorthin, bevor nicht alle reisen können. Das kann man unmoralisch finden, aber es ist so!«

Heiner Müller mit seinen Privilegien trennte nur scheinbar eine Kluft von den Unterprivilegierten in der DDR. Tatsächlich war er ihnen durch den Zwang zum Wohlverhalten verbunden. Graduell nur war der Unterschied: Müllers Folgsamkeit wurde belohnt. Frei in seinen Entscheidungen aber war auch er nicht, wollte er seine Privilegien behalten. Auch Müller ein Untertan.

Ich kam 1954 aus der DDR nach West-Berlin. In einen deutschen Teil, der ein dritter war, zwischen DDR und Bundesrepublik, repräsentativ für das ganze deutsche Land und doch von ihm als Kuriosität betrachtet. Aus meiner absoluten Grenzerfahrung wurde die relative, immerhin. Ich war kein Untertan mehr, ich war ein Bürger mit Rechten, notfalls einklagbar, frei von Zwängen, die man mir als »Pflichten« oktroyiert hatte.

Trotzdem: Ich war und ich blieb ein »Provisorium«. Mein

Westberliner Personalausweis dokumentierte meinen Status. Das »Provisorische« war ihm aufgedruckt. Ich saß zwischen Baum und Borke. Bequem war der Platz nicht. Ich hätte ihn vertauschen können mit einem westdeutschen. Aber ich wollte nicht.

Ich las von Joseph Roth das »Bekenntnis zu Deutschland« aus dem Jahre 1931:

»Dem aufrichtigen Bekenntnis zu dem Lande, das man aus geheimnisvollen und also nicht zu erörternden Gründen sein Vaterland heißt, muß man, beinahe aus ebenso unerklärlichem Grund, eine Art Erläuterung vorausschicken. Nirgends und niemals noch hat ein Bekenntnis zur Heimat einer Entschuldigung bedurft. Heute und bei uns sieht man sich gezwungen, vorerst die Bekenntnisformel von der schwülstigen Verlogenheit zu säubern, mit der man sie beworfen hat, von der papiernen Phraseologie, von der es seit Jahrzehnten um sie raschelt, von der blutrünstigen Roheit, die seit Jahrzehnten den Patriotismus, die Liebe zur Nation und die Sprache in Part hält und vergewaltigt.«

Ich las von dem Schweizer Schriftsteller Adolf Muschg unter der Überschrift »Wenn ich Deutscher wäre…«:

»Es ist eins, glaube ich, die Quittung der Geschichte zu unterschreiben als ehrlicher Schuldner. Es ist ein anderes, zugleich aus der eigenen Geschichte auszutreten. Es ist eins, daß die eigene Nation nie mehr das letzte sein darf. Darf sie darum nie das Selbstverständliche sein?«

Als ein »Provisorischer« identifizierte ich mich mit den Texten von Roth und Muschg.

In West-Berlin zwischen Baum und Borke: Der Stamm war Deutschland, die Rinde war gebildet aus der Bundesrepublik und der DDR. Der Riß ging durch die Rinde und den Stamm dahinter, und er ging durch mich hindurch.

Ich wurde besucht aus West, Nord und Süd, wenig aus Ost, weil sich dort ein paar Hindernisse in den Weg zu mir stellten. Und die Besucher fragten den Besuchten, warum und wie lange er denn noch ausharren wolle in einer Teilstadt, die doch nur ein Appendix sei.

Und weil man den bekanntlich nicht brauche, er aber Beschwer bereite, vor allem viel koste, werde man ihn eines Tages lossein wollen. Nie und nimmer würden die Amis immer und ewig auf der Insel bleiben, der Befehl werde kommen, die Fahne einzurollen, und dann werde es zu spät sein, auch für mich.

Meine Fürsorger konnten nicht verstehen, daß ein Gesunder auf Station bleiben wollte. Er erschien ihnen als ein bißchen meschugge.

Was habe ich geantwortet? »Ja, ich, wir, habe ich gesagt, wir könnten jederzeit die Koffer packen. Keiner könnte uns daran hindern. West-Berlin würde zu einer leeren Stätte, die Ost-West-Front wäre begradigt, was manchem in Bonn willkommen wäre, der mit dem Gedanken schwanger geht, mich in die Lüneburger Heide umzusiedeln. Der DDR würde West-Berlin, was sie sich im Verein mit der Sowjetunion zu erkämpfen versucht, zum Geschenk gemacht. Eine Klammer wäre weg, und sie wäre beantwortet, endgültig, die Deutsche Frage. Diesem Berlin aber dem geteilten, dem repräsentativen für die deutsche Gegenwart und für das deutsche Geschick seit 1871, ihm gehöre meine Zuversicht, und ihm würde ich eine Zukunft voraussagen.« Bei meiner Rede stand ich auf schwankendem Boden.

Ich scheute das Pathos nicht. Das leidenschaftliche muß ja nicht das falsche sein. Gegen die Resignation war ich immun, weil überzeugt, daß ein Status quo zwar lange dauern, er aber nicht ewig sein könne.

Ich habe die westdeutschen Biedermänner nicht beeindruckt. Sie empfanden den Status quo als höchst komfortabel. Warm saßen sie in der Wolle ökonomischer Zuwachsraten. Aus denen bezogen sie ihr Selbst. Daß die Bundesrepublik nur eingeschränkt souverän war, etwas weniger als die DDR, daß die Westmächte wie die Sowjetunion ihre Vorbehaltsrechte, Berlin und Deutschland betreffend, wie einen Augapfel hüteten, den wirtschaftlichen Riesen irritierte es nicht, politisch ein Zwerg zu sein. Im Gegenteil. Zu viel Verantwortung ist nicht komfortabel. An den Händeln der Welt haben wir uns einmal die Hände schmutzig gemacht, die Trümmer der Vergangenheit haben wir unter uns verscharrt, um uns daraufstellen zu können; nun sind die andern dran, unter deren Mantel wir uns kuscheln, wir, zuständig für Lichterketten. Und wenn uns mancher verlautbart, die deutsche Teilung sei der Preis, den wir für Auschwitz zu zahlen hätten – warum nicht? Wenn das schon nicht recht ist, dann ist es doch billig. Den Jacobs-Kaffee und das Persil für die Schwestern und Brüder drüben, die zahlen wir aus der Portokasse.

Ich fuhr durch den Grenzübergang in der Heinrich-Heine-Straße.

»Deutschland ist noch ein kleines Kind.
Aber die Sonne ist seine Amme,
sie säugt es nicht mit frommer Milch,
sie säugt es mit nährender Flamme.«

Heute bin ich umringt von Ungezählten, die mir sagen, die Wiedervereinigung Deutschlands sei doch so sicher gewesen wie das Amen in der Kirche. Ich hatte nur die Hoffnung, sie hatten die Gewißheit – angeblich. Ihre Rede, mit der sie mich bedrängten: »Willst du als letzter das Licht ausknipsen?« haben sie vergessen.

Ich erinnere mich: Als 1990 die Einheit zum Ereignis wurde, brauchte der Bonner Regierungsapparat keine Schublade aufzuziehen, um Pläne für den Tag X hervorzuholen. Diese Schubladen waren leer. Nur ein einzelner Beamter im Bundesverkehrsministerium war gerüstet: Er hatte die Autokennzeichen für die DDR parat.

Auch ich war nicht vorbereitet. Ich aber lebte in einem Spagat zwischen Berlin-West auf der einen Seite, Berlin-Ost und der DDR auf der anderen. Dadurch hatte ich das Wissen: Würde wieder zusammengefügt, was gespalten war, eine Konfrontation von zwei Mentalitäten müßte unausweichlich sein. Mentalität ist das Resultat von Prägungen. Sie entsteht langsam, langsam nur ist sie zu verändern, und bei vielen ist die überkommene Lebenseinstellung so manifest geworden, daß sie sie mit ins Grab nehmen.

Die Deutschen-West und die Deutschen-Ost: Von 1945 bis 1990 haben sie in antagonistischen Lebensverfassungen existiert. Ihr entgegengesetztes Sein hat ihr Bewußtsein mitbestimmt. Den Lebensverhältnissen in der DDR konnten sich auch die nicht entziehen, die versuchten dagegen anzuleben. Innerlichkeit als Freiheit ist keine. Die Gesinnung blieb gezwungenermaßen privat. Das Regime wurde davon nicht tangiert.

Ich lese einen Brief, den am 30. Oktober 1986 Generalmajor Böhme, Leiter der Bezirksverwaltung Dresden des Ministeriums für Staatssicherheit, an das Sekretariat Erich Mielkes nach Ost-Berlin schickte:

»Entsprechend der Weisung des Genossen Minister am 23. 10. 1986, im Ferienheim des MfS ›Am Lugstein‹ zu überprüfen, warum die im Ferienheim installierten WC-Sitze nach dem Hochklappen nicht in dieser Stellung verbleiben, sondern zurückfallen, habe ich entsprechende Untersuchungen veranlaßt.

Bei dem beanstandeten WC-Sitz handelt es sich um ein Produkt des VEB Tressberg Ottendorf-Okrilla unter der Bezeichnung Modell 14010 zum EVP von 18,60 Mark. Dieses Modell wird seit 1978 mit einem Produktionsvolumen von jährlich 200 000 Stück hergestellt. Daneben werden weitere 16 Modelle produziert. Aus materialökonomischen und fertigungstechnischen Gründen wurde das Modell 14010 mit einem Filmscharnier ausgestattet, was zum Wegfall des herkömmlichen Scharniers und zu einer Materialeinsparung von 500 g Plastgranulat pro Sitz führte.

Diese Fertigungsart entspricht bei Beachtung der Montageanleitung, die jedem WC-Sitz beiliegt, den Qualitätserfordernissen.

Bei dem Modell 14010 sind, wie in der Montageanleitung vorgeschrieben, die Biegestellen des Filmscharniers vor Montage des WC-Sitzes mehrmals so weit wie möglich nach beiden Seiten zu bewegen. Dadurch wird die volle Funktionstüchtigkeit des WC-Sitzes hergestellt.

Beim Anbringen der WC-Sitze im Ferienheim ›Am Lugstein‹ wurde die Montageanleitung nicht beachtet, so daß es zu dem festgestellten Mangel kam.

Ich habe die notwendigen Veränderungen veranlaßt.

Seit 1986 wird der WC-Sitz bei veränderter Formgestaltung unter der Bezeichung Modell 14010/2 produziert. Bei diesem Modell wird das Film-Scharnier doppelt ausgeführt, was ein Zurückklappen von Brille und Deckel ausschließt.«

Für den Deuschen-West ist dieses Schreiben ein komischer Text. Erich Mielke, der nicht nur die Untertanen minutiös observieren ließ, kümmerte sich auch um die Klodeckel im Ferienheim für seine Bediensteten. Mielke als Herbergsvater.

Dem Deutschen-Ost war Mielke nicht sympathisch. Er wurde gefürchtet, auch gehaßt. Wofür aber steht das Klo-Deckel-Schreiben? Für einen Paternalismus der Obrigkeit.

Er war die Kehrseite der Repression. Dieser Paternalismus war willkommen, von der Bevölkerung wurde er internalisiert. Schwierigkeiten, Probleme? Ich schreibe an Honecker!

Die Herrschaft, für die die Willkür rechtens war, setzte an die Stelle der Rechtssicherheit die Gemeinschaftsideologie. Sie war von oben verordnet und wurde durch eine Gemeinschaft von unten ergänzt. Ihren Kern bildeten die Zwecke. Wer tauscht Hohlsteine gegen Gasrohre? Wer »organisiert« auf seiner Baustelle Zement für Westgeld? Interessen, nicht Mitmenschlichkeit bewirkten ein Beziehungsgeflecht. Abseits der Öffentlichkeit, aber nicht gegen sie. Es gab eine intime Nähe, die sich kaum vergleichbar deutscher Kriegs- und Nachkriegszeit sofort auflöste, kitteten Interessen und Zwecke nicht mehr zusammen. Diese Gemeinschaften aber, wurzelnd in Mangel und Not, wurden mit einer ethischen Krone versehen: Wir sind solidarisch, wir wärmen uns wechselseitig. Mit dieser Prägung ist der Deutsche-Ost in das wiedervereinigte Deutschland gekommen. In eine Gesellschaft, die keine Gemeinschaft ist, in der Interessen öffentlich artikuliert werden und miteinander konkurrieren, in der der Kompromiß regiert. »Kälte« wird beklagt, »Wärme« vermißt. Das Frösteln ist im Lauf der Jahre nicht vergangen.

Wer versteht mich und uns alle?

Zeitungen wurden gleich nach der Wende neu gegründet. Sie konnten sich nicht behaupten. Die überregionalen Blätter aus der Bundesrepublik, zu DDR-Zeiten begehrte Konterbande, wurden offeriert. Sie fanden und finden weiterhin nur wenige Käufer.

Gespräch im Frühjahr 1991 in Dresden. Der Ingenieur der Reichsbahn, engagierter Protestant, hatte, die »Sächsische Zeitung«, das »Organ« der SED-Bezirksleitung Dresden, abonniert.

Den politischen Teil überblätterte er, er las das Lokale und hörte den Deutschlandfunk. Er hat das Abonnement, der Wende zum Trotz, die eine Umwälzung ist, nicht gekündigt. Er mochte die »Sächsische Zeitung« nicht, jetzt aber überwiegt das Vertraute, das Unsympathische. Er sagt: »Wir legen uns gemeinsam in die Kurve.« Westdeutsche Blätter verkörpern für ihn das Fremde.

Wer versteht mich und uns alle?

Die PDS. Gespräch nach der Bundestagswahl 1998 in Hamburg. Das Arztehepaar ist 1988 aus der DDR ausgereist, nach langem Kampf. Die beiden Mediziner haben der »Partei des demokratischen Sozialismus« ihre Stimme gegeben. Warum? Selbstbehauptung! Wo die Emotionalität absolut dominiert, hat die Rationalität nicht einmal eine relative Chance.

Die PDS: eine Mentalitätspartei. Das wird sie bleiben, und eines Tages wird sie von der Bildfläche verschwinden, vergleichbar dem BHE, dem »Bund der Heimatvertriebenen und Entrechteten« in den Anfängen der alten Bundesrepublik, wenn der PDS nicht Entwicklungshilfe an der Seite der Sozialdemokratie zuteil wird, mit der Folge, daß aus temporären Partnerschaften beim Regieren eine dauerhafte Konkurrenz in Gestalt einer linkssozialistischen Partei zur SPD entsteht.

Die Wiedervereinigung war ein Blitz, der in die westdeutsche Gartenlaube schlug. Er wurde wahrgenommen, aber abgeleitet. Ein Signal zum Verändern war er nicht: Vergrößern wir ein bißchen unsere Gartenlaube, und damit hat sichs.

Aber dann geschah doch etwas, das aus dem Ohrenbackenstuhl aufschrecken ließ. Über die Hauptstadt war zu beschließen.

Berlin hatte zwar als Kapitale Deutschlands in der Verfassung gestanden, der Unwille zum Verändern aber klammerte sich an Bonn, das niedliche. Die Nußschale ist unsere Welt.

Nicht auffallen, den Kopf einziehen, das war zu Beginn der Bundesrepublik die Devise gewesen, und sie war Ausfluß des Opportunismus derer, die zuvor die Welt am deutschen Wesen hatten genesen lassen wollen. Aus dem Opportunismus hatten sie eine bequeme Lebensphilosophie entwickelt.

Wie wurde über Bonn landauf, landab gespottet! Was die Spötter aber nicht merkten: Sie verspotteten sich selbst. Denn Bonn verkörperte ihre Identität. Die Provinzler glaubten, das Glück im stillen Winkel gefunden zu haben. Deshalb wollten so viele von Bonn nicht lassen – deutsche Einheit hin, deutsche Einheit her.

Berlin störte und verstörte. Das rührte aus dem Ahnen her, daß es mit der bloßen Veränderung der deutschen Gartenlaube vielleicht doch nicht sein Bewenden haben werde. Der Kampf um die Hauptstadt war ein Indikator für die Fixierung der Bundesrepublik auf das Althergebrachte.

Hätten Ausländer, die Amerikaner vor allem, anhand der Auseinandersetzung Bonn/Berlin die Frage nach der deutschen Glaubwürdigkeit nicht gestellt, die ohnehin knappe Mehrheit im Bundestag für Berlin wäre wahrscheinlich nicht zustande gekommen. Auf den Opportunismus war aber auch in diesem Fall Verlaß. Wobei hinzuzufügen ist, daß es die PDS war, die sich als einzige politische Gruppierung im Parlament geschlossen zur Bärenfahne bekannte.

Die Groteske wurde verlängert durch die Bestimmung, sechs Bundesministerien am Rhein zu belassen und neun an die Spree zu verlagern. »Kombinationsmodell Bonn/Berlin« wurde genannt, was als Quadratur des Kreises gepriesen wurde. Das Gefühl sollte gepflegt werden, beim Verändern in Deutschland werde sich kaum etwas ändern, obwohl die Vernunft einem hätte sagen müssen, daß allein schon wegen der Funktionsfähigkeit eine gespaltene Hauptstadt ein Unding ist. Inzwischen ist sich die politische Klasse darüber im klaren, daß in absehbarer Zeit alle Bundesressorts in Berlin ihre alleinige Adresse haben werden. Sie aber hütet sich, ihr Wissen zu verlautbaren und zur Tat zu schreiten. Sie kennt ihre Pappenheimer und paßt sich ihnen an: Auf der Stelle zu treten, ist auch Bewegung.

In Deutschland-Ost ist das Gezerre um die Hauptstadt im Gedächtnis verankert worden. Als westdeutsches Charakteristikum. Das also sind die, die uns von früh bis spät belehren, wir müßten uns ändern und das »dalli, dalli«; mobil müßten wir sein, kreativ und innovativ. So werden wie die Deutschen-West von Natur aus sind. Anhand des Streits um Berlin erkannten aber die Deutschen-Ost, daß sie mit einer Gesellschaft vereinigt worden sind, die sich zu einer einigelnden entwickelt hat. Unzufrieden sind sie damit nicht. Hat doch das eigene Beharren auf dem Gewohnten ein Pendant gefunden. Die bundesdeutsche Sozietät ist ihnen ganz sympathisch: Bitteschön, keine Radikalkuren. Auf Kooperation statt auf Konflikt wird gesetzt. Das Heil wird von »Bündnissen«, ob für Arbeit, ob für Gesundheit, erwartet. Das Verlangen geht nach Runden Tischen. Die waren den Deutschen-West schon lieb, bevor die Deutschen-Ost denselben als Begriff für eine Gemeinschaft kreierten, die keine Gesellschaft war und die plötzlich im Zuge der Implosion der DDR aufgerufen wurde zu dem, was sie nie gelernt hatte: politisch zu handeln. Das wechselseitige Fremdeln der Deutschen-West und der Deutschen-Ost ist von Ähnlichkeiten durchschossen.

Es war Bernhard Vogel, ehedem Ministerpräsident von Rheinland-Pfalz, jetzt Thüringens Regierungschef, der 1998 die »Berliner Republik« zum »Unwort des Jahres« erklärte. Damit wurde eine allgemeine Phobie artikuliert, die von einer Identifikation mit dem Überkommenen herrührte.

Die Deutschen-West hatten das Glück der Geographie, nicht das Verdienst, daß sie nach dem Krieg auf die Butterseite fielen. Ja, sie haben mit dem Geschenk, den Pfunden gewuchert und dafür gesorgt, daß Bonn nicht Weimar wurde, daß sich die Bundesrepublik eingliederte in die demokratische westliche Zivilisation. Merkwürdigerweise hatte das kein Selbstbewußtsein zur Folge. Sonst hätte die »Berliner Republik« als Schrecken nicht in die Glieder fahren dürfen. Diejenigen, die einem »Verfassungspatriotismus« huldigten, den sie in Gegensatz zur deutschen Schicksalsgemeinschaft stellten, weil sie nie und nimmer in den Verdacht geraten wollten, deutsche Verantwortung von 1933 bis 1945 zu relativieren, und die deshalb nicht anerkannten, daß Verantwortung das Gefühl nicht ausschließt, diese Bonner empfanden die Deutsche Einheit als eine Gefährdung ihres Überbaus.

Sie waren ängstlich. Denn die »Berliner Republik« brachte nicht nur die Veränderungen im deutschen Haus auf den Begriff, sie zeigte zugleich in Stichworten einen neuen weltweiten Anfang nach dem Ende der bipolaren Ost-West-Spaltung an: Globalisierung, technologische Revolution, Wanderungsbewegungen von Land zu Land, von Erdteil zu Erdteil, demographische Schübe in die hochentwickelten Staaten.

Berlin als Subsumtion einer Vielzahl von Übeln. Berlin wurde zum Aufhänger für vagabundierende Ängste. Fiktionen, fernab der Realität, schossen ins Kraut. Von der Gefahr einer Renaissance des deutschen Zentralismus durch den Umzug vom Rhein an die Spree war die Rede. Ein geringes Zutrauen in die Verankerung der seit 1949 existenten bundesstaatlichen Ordnung wurde offenbar. Daß Preußen, das einst größte und mächtigste Land in Deutschland, schon lange tot ist, und daß das Kunstprodukt, das es war, nie und nimmer zu beleben ist, Tatsachen konnten Argwohn nicht ersticken. Und noch immer wabert er durch die Köpfe, obwohl Berlin heute nur noch ein von der Pleite bedrohter, powerer Stadtstaat ist. Daran hat sich auch durch die Niederlassung von Bundestag und Bundesregierung nebst Entourage nichts geändert.

»Oh, Berlin, wie weit ab bist du von einer wirklichen Hauptstadt des deutschen Reiches! Du bist durch politische Verhältnisse über Nacht dazu geworden, aber nicht durch dich selbst. Wirst es, nach dieser Seite hin, auch noch lange nicht werden. Vielleicht fehlen die Mittel, gewiß die Gesinnung. ›Denn aus Gemeinem ist der Mensch gemacht‹, sagt Schiller; er soll dabei speziell an den Berliner Spießbürger, der inzwischen zum ›Bourgeois‹ sich abwärts entwickelt hat, gedacht haben.«

Berlin ist bei den deutschen Landsmannschaften nie eine populäre Hauptstadt gewesen. Sympathien werden auch anderen Hauptstädten in anderen Ländern nicht zuteil. Zentren senden stets Signale vermeintlicher Superiorität aus, und die provozieren kein Wohlwollen. Im Vergleich mit London oder Paris war Berlins Karriere als Hauptstadt von 1871 bis 1945 viel zu kurz, um die Stadt zu einem Identifikationssymbol werden zu lassen. Repräsentativ für das deutsche Gefühl aber ist diese Hauptstadt immer gewesen. Das ist sie auch heute. Berlin: eine leere Bühne, die nach der Wiedervereinigung darauf wartet, mit einem neuen deutschen Stück bespielt zu werden. Aus sich heraus kann sie das nicht schreiben. Die Juden mit ihrem liberalen Bürgersinn wurden vertrieben und ermordet, ein Verlust, der nicht egalisiert werden konnte, der verstärkt wurde durch den Wegzug von Eliten nach 1945. Für die Autorenschaft, für das neue deutsche Stück bedarf es deshalb des ganzen Landes.

Mit dem Eintritt in die »Berliner Republik« werden die Deutschen sich von ihrem blinden Zutrauen in die allumfassende Regelfähigkeit des Staates verabschieden müssen. Nötig ist ein kräftiger Schuß Liberalismus. Der ist nicht gleichbedeutend mit dem Ruf nach der »Partei der Besserverdienenden«. Es geht um das Verwirklichen einer Idee, die die Vormundschaft des Staates ablehnt und auf die Selbstverantwortung des Bürgers setzt.

Selbstverantwortung ist nie bequem. Aber dort, wo sie etabliert ist, entsteht auch eine Selbstverpflichtung der Starken gegenüber den Schwachen, eine Selbstverpflichtung gegenüber dem Gemeinwesen. Das Rezept von ehedem, dem Individualismus zu huldigen, sich um das Gemeinwesen nicht zu scheren, den Staat aber immer als Fürsorger beanspruchen, dieses Rezept gehört der Vergangenheit an.

Noch aber unterscheidet sich der Berliner Polit-Betrieb vom Bonner nicht. Weiterhin dominiert die situative Politik. Reaktion statt Aktion, kurzfristig und deshalb kurzatmig.

Die Deutschen müssen lernen, in einer und mit einer wirklich großen Stadt zu leben, die zugleich ihre Hauptstadt ist. Das Empfinden dafür ist ihnen seit 1945 abhanden gekommen. Denn was bedeutet die große Stadt? Vielfalt und Unordnung.

Gewiß: München, Hamburg oder Frankfurt am Main sind groß, aber mit Berlin sind sie nicht zu vergleichen – nicht weil diese Stadt besser, aber weil sie größer, viel größer ist. Ein Umstand, der eben die Vielfalt und die Unordnung magisch anzieht. Damit ist dieses Berlin repräsentativ für das neue Deutschland, das vielfältige und unordentliche, das Land in einem Übergang. Zum größten Faktor in der Mitte Europas ist es wieder geworden und damit auch ein Machtfaktor und der bedeutet: politische Verantwortung nicht nur für sich selbst zu übernehmen, sondern stets auch die Folgen des eigenen Handelns für andere zu bedenken. Das sind die Deutschen nicht gewohnt. Und das erfüllt sie ganz und gar nicht mit Begeisterung. Sie wissen, was sie hatten, sie wissen nicht, was sie bekommen werden.

»Ich hasse, wenn einem eine gebratene Taube ins Maul fliegt, beim Schicksal auch noch auf Kompott zu bestehen.«
(Theodor Fontane)

Abschied vom Freizeitpark

Die alte Bundesrepublik ist langsam gestorben, unter Schmerzen, sich immer wieder aufbäumend gegen das unvermeidliche Ende, ohne Hoffnung auf Genesung und Wiederkehr. Doch was war es, was da starb, was machte den sooft geschmähten Zeitgeist aus, der nun anders wehen soll und wohl auch wird?

Zuerst einmal war die Bundesrepublik ein entschlossener Austritt aus unserer so heillos gewordenen jüngeren Nationalgeschichte. Wir waren Königsberg und Breslau los, Stettin und Danzig. Die Bundesrepublik – das waren der Rhein und seine Nebenflüsse, das waren die vorpreußischen Rheinlande mit ihren römischen Ruinen und den gotischen Domen. Doch von ihnen ging kein politisch-historischer Auftrag mehr aus, sie waren Sehenswürdigkeiten geworden, die wir zur historischen Kostümierung brauchten, nichts Existentielles, sondern nur ästhetisch Ansprechendes. Sie waren Teil eines wunderbaren Freizeitparks, der unseren Lebensstil schmückte. Wir hatten den letzten Versuch, das Deutsche als besondere Kategorie, die Metaphysik des Ich gegen eine internationale Regel ins Feld zu führen, aufgegeben.

Wir verbannten das Sterben aus unserem Gesichtskreis und entflohen der Metaphysik. Ein Pragmatismus der Mitte war unsere rationale Antwort. Um alle daran teilnehmen zu lassen, schufen wir den Sozialstaat und zur gerechten Verteilung den Verbändestaat. Stabilität und Konsens wurden Schlüsselworte. Viele Begriffe, die im öffentlichen Leben der Bundesrepublik eine Rolle gespielt haben, atmen diesen Geist der Konfliktvermeidung: Mitbestimmung, Friedenspflicht, innerer Friede, sozialer

Friede, soziales Netz, Sozialpartnerschaft, Sicherheitspartnerschaft, konzertierte Aktion und Solidarpakt.

Mit den höchsten Löhnen und dem längsten Urlaub gingen wir auf Reisen und konnten uns in der Toskana wie an der Cote d'Azur der Melancholie über Massentourismus und Umweltzerstörung hingeben. Wir hatten Himmel und Hölle verschlossen, da eine existentielle Bedrohung nur eine materielle sein konnte, und dagegen waren wir versichert. Die Achtundsechziger befreiten uns von der letzten unaufgeräumten Ecke in unserer Seele – Auschwitz. Wir taten öffentliche Buße und wurden gute Menschen, die für Fremde auf die Straße gingen und Kerzen anzündeten. Wir strebten nach der herrschaftsfreien Kommunikation in der demokratischen Mediengesellschaft und waren bereit, der Gleichheit die Elitenbildung zu opfern.

Wir machten alles anders und vieles besser und hatten das erste Mal das Gefühl, im richtigen Lager und auf der richtigen Seite zu stehen. Wir strebten nach Entspannung und der Verbesserung auch des kommunistischen Menschen und tadelten die Amerikaner für Überrüstung und Vietnamkrieg. Wir waren näher am irdischen Paradies als fast jedes andere Volk, denn wir hatten keine wirkliche Verantwortung und mußten nichts entscheiden. Wehners Vorwurf an Brandt, er bade gern lau, traf das Lebensgefühl der Bundesrepublikaner. Wir konnten uns den Luxus des guten Gewissens leisten und waren bestrebt, die anderen westeuropäischen Völker auch auf diesen Weg zu führen. Wir konnten genießen und haben es gerne getan – ohne Reue und ohne Vorsorge für die Zukunft.

Gewiß, wir waren noch nicht angekommen, es gab Gestrige und Unverständige – Heimatvertriebene, die zurück wollten, fundamentalistische Bischöfe, die die Abtreibungen mit Verurteilung statt mit Verständnis bekämpften, doch deren Zahl und Einfluß gingen zurück und der linksliberale mainstream sorgte für jene *political correctness*, die gesellschaftliche Konflikte außerhalb des Tarifkartells tabuisierte. Wir waren dabei, die tragische Dimension im Schicksal des einzelnen wie des Ganzen auf ein sozial-verträgliches Niveau zu reduzieren und den Menschen die

Lebensrisiken abzunehmen. Wir werden auf diesem Weg nicht fortschreiten können, die Veränderungen der Welt machen es unmöglich.

Haben wir es ernst gemeint? Ich weiß es nicht, aber es war ein schöner Traum. Es ist vorbei, aber wir dürfen doch sagen – leider.

Von der Rheinlust ins Adlon

Ist die Berliner Republik noch die Bonner Republik? Bin ich noch der, der ich 1944, 1952, 1974 war? Eigentlich nicht. Die Menschen ändern sich und ihre Institutionen auch. Aber die tragenden Normen der Verfassung gelten nach wie vor, für Deutschland, ein Land, das seit der Wiedervereinigung an Fläche größer, an Einwohnern zahlreicher und an Problemen reicher geworden ist. Inwieweit verändert die größere Quantität die Qualität? Gewiß verändert, nicht unbedingt verbessert hat sich die Lebensqualität der Politiker in der jeweiligen Hauptstadt.

1966, als ich für sehr kurze Zeit im Kanzleramt war, war – wenn man von der Gastfreundschaft der Landesvertretungen absieht – die größte gastronomische Attraktion im Regierungsviertel das Wirtshaus zur Rheinlust. Dort konnte man kostengünstig einen »halven Hahn« bekommen – so heißt dort ein Käsebrot – und mit Hosenträgern geschmückten Politikern dabei zusehen, wie sie über die Parteigrenzen hinweg Skat spielten. Heute ist die Attraktion aller Attraktionen das Hotel Adlon in Berlin, dessen Preise Ehrfurcht gebieten, selbst den an Milliardensummen gewöhnten Politikern. Einige von ihnen geben ihrer Ehrfurcht dadurch Ausdruck, daß sie noch nie dort waren. Ich auch.

Aus der Provinz in die Metropole, wenn das den Menschen, seine Regierung und sein Parlament nicht verändert! Bonn und Godesberg sind reizvolle, solide, aber bescheidene Orte, während Berlin sich als eine Großstadt begreift, die einmal Weltstadt war und fest entschlossen ist, das wieder zu werden. Lebendig ist Berlin, dynamisch, voller Konflikte, mit ungewöhnlichen Menschen, die nicht zufrieden sind, einige von ihnen ebenso wie die Berliner

Polizei in Straßenschlachten erprobt. Da können Ruhe und Zufriedenheit, die größten Feinde der Kultur, nicht Einzug halten. In meiner Jugend sang man einen Schlager, der in etwa lautete: »Du bist verrückt mein Kind, du mußt nach Berlin, wo die Verrückten sind, da gehörst du hin!« So schlimm ist es noch nicht. Besonders der Reichstag, heute Bundestag, mit seinem Glasmützchen erweckt das Vertrauen, daß die Verrücktheiten sich in Bereichen abspielen, die weniger Risiken in sich bergen als die Politik. Ein Medium verbreitete vor geraumer Zeit die Nachricht, in den Toiletten im Bundestag seien Hinweise auf Drogenkonsum gefunden worden. Das war eine gewaltige Übertreibung. Offenbar gab es zwar geringe Spuren von Drogen, deren Ausbreitung auf mehrere Toilettendeckel aber darauf beruhte, daß für deren Reinigung derselbe Lappen benutzt worden war.

Die nach Bonn gereisten Landesfürsten konnten seinerzeit noch sagen, sie seien aus ihren Metropolen in die Provinz gekommen. Das können sie heute nicht mehr behaupten. Berlin ist im Sinne des Sprachgebrauchs »kein Geld mehr da« pleite, aber trotzdem zahlungsfähig und vor allem planungsfreudig. Das sieht nach einem Wunder aus und ist deshalb verdächtig, weil Wunder in Geldfragen weder von Jesus noch einem Heiligen bewirkt worden sind. Aber der Fall der Mauer und die Wiedervereinigung mit sowjetischer Zustimmung waren ja auch so etwas wie Wunder. So wollen wir auf Rettung vor den Folgen hoffen, aber uns nicht darauf verlassen, daß sie uns als Himmelsgeschenk in den Schoß fällt. Jedenfalls ist Berlin mit seinen Visionen, Konfusionen und Illusionen ein Kulturboden, von dem noch viel zu erwarten ist, zumal Kunst nach Meinung des in Stuttgart geborenen, aber in Berlin zu Weltruhm gelangten Hegel eher auf der Nachlassung des Geistes und den dadurch ausgelösten Inspirationen beruht.

Nicht nur Berlin und die Berliner Republik, die Welt hat sich geändert. Der amerikanische Präsident wird in Moskau freundlicher begrüßt als in Berlin. Allerdings sind die amerikanischen Präsidenten in Berlin auch früher nicht mit Freundlichkeit überschüttet worden, ausgenommen John F. Kennedy. Aber den brauchte man damals gegen die Russen. Heute sind auch die Russen unsere Freunde. Gerhard Schröder ist per Du mit Putin, Helmut Kohl ist per Du mit Jelzin. Berlin war als Hauptstadt wohl unvermeidlich. Ich beginne das einzusehen, obwohl auch ich mich nach der Wiedervereinigung dafür ausgesprochen hatte, daß Bonn Bundeshauptstadt bleibt. Ich tat das wegen der Kosten, an die nicht gedacht zu haben die Ursache so mancher von patriotischen Gefühlen getragenen Fehlentscheidung ist. Zum Beispiel hätte das Kostenargument auch gegen die meisten Kriege gesprochen. Aber lassen wir das. Berlin ist und bleibt Hauptstadt. Ende der Diskussion.

Die neuen Bundesländer wirken im Bundesrat bei der Gestaltung der nationalen Politik mit. Sie vertreten auch ihre eigenen Interessen, wie das die alten Bundesländer ebenfalls tun. Die Interessen der alten und der neuen Bundesländer stimmen nicht immer überein. Das erschwert die Berechenbarkeit. Den Kampfruf aus der Zeit der Wiedervereinigung »Teilen« hört lieber, wer etwas zu bekommen hofft, als wer etwas hergeben muß. Es geht um Geld. Das ist immer etwas korrumpierend. Jemandes Leid zu teilen ist leichter, als ihm Geld zu geben. Wie leicht das ist, erleben wir im Fernsehen, wenn dort die guten Menschen auftreten. Man glaubt gar nicht, wieviel Leid der Mensch teilen kann, wenn das für ihn keine finanziellen Folgen hat. Ein polnischer Aphorismus sagt: »Denken wir an die Armen, sagte der Fabrikant aus Lodz, das kostet nichts.«

Die Solidarität zwischen dem Osten und dem Westen Deutschlands hat bislang ganz gut funktioniert. Aber die nur begrenzt übereinstimmenden Interessen in Ost und West stören etwas, wenn es gilt, Wahlkampfstrategien zu erarbeiten und das Wählerverhalten vorauszusagen. Wer die Interessen des Ostens vernachlässigt, riskiert, dort eine auf den Hut zu bekommen. Für die Mehrheit unsere Landsleute im Osten war die Wiedervereinigung zwar ein angestrebtes Ziel. Aber als es erreicht war, war es mit erheblichen Härten verbunden, mit den Folgen zurechtzukommen. Ein großer Teil der Industrie im Osten ging im globalen Wettbewerb ein wie rote Blumen eingehen, wenn in einer kalten Winternacht das Gewächshaus geöffnet wird. Die ungesunde Subvention der Preise entfiel. Die beachtlichen sozialen Leistungen für die Jugend mußten stark eingeschränkt werden. Die Stasi-Unterlagen, mit preußisch-sächsischer Sorgfalt erstellt, belasteten den gesellschaftlichen Zusammenhalt und erschwerten die Versöhnung. Die Arbeitslosigkeit stieg und entwickelte sich zu einem zentralen Problem. Der Staat wurde umgebaut und die kommunale Selbstverwaltung wieder eingerichtet. Das Recht der alten Bundesrepublik wurde auch in der ehemaligen DDR in Kraft gesetzt. In hastig zusammengestellten, aber wenigstens von Könnern erarbeiteten Broschüren versuchte das Bundesinnenministerium, den Inhalt der wichtigsten Rechtsnormen in verständlichem Deutsch bekanntzumachen. Grundstücke sollten an Enteignete oder deren Erben zurückgegeben werden, sofern sie nicht in gutem Glauben an ihr Recht andere nutzten. Aber die alten Grundbücher galten nicht mehr. Zum Glück waren meistens die alten noch da. Investoren, aber auch Beutelschneider reisten in die Ostländer und boten ihre Dienste an.

Inzwischen kennen unsere Landsleute im Osten uns im Westen nicht nur von der guten Seite. Aber Tausende von Experten sind freiwillig aus dem Westen in den Osten gegangen und haben dazu beigetragen, daß der Übergang in die Demokratie und Marktwirtschaft nicht noch größere Härten auslöste. Nicht wenige haben für die Interessen des Ostens härter gekämpft als die Einheimischen. Rückblickend und im Besitze praktischer Erfahrung muß man sich darüber wundern, daß doch vieles gelungen ist und daß das Erscheinungsbild der Städte und Gemeinden im Osten sich nachhaltig verbessert hat. Die Transferleistungen von West nach Ost – man schreibt und redet von 750 Milliarden Euro – müssen doch irgendwo sichtbar werden. Allerdings wird durch sie keine Pflicht zur Zufriedenheit begründet. Die Demokratie gewährt ihren Bürgern auch das Recht zur Unzufriedenheit, selbst dann, wenn diese nicht begründet ist. Unzufriedenheit ist überdies der Motor des Fortschritts. Unsere Landsleute im Osten haben schon lange gemerkt, daß Zufriedenheit den Verdacht auslöst, man hätte etwas zu Unrecht bekommen, und daß man mehr fordern muß, als man bekommen kann, um wenigstens das zu bekommen, was man braucht. Aber allein durch Teilen kommen wir nicht weiter. Es kommt darauf an, wie hoch die absoluten Beträge sind, die Deutschland für die Pflege der Infrastruktur erwirtschaften kann und bereitzustellen vermag. Immer weniger immer gerechter zu verteilen, führt vielleicht in den Himmel, aber nicht zum irdischen Erfolg. Das Geld, das dem Staat zufließt, kann aus sozialen Erwägungen nicht nur dahin gelenkt werden, wo der soziale Geldbedarf am größten ist, sondern es muß auch dahin gelangen, wo die Rentabilität am günstigsten ist. Andernfalls versiegt die Quelle. Die Summe der Eigeninteressen ist keine Ordnung, sondern das Chaos.

Das wichtigste Ziel, nämlich daß das Bruttoinlandsprodukt in den neuen Bundesländern stärker wächst als in den alten, wurde nicht erreicht. Im Gegenteil, es wächst weniger stark. Besonders deutlich wird das, wenn man das durch die Transferleistungen und Subventionen ausgelöste Wachstum herausrechnet. Sollte das Wirtschaftswachstum im Westen weiterhin größer sein als im Osten, würde das Gefälle zwischen West und Ost zunehmen und deshalb auch der Länderfinanzausgleich für die Geberländer immer einschneidender werden. Das ist ein schwerwiegendes Problem. Verteilungsgerechtigkeit ist nicht die einzige Form der Gerechtigkeit. Entscheidend für das wirtschaftliche Wachstum auch in den neuen Bundesländern ist die Privatwirtschaft. Deren Produktivität und Qualität muß erhöht werden. Insbesondere darf sie möglichst nicht mit vermeidbaren Kosten belastet werden, solange nicht ein angemessenes, das heißt den konkurrierenden Wirtschaftsräumen entsprechendes Niveau erreicht worden ist. Es ist an der Zeit, die praktischen Erfahrungen auszuwerten und die weitere Politik auf dieser Grundlage aufzubauen. Falls die Weichen falsch gestellt sind, läßt sich das nicht durch erhöhte Geschwindigkeit ausgleichen. Damit sie richtig gestellt werden, brauchen wir ein ungefärbtes Bild der Wirklichkeit und eine realistische Sicht der Möglichkeiten. Lothar Späth hat ein besonderes Talent – nämlich auch Unerfreuliches anschaulich, klar und mit ironischen Einschüben in einer Weise darzustellen, daß die Zuhörer applaudieren, obwohl sie betroffen sind. An solchen

Darstellungen fehlte und fehlt es, während der Wiedervereinigung und heute. Es ist seltsam, daß in der deutschen Politik die Meinung ziemlich fest sitzt, der Wähler wolle das Schöngefärbte lieber als das Naturfarbene oder er merke es nicht, wenn die Färbung etwas intensiv geraten ist. Da irrt die Politik.

Die Bindung unserer ostdeutschen Landsleute an die Parteien, die ihre Wurzeln in Westdeutschland haben, ist naturgemäß lockerer als im Westen. Dies führt zu großen Schwankungen bei den Wahlergebnissen in den neuen Bundesländern und zu weiterer Unberechenbarkeit, denn Wahlaussagen, die im Westen freundlich aufgenommen werden, kommen deshalb nicht unbedingt auch im Osten an. Die seinerzeitige Ankündigung blühender Landschaften in den neuen Bundesländern binnen weniger Jahre – und das auch noch ohne Steuererhöhungen – erregt bei vielen im Osten heute noch Unmut. Diese zu optimistische Einschätzung war ein Irrtum, allerdings einer, der von Wissenschaftlern genährt wurde. Bei Voraussagen empfiehlt sich eben, etwas undeutlicher zu formulieren und Entwicklungen eher als möglich denn als sicher zu bezeichnen. Was man nicht weiß, soll man auch nicht erzählen, wenigstens nicht in der politischen Auseinandersetzung. Die deutsche Sprache erlaubt es, etwas so darzustellen, daß es entschlossen wirkt und doch undeutlich bleibt.

Die Berliner Republik wird Entscheidungen zu treffen haben, für die das Wort »historisch« nicht übertrieben ist. In der nächsten Legislaturperiode geht es unter anderem um die Osterweiterung der Europäischen Union, um den Beitritt der Türkei, um eine tragfähige Verfassung für die Europäische Union, um eine neuorientierte NATO, um die Festigung der freundschaftlichen Beziehungen mit den USA, um die Fortentwicklung der Zusammenarbeit mit den GUS-Staaten, vor allem mit Rußland, und um das Engagement für den Frieden im Nahen Osten. Hinzu kommen innenpolitische Fragen wie weiterer Ausbau der Infrastruktur in den alten wie in den neuen Bundesländern, Bildung, Arbeitsmarkt, Versorgung. Die finanziellen Mittel sind begrenzt. Die bisher so gerne benutzte Hintertür der Kreditfinanzierung ist durch die Beschlüsse von Maastricht nicht mehr durchgehend geöffnet.

Vor einer so großen Zahl grundsätzlicher und schwieriger Entscheidungen stand bislang noch keine Bundesregierung, vielleicht mit Ausnahme der Regierungen unter Bundeskanzler Adenauer, die, weiß Gott, auch keinen Mangel an großen Themen hatten. Möge die Mahnung an die Tragödie der Weimarer Demokratie unserem Parlament stets gegenwärtig sein, aber auch die Ermutigung durch die erfolgreiche deutsche Demokratie nach dem Zweiten Weltkrieg. Möge auch die Dankbarkeit fortbestehen gegenüber den Siegermächten. Dies gilt vor allem für die USA, Frankreich und Großbritannien, aber auch für die Sowjetunion in den letzten Jahren ihres Bestandes, die den lange von ihr versperrten Weg zur Wiedervereinigung schließlich doch geöffnet hat.

Raumschiff im märkischen Sand

Seitdem die Bundesrepublik von Berlin aus regiert wird, ist eine Debatte so gut wie verschwunden: die über die Berliner Republik. Der Titel einer Zeitschrift von jungen SPD- oder der SPD nahestehenden Politikern und Journalisten hält den Begriff hoch, aber sonst lebt er durchweg nur noch als Formel weiter, die der Ortsangabe dient. Das ist merkwürdig, denn so lange ist es noch nicht her, daß sich an der Debatte um die Berliner Republik die Geister schieden. Manche fühlten sich zwar auch auf dem Höhepunkt der Diskussion in den Jahren unmittelbar vor dem Umzug an die Episode aus Thomas Manns »Buddenbrooks« erinnert, in der die Arbeiter im erregten Lübeck des Jahrs 1848 eine Republik fordern und auf den Einwand von Konsul Buddenbrook, sie hätten doch schon eine, trotzig-ratlos erklärten, dann wollten sie eben noch eine. Aber überwiegend wurde die Debatte mit beträchtlichem Ernst geführt. Sie schien damals einen neuralgischen Punkt der öffentlichen Auseinandersetzung zu berühren.

In der Tat spitzte sie die Erwartungen und Befürchtungen zu, die von dem Umzug aufgerührt wurden – also dem, bei Licht betrachtet, ziemlich unvergleichlichen Vorgang, daß ein Staat sich entscheidet, eine funktionierende Hauptstadt aufzugeben, seinen Schwerpunkt sozusagen auf die andere Seite seines Terrains zu verlagern und eine gebeutelte, geschichtsbelastete Stadt neu für den Zweck des Regierungssitzes auszubauen. Der Begriff richtete sich einerseits darauf, daß Berlin die Bundesrepublik aus ihrer Nachkriegsrolle herausführen und auf die Höhe ihrer neuen Lage bringen werde, wie sie durch das Ende der alten Blockpolarität und die Wiedervereinigung – der deutschen und der europäischen –

definiert wurde. »Berliner Republik« stand für nichts Geringeres als für die Imagination einer neuen Anstrengung der deutschen Politik, fallweise auch nur für den erhofften Ausbruch aus der Enge und Selbstzufriedenheit, die der Politik in Bonn vorgeworfen worden waren, und eine Reihe jüngerer Publizisten träumte unter diesem Rubrum von einem Generationensprung, der die alte Bundesrepublik für neue Denk- und Erfahrungsperspektiven öffnen werde.

Andererseits und vor allem war der Begriff skeptisch, ja abwehrend besetzt. Je näher der Zeitpunkt heranrückte, an dem der Hauptstadt-Beschluß sich in den tatsächlichen Umzug verwandelte, desto mehr verbreitete sich ein erstaunlich insistentes Widerstreben selbst gegen den Gebrauch des Begriffs. Es hatte etwas von einem Abwehrzauber, wie die Konsuln der Republik sich dagegen wehrten, daß die von Berlin regierte Republik auch nur als Berliner Republik bezeichnet werden könne. Es war ein Fall der bekannten deutschen *political-correctness*-Erregung, wenngleich in garantiert staatserhaltender Façon: Die Kritiker des Begriffs argwöhnten die Gefahr, daß mit dem Umzug die Konterbande alter Versuchungen und neuer Gefährdungen in die Bundesrepublik eingeschleppt werden könne – Zentralismus, Größenwahn, Nationalismus, was auch immer. Tenor der Beschwörungsformeln: Die alte Bundesrepublik sei nie nur eine Bonner Republik gewesen, sondern ein auf das ganze Deutschland gerichtetes Staatsmodell, also drohe die Rede von einer Berliner Republik dem Gedanken einer anderen Republik Vorschub zu leisten, sie sei zumindest überflüssig, wenn nicht schädlich.

Nun, da der Regierungssitz hinlänglich etabliert ist, kann man nicht umhin, sich beim Blick zurück auf die Debatte die Augen zu reiben. Denn so gut wie keine der Befürchtungen und Erwartungen, die den Begriff streitig aufluden, ist eingetreten. Es gibt keine Anzeichen dafür, daß jemand daran dächte, das in den Nachkriegsjahrzehnten angehäufte Bonner Erbe an Tugenden zu verwerfen – weder die demokratischen Überzeugungen noch die notorische politische Zurückhaltung, und die Angst, der Begriff werde mehr als einen Ortswechsel anzeigen, erscheint mittlerweile als larmoyanter Alarmismus. Aber auch der vor allem auf der linken Seite des politischen Spektrums schwelende Argwohn, der Umzug an den historisch kontaminierten Platz könne dazu führen, daß der Republik der politische Kamm schwillt und die großmächtige Attitude eines endlichen Sich-Lossagens von der Nachkriegszeit Platz greift, ist – alles in allem genommen – ins Leere gegangen.

Allerdings sind bislang auch die Chancen, die die suggestive Formel beschwor, nicht eingetreten. Kann denn davon die Rede sein, daß die politische Klasse in Berlin von dem Problembewußtsein ergriffen worden sei, das viele von der Ortsveränderung erhofften? Jedenfalls ist bislang nichts davon zu spüren, daß die Berührung mit der rauhen Wirklichkeit Berlins oder seinem ostdeutschen Umfeld Einfluß auf die Politik hätte. Überhaupt muß man zur Kenntnis nehmen, daß die wiedergewonnene Hauptstadt in der deutschen Öffentlichkeit keineswegs für eine Entwicklung steht, die auf den Nenner einer Zäsur oder eines Neuanfangs, gar einer Neubegründung gebracht werden könnte. Es hätte ja nicht gerade der Hauch einer neuen Stunde Null oder ein Neuanfang sein müssen. Ein ernsthafter Versuch, mit der Bonner Routine zu brechen, hätte genügt. Doch nichts davon: Die Berliner Republik macht da weiter, wo Bonn aufgehört hat.

Anders formuliert: Rund drei Jahre nach dem Umzug ist die Berliner Republik weitgehend die Bonner Republik, versetzt in eine neue Kulisse. Natürlich ist es mit Händen zu greifen, daß Berlin nicht Bonn ist, und es ist unübersehbar, daß die neue Hauptstadt dabei ist, ihren eigenen Ausdruck zu finden. Die Republik hat in Berlin neue Wahrzeichen gefunden, die Reichstagskuppel und das Kanzleramt; die meisten Ministerien und andere öffentliche Bauten haben sich in erneuerten Altbauten eingerichtet, und die zum Teil erstaunlich gelungene Wiederherstellung machen das neue Regierungszentrum zu einem stillen Triumph des Denkmalschutzes, genauer: des klugen Umgangs mit älterer Bausubstanz, der das neue Berlin in die Reste des alten einfügt. Alles ist etwas zu groß, zu glatt, zu neu – Flure, Sitzungsräume und die unvermeidlichen Atrien. Doch dem politischen Betrieb teilt sich kaum etwas davon mit. Seine Veränderungen erschöpfen sich in Äußerlichkeiten: ein rauherer Umgangston, rüde Medienverhältnisse und die Klage über die Entfernungen, die Politiker, Beamte und Journalisten zu bewältigen haben. Berlin ist, alles in allem genommen, die Fortsetzung von Bonn mit veränderten Maßen und Mitteln.

Vor allem muß erstaunen, wie rasch sich die Bonner mit Berlin abgefunden haben, mehr noch: daß unter ihnen eine regelrechte Berlin-Sympathie Platz gegriffen hat. Dabei hatten doch heftige Klagen den Umzugsbeschluß und seine Umsetzung begleitet. Der Prozeß des Hauptstadt-Ausbaus war von massiven Vorbehalten gegen Berlin überschattet und hatte mit einem nervenden Bonner Guerilla-Krieg gegen die Realisierung des Hauptstadt-Beschlusses zu kämpfen. Das alles hat sich mit dem Vollzug des Umzugs, ja man kann fast sagen: in einem Augenblick, der schönen Herbstwoche im September 1999, in der der Bundestag seine Arbeit in Berlin aufnahm, nahezu in Nichts aufgelöst. Knapp drei Jahre später summt keiner der Neu-Berliner, daß er noch einen Koffer in Bonn habe, auch wenn er – wie viele ältere Beamte – das Haus in Bonn behält. Seither ist Berlin für das politische Personal zum selbstverständlichen Schauplatz seiner Tätigkeit geworden. Die angestrengte Konstruktion des Hauptstadt-Beschlusses, also die Aufteilung der Regierungstätigkeit auf Berlin und Bonn, ist kaum noch gegenwärtig. Politisch ist Bonn längst in Berlin angekommen – um es mit der vielstrapazierten Formel zu sagen – und eine eigentlich verblüffende Nachricht wie die, daß die Pendlerzüge, die eine ängstliche Bundestagsverwaltung eingesetzt hatte, um den Bonnern zuviel Berlin zu ersparen, schon Ende 2000 eingestellt wurden, ergab nur noch eine müde Drei-Zeilen-Meldung. Bonn hat – als der Inbegriff der Politik, der es war – seinen Frieden mit Berlin gemacht. Der Rest sind abenteuerliche Kosten für den regierungsamtlichen Flugverkehr zwischen Berlin und Bonn, groteske Terminpläne des Führungspersonals und die stillschweigende Übereinkunft, nicht laut davon zu reden.

Belegt das die Abwegigkeit der Spekulationen, die die Debatte über die »Berliner Republik« emporgespült hatte? Daß die alte Bundesrepublik also besser war als ihr Ruf – nämlich mehr mit sich im reinen als die Bezweifler ihrer Verfassung meinten? Da soll man sich keine Illusionen machen. Es waren in erster Linie die Kraft der Routine, die Stoßfestigkeit des Apparates, das Eingefahren-Sein ihres Ablaufs, die hier triumphierten – also jene Eigenheiten des politischen Betriebs, an denen sich gerade die aufgeklärten Geister reiben. Um die alte Klage- und Anklage-Formel für den Bonner Politik-Betrieb aufzugreifen: Die berühmt-berüchtigte »Raumstation« Bonn hat eine fast perfekte Landung im märkischen Sand hingelegt. Allerdings muß man sich darüber nicht verwundern: War im Ernst zu erwarten, daß der politische Betrieb, diese unendliche Geschichte, die ein paar tausend Menschen auf engstem Raum täglich aufführen, sich ändern würde, nur weil er sich nicht mehr am Rhein, sondern zwischen Reichstag und dem früheren Preußischen Herrenhaus abspielt?

Aber daß die Politik in Berlin nicht aus den Geleisen gesprungen ist, enthält natürlich auch ein Urteil über die Qualität dieser Geleise, also über die alte Bundesrepublik. Sie war offenbar doch mehr als die Quarantäne-Station für die Deutschen, die manche in ihr sehen wollten, als sich nach 1989 abzeichnete, in was für eine neue Situation sie geraten würde und was ihr das abverlangen könnte. Die unspektakuläre Etablierung der Bundesrepublik in Berlin ist das praktische Dementi der in den Nach-Wende-Jahren in Schwang gekommenen Rückstufung der alten Bundesrepublik zu einem idylle-ähnlichen Ruheraum, in dem die (West-)Deutschen angeblich die Nachkriegszeit verbracht hätten. Sie enthielt in Wahrheit eine nachträgliche Abwertung, und insofern hat der Umzug auch den Wert der alten Bundesrepublik belegt – den Gebrauchswert wie den ideellen Wert. In Berlin hat sich gezeigt, daß die Bundesrepublik in Bonn doch so etwas wie eine Identität gewonnen hatte – wenn denn Identität bedeutet, daß sich eine politische Ordnung auch gegen die massive Veränderung der Bedingungen und Umstände hält.

Daß die Bundesrepublik nach ihrem Umzug mit der Kraft ihres Gewordenseins der Versuchung widerstanden hat, sich zu ändern, ist ja nicht nur ein Anlaß zur Genugtuung. Genausogut kann man darin einen zur Beunruhigung sehen. Denn die einzige

Rechtfertigung für dieses Milliarden-Unternehmen bestand ja in den Veränderungschancen, die ein solcher Wechsel eröffnet. Die Notwendigkeit, die Schwüre der Politiker auf die Hauptstadt Berlin einzulösen, mit der oft argumentiert wurde, war nie ernster zu nehmen als diese Schwüre selbst. Und die waren seit langem nur noch rhetorisch. Aber für eine Verbeugung vor dem Fetisch Glaubwürdigkeit wäre das Unternehmen zu aufwendig gewesen. Man hätte den Umzug besser bleibenlassen, wenn er nicht mehr gewesen wäre als ein Tapeten- und Adressenwechsel, damit die Regierung sich in einer Großstadt-Kulisse präsentieren kann und die Abgeordneten auf die Spree statt auf den Rhein blicken.

Ist also die »Berliner Republik« vor allem der Streit, den der Begriff in der Bundesrepublik gezündet hat? Natürlich nicht. Es ist ja unübersehbar, daß Berlin als Hauptstadt ein Ort der Veränderung geworden ist. Die Kontinuität, die Berlin mit Bonn verbindet, steht nicht gegen diesen Befund, sondern unterstreicht ihn, und die Pathosformel von der »Berliner Republik« behält ihren Rang jedenfalls als Spürbegriff, als Suchmaschine für Richtung und Ausmaß dieses Wandels. Allerdings liegt nach bald drei Jahren Berlin die Vermutung nahe, daß die Wege, auf denen die Berliner Republik – vielleicht – kommt, nicht mit den Traditionsbeständen der vertrauten Selbstverständigungsdebatten der alten Bundesrepublik gepflastert sind. Bleibt die Frage, wo sie sich dann zeigt. Sie ist auf Indizien und Mutmaßungen angewiesen.

Dabei mag eine Rolle spielen, daß die politische »Raumstation« ja eben weniger im Osten gelandet ist als vielmehr in Berlin, der rastlosen Millionenstadt mit ihrer Sogwirkung auf Junge und Alte, auf Verbände, Repräsentanten und den Medienbetrieb. Also ist die Stadt zum Tummelplatz aller möglichen »Events« geworden, kaufen Gütersloher Geschäftsleute Wohnungen am Prenzlauer Berg und glauben überhaupt ziemlich viele, sie brauchten hier zumindest eine Zweitwohnung. Alle Verlage, Medienhäuser und Verbände haben inzwischen große Vertretungen und Büros errichtet. Mit all dem stellt Berlin der Republik und ihren Akteuren einen gewaltigen Resonanzboden bereit, der das Lebensgefühl steigert und die Öffentlichkeit anheizt. Konnte ein

Buch wie die »Generation Golf«, diese selbstverliebte und sich selbst ironisierende Bekenntnis-Epistel, irgendwo anders geschrieben werden als in diesem Berlin? Und hätte der neuerfundene Kulturstaatsminister seine kometengleiche Spur anderswo ziehen können als im Klima Berlins?

Die Schlüssel-Frage der »Berliner Republik«, nämlich die Frage, was denn Berlin mit jener Form von Politik machen wird, die ihr von Bonn aus überantwortet worden ist, findet ihre Antwort in dem, was die Politik in Berlin macht. Und Berlin ist ja auch bereits zum Schauplatz einer Reihe von Entscheidungen geworden, die, vielleicht, auch in Bonn getroffen worden wären, aber den Umriß der Bonner Politik überschreiten. Hier hat der einschneidendste Machtwechsel in der Geschichte der Bundesrepublik seine Form gewonnen. Hier hat die Fahrt auf der Achterbahn der Stimmungen ein neues Tempo gewonnen. Und haben je Talkshows und die mediale Widerspiegelung der Ereignisse so unverfroren dem politischen Leben den Rhythmus vorgegeben? Immerhin: Die Schußfahrt in die Abgründe der Mediendemokratie wird konterkariert von einer bisher unbekannt kritischen Diskussion über die Mediendemokratie.

Die vielleicht erstaunlichste Veränderung ist allerdings das Ausmaß, in dem Bonn hinter dem politischen Horizont versunken ist. Ruft man sich den herzerweichenden Abschied der Bundesrepublik von Bonn ins Gedächtnis, so hat es etwas Treuloses, ja nicht ganz Geheures, wie rasch und spurlos die Bundesrepublik jenen Ort geräumt hat, der ein halbes Jahrhundert lang schlechthin die Politik verkörperte. Dabei arbeitet rund die Hälfte der Regierungsbeamten in Bonn – wie das Umzugsgesetz es befiehlt –, und eine Änderung dieses Zustands ist nicht in Sicht. Und sind nicht der kleinen Stadt am Rhein gerade in den letzten Jahren vor dem Umzug so viele Kränze gebunden worden, daß man fast meinen mochte, sie sei der Anker, der die deutsche Politik vor dem Abdriften in gefährliche Gewässer bewahrte? Nun liegt die Stadt ruhig hinter den sieben Bergen, wohlversehen mit Telekom-Unternehmungen. Es mag sein, daß sie die Politik entbehrt. Aber entbehrt die Politik Bonn?

Die massivste Annäherung an den Gedanken einer Berliner Republik hat, natürlich, der Regierungswechsel versprochen. Eine Koalition, die sich als Ende einer Ära und zugleich als Generationswechsel begriff – das rief geradezu nach einer solchen Überhöhung, und der neue Bundeskanzler nahm den Begriff auch gerne dafür in Anspruch. Mit einer Unbefangenheit, die etwas Jugendliches hatte – obwohl es altersmäßig dazu nicht mehr ganz reichte – , ergriffen die neuen Herren von Berlin als dem Schauplatz ihrer Politik Besitz und setzten ihre Duftmarken – Schröder als Flaneur im Restaurant am Gendarmenmarkt, der Außenminister als Großstadtpflanze, der die Amtsvilla im Berliner Westen verschmähte, um in die Mitte des alten Berlins zu ziehen. Sie gaben die Gestalten des Wandels, nachdrücklich unterstützt durch das neue, aggressive und extravertierte Auftreten der Medien.

Aber mit diesem Anspruch tanzte die Koalition nur einen Sommer. Sie wurde auch nicht zur Einlösung des rot-grünen Modells, sondern zum Vehikel von Umbrüchen und Verwerfungen der politischen Landschaft, die alle politischen Kräfte durchschüttelten. Zumal die Parteien: Die SPD verwandelte sich in eine Kanzlerpartei, die Grünen emanzipierten sich von sich selbst, die Union geriet in das Fegefeuer der Parteispenden-Affaire – was alles zusammen das ganze Parteiensystem in Richtung auf neue Politik- und Koalitionsmöglichkeiten verschob. Mehr noch: Es stellt sich die Frage, inwiefern der Parteienstaat noch zur geltenden politischen Währung der Republik gehört. Aber die Zweifel an den alten Selbstverständlichkeiten der Bundesrepublik bilden ohnehin den Kontext dieser Berliner Jahre. Demographische Entwicklung, Arbeitslosigkeit und Strukturwandel, Brüssel, die Eroberungszüge der Investmentbanker und die langen Wellen der Erschütterung, die von den Börsen ausgehen – das alles rüttelt an den Fundamenten. Und die Politik versuchte mit dem neuen Staatsangehörigkeitsrecht, der Riester-Rente, mit Euro und Europäischem Konvent diesem rasanten Wandel wenigstens einige Konsolidierungsträger einzuziehen.

Den spektakulärsten Schritt aus dem Bannkreis ihrer bisherigen Fixierungen heraus hat die Bundesrepublik in der Außen- und Sicherheitspolitik gemacht. Mit dem Einsatz deutscher Soldaten im Kosovo und der Zusicherung der »uneingeschränkten Solidarität« an die Adresse der USA nach dem Anschlag vom 11. September hat sie sich in fast jeder Hinsicht auf Neuland vorgewagt – politisch, moralisch, historisch. Sie ist damit wahrhaftig über ihren eigenen Schatten gesprungen – was zuerst heißt: über ihre eigenen Widerstände gegen diese Politik –, aber eben auch über den Schatten der Vergangenheit, mit dem die Bundesrepublik bald ein halbes Jahrhundert lang ihre Doktrin außenpolitischer und vor allem militärischer Zurückhaltung begründete. Wenn sich die Physiognomie eines Wandels der Republik irgendwo ansatzweise zeigt, dann hier, wo die neue Situation der Bundesrepublik in der Welt die deutsche politische Klasse fast brutal gestellt hat. Wie tief das ging, haben die Zerreißproben gezeigt, in die diese Entscheidungen vor allem dic Koalition gezogen haben. Sie hatten – wie man nun erkennt – den Charakter von politischen Wasserscheiden: die Beschlüsse über die Auslandseinsätze der Bundeswehr, an denen die rot-grüne Regierung 2001 noch zu scheitern drohte, wurden wenig später mit großer Mehrheit für ihre Verlängerung bestätigt.

Das alles hat die Berliner Republik mit dem Eindruck durchtränkt, sie stehe vor ganz neuen Herausforderungen. Und wer mag daran zweifeln? Nur so ganz neu ist weder dieses Gefühl noch sind es die Themen, die es transportieren. Jedes Archiv weist nach, daß die Frage nach den Grenzen des Sozialstaats, den Folgen des Geburtenrückgangs, die Gesundheitspolitik und natürlich die Renten schon die Renner der öffentlichen Debatte waren. Die neuen Themen bestehen zum guten Teil darin, daß die alten Themen einer entwickelten Industriegesellschaft die Bundesrepublik wieder eingeholt haben, nachdem der Einbruch der Geschichte in den Jahren nach der Wende von 1989/90 sie für ein paar Jahre in den Hintergrund treten ließ. Zugleich hat sich das Problemspektrum der Bundesrepublik verändert. Die deutsche Einheit ist in der Hierarchie der Agenden von dem Spitzenplatz, den sie seinerzeit einnahm, zu einem Seitenthema geworden, versehen mit dem Etikett »neue Länder« oder »Chefsache Ost« – eher lästig als herausfordernd, ein Klotz am Bein, ein Fall für Strukturpolitik, so wie früher das Ruhrgebiet oder der Bayerische Wald.

Worauf stößt man noch bei der Suche nach der Berliner Republik? Es ist vor allem die Gleichzeitigkeit des Ungleichzeitigen: die Kontinuität im Gewand des Neuen und das Neue, das von den unabgearbeiteten Themen früherer Jahrzehnte gestellt wird. Natürlich weht auch der Zeitgeist heftig. Manche Tendenzen in Politik und Medienbetrieb, die schon in Bonn zu beobachten waren, werden in Berlin sichtbarer, massiver, penetranter. Manches, woran die Politik sich lange abgemüht hat, bricht nun durch. Ein neues Beziehungsgeflecht im Spannungsfeld von Politik, Lobby und Gesellschaft zeichnet sich ab – mehr ist es noch nicht –, aber diese Möglichkeit hat es in dieser Form in Bonn nicht gegeben. Berlin, die Stadt und der neue öffentliche Schauplatz, die Stadt als Schauplatz legen es nahe. Vielleicht ist es diese Veränderung, die am stärksten wiegt: daß die neue Kulisse der Republik einen urban geformten Hintergrund gibt, der sie – früher oder später – in politische und gesellschaftliche Bezüge rücken könnte, die Bonn nicht geben konnte.

Drei Jahre nach dem Umzug: Das alte, robuste Raumschiff Politik hat fest in der neuen Hauptstadt angelegt. Die Insassen äugen neugierig nach draußen. Was sie sehen, erfreut sie zunehmend. Vielleicht steigen sie aus.

Warten auf die Berliner Republik

Neue Mitte. Berliner Republik. Nachhaltigkeit. Bürgergesellschaft. Konsensdemokratie... Man müßte sich ein eigenes, permanent zu erneuerndes Handbuch politscher Termini und verbaler Stanzen anlegen, um auf dem laufenden zu bleiben.

Der Wortausstoß der politischen Maschinerie macht mich hin und wieder mißtrauisch. Es mag daran liegen, daß ich zu lange mit Politparolen gefüttert war und selbst damit hausieren ging. Unter dem »wind of change« wurden sie von einem Tag auf den anderen zu papierenem DDR-Müll. Verharschte Nostalgiker stöbern noch darin herum. Naja, und gelegentlich bedienen sich die Gagsucher des Kabaretts und der Comedy-Szene. Gut so.

Aber auch die »Neue Mitte«, mit der Rotgrün angetreten war – ist sie nicht verblaßt? Ein Transparent, das wohl noch vor dem Wahltag in einer Ecke der Kampa-Zentrale abgestellt wurde? Mit der »Berliner Republik« ist es etwas anders. Das Etikett markiert ja nicht allein einen Standortwechsel. Das Raumschiff Bonn ist auf Dauer in die alte deutsche Metropole an der Spree eingeschwebt. Die deutsche und die europäische Einheit, die Nähe zum europäischen Osten, die Globalisierung, die die Wirtschaft und seit 22. September mehr denn je die deutsche Rolle in der Weltpolitik prägen, verlangen von Berlin aus deutsche Antworten. Sie werden das Profil der Republik weiter verändern.

Meine Skepsis gegenüber Worthülsen, wie sie der *joint venture* von Politik und PR ständig hervorbringt, ist allerdings frei von jeglicher Borniertheit und Geringschätzung für die Demokratie. Solche Reflexe will ich PDS-Konventikeln überlassen, wo man sich noch immer die Wunden des Scheiterns leckt und Trost sucht in Träumen von sozialer Revanche.

Nein, die Demokratie, die ich in der Bundesrepublik erfahren habe, ist trotz allen Ächzens über Probleme, trotz nicht auszuschließender Pannen der politischen Klasse stark, leistungsfähig, bürgerfundiert. Sie ist der Freiheit und Würde des Menschen verschrieben. Ihre Selbstverfaßtheit bestimmt, daß staatlicher Macht keinen Bürger zu demütigen erlaubt ist. Die Selbstreinigungskräfte funktionieren im großen und ganzen. Die Medien-Wachhunde sind keine Bullterrier mit Maulkorb, sie haben freien Auslauf (wenn sie auch gelegentlich dem falschen Knochen hinterherhecheln). In gewissem Sinne ist die Demokratie das Spiegelbild von Können und Wollen, Charakter und Seelenzustand ihrer Bürger – zugleich auch ihrer Unvollkommenheiten.

Das kann nicht anders sein. Demokratie ist die große Unvollendete. Sie ist Prozeß, Wechsel, das Gegenteil einer eschatologischen Endlösung. Sie ist immer nur zu Annäherungswerten an unsere Erwartungen fähig, aber sie treibt sie uns nicht aus. Sie ist darauf angewiesen, um fortzuschreiten.

Sind das abstrakte Platitüden? Für den, der Arbeit sucht und nicht findet, für die Gemeinden, in deren Kassen Leere gähnt, für Jungen oder Mädchen, die auf eine Lehrstelle hoffen, mag sich das so anhören. Für den, der lebenslang schon im demokratischen Biotop zu Hause ist, mag es gar penetrant nach Weihrauch duften. Wer aus einer roten Disziplinierungsdiktatur abgestürzt, in der Bundesrepublik bruchlanden mußte, und das im letzten Lebensabschnitt, sieht das anders – sofern er die roten Scheuklappen abgeschüttelt hat.

Die Nähe zum Prinzip ist typisch für den Proselyten. Mit Idealisierung hat das nichts zu tun. Es macht ein wenig hellhöriger, zweiflerischer gegen die Sprücheinflation und Inszenierungsgläubigkeit, in die demokratische Politik abzudriften neigt.

Auch das ist nicht gleich Symptom von Substanzschwäche oder Entartung. Demokratie muß ja stets aufs neue für Teillösungen Mehrheiten in Bewegung bringen, eben weil sie keine fragwürdigen Totalitäten proklamieren will und kann. Sie hat stets mit den Halbwert- und Verfallszeiten von Erreichtem zu tun. Mal keuchend, mal mit forschem Ausschreiten erklimmt sie neue, höhere Standorte und gewinnt andere Sichten – auf neue Herausforderungen. Es braucht eben Zeit und Umstände, um zu bemerken, daß man nicht auf einem flachen Brett, sondern auf einer Kugel lebt.

Die medialen Möglichkeiten oder Verlockungen, die im letzten Dezennium, also während des Hineinwachsens in die Berliner Republik für Politik immer unentbehrlicher geworden sind, dienen sich großsprecherisch an: Die parlamentarischen Fensterreden von gestern sind doch Peanuts, verglichen mit der Massen-Resonanz, die in unseren Kameras, Kabeln und Rotationen steckt. Die Medien verheißen Millionenquoten und -auflagen. Ein von ihnen aufgeblasener Skandal oder schon der Ruch davon schafft öffentliche Idolatrie. Man kann es damit zum Beispiel schnell vom entamteten Diplomaten zum Polit-Talker bringen. Oder: Man kann schnell einen vorderen Platz auf Besucherlisten von Events erlangen. Oder: Wie sollte man da nicht glauben, Wahlaussichten zu indizieren über die Haarfarbe von Kanzlerkandidaten. Oder: Wie sollte einer, wegen seiner Hölzernheit Geschmähter, nicht dem Wahn erliegen, durch Plantschbecken-Fotos zum Prinzen der Herzen zu werden. Wer dabei wen benutzt, ausnutzt oder instrumentalisiert – die Medien die Politik oder die Politik die Medien –, ist nicht eindeutig zu bestimmen. Die wechselseitige Einfluß-, Zuhilfe- und Rücksichtnahme erregt längst das Interesse von Politologen. Sie sehen den Abstieg zur »Mediokratie«.

Ich sehe das nicht ganz so düster. Zweifellos werden Tansparenzgebote und -chancen der Demokratie nicht ausreichend genutzt, um das öffentliche Blickfeld für politische Inhalte freizumachen. Erzeugt werden statt dessen nicht selten schnell wuchernde Oberflächen, Entengrütze, die sich über Probleme breitet und sie abdeckt.

Da mutet es fast wie gewollte Arbeitsteilung an, daß ein Herr Hunzinger den allgemeinen PR-Trend um eine zusätzliche Sparte bereichert hat. Er kümmert sich diskret eben um die Inhalte. Vermeintlich lautlos hilft er zum Beispiel Reibungsflächen zwischen Industrie und Politik zu glätten, ohne dabei die Oberfläche zu vernachlässigen – durch Rat und vermutlich Scheck für stilvolles

Outfit nicht so zahlungskräftiger Minister, damit der Klubdiener ihnen nicht den Eintritt verwehrt.

Dennoch und wiederum mein Refrain: Nichts dergleichen kann am Rang der Demokratie kratzen oder ihn in Zweifel ziehen. Sie ist nicht der Ursprung von Versagen, Fehlverhalten, Täuschung, Raffgier oder Verbrechen in der Gesellschaft. Sie ist die Chance, durch des Bürgers Einmischen, durch sein Tun, durch seine Courage, wie durch sein Recht und Gesetz die Makel kleinzuhalten, die menschliche Begrenztheit und Unzulänglichkeit stetig hervorbringen. Da möchte man den parlamentarischen Bonus-Meilen-Sündern zurufen: Geht in euch, Leute, und seid den ungeliebten Reparaturkolonnen der Demokratie dankbar. Haben sie doch größeren Schaden auch von euch abgewendet, indem sie euch am Schlafittchen nahmen und nötigten, sich gegenüber der Bundestagskasse – und den Wählern! – ehrlich zu machen.

Man mag darüber rechten, wie weit »Kommunikationsagenturen« für die Demokratie nahrhaft oder gesundheitsschädlich sind. Ein weit größeres Übel besteht für mich darin, daß die Demokratie einer Schwäche oder nachlässiger Großmut erlag, als sie ihren ideologischen Widersachern nach dem Bankrott der SED die Eintrittskarte für die bundesdeutschen Parlamente, von Kommunen bis Bundestag, gewährte. Damit ist ihnen unbefristet eine Bühne für soziale Demagogie überlassen. Wird der Abtritt Gysis daran etwas ändern? Gewiß, das Schwinden des Hologramms von Leichtigkeit, eines roten Hedonismus und Narzißmus, wie es Gysi erzeugt hat, wird das wahre, das graue Gesicht der SED-Nachfolger wieder ungeschminkter hervortreten lassen. Umsomehr wird die PDS auf das Klassenkampf-Idiom zurückgreifen, will sie nicht die Spaltung in den eigenen Reihen riskieren. Am Ende hinterließ sogar der »rechtsopportunistische« Gysi seiner roten Riege noch eine Kostprobe davon. Was ihm wie anderen parlamentarischen Gratisfliegern vorzuwerfen ist, suchte er mit einer demagogischen Volte zu relativieren: So könne man in »die Fallgruben des Kapitalismus tappen«. Der Klassenfeind ist schuld, wie üblich.

Die Fallobstquote unter den Politikern, die in der enthüllungsträchtigen Phase vor dem Urnengang zunimmt, schien diesmal höher als üblich. Die ganze Wahlperiode war davon gezeichnet. Das läßt den Schluß zu, daß die programmatischen Marschrouten, die die Parteien zu bieten haben, nicht alles sind. Die Parole von der »neuen Mitte« hat, wie gesagt, an Kraft verloren, weil es ihr nicht gelang, die soziale Zerklüftung in der Bundesrepublik ansatzweise aufzulösen. Davon sprechen hohe Arbeitslosenzahlen, Firmeninsolvenzen, Gefälle zwischen Ost und West, Ebbe in den kommunalen Kassen, Bildungsdefizite, die die Pisastudie vermerkt, steigende Kosten der medizinischen Versorgung von Patienten bei einer zunehmend kopflastigeren Alterspyramide und so weiter.

Alles nichts, was eine »Berliner Republik« von der Bonner Vorgängerin schätzenswert abheben ließe. Geradezu kontraproduktiv wirkt unter diesem Blickwinkel die Wadenbeißer-Attitüde des Fraktionschefs der SPD, der kaum neu gekürt, unter dem Druck befürchteter Wahlchancen seiner Partei die parlamentarische Opposition in toto als »abgefeimt« bezeichnete. Verbale Diffamierung im politischen Diskurs dürfte ebensowenig dem erhofften Nimbus einer Berliner Republik zuträglich sein wie der Versuch der rot-grünen Regierungskoalition, Medien und eine Bürgerrechtsvereinigung mit juristischem Bannspruch zu überziehen, weil sie den Mißbrauch von Abgeordnetenprivilegien auf Kosten des Steuerzahlers offengelegt haben. Es scheint mir, daß aus einer »neuen Mitte« schwerlich etwas werden kann, solange ihr die innere Mitte fehlt.

Der Kern ist die Integrität von Volksvertretern. Sie zählt in unruhigen Zeiten doppelt und dreifach, denn sie beeinflußt wesentlich den Grad der Verdrossenheit oder des politischen Engagements des Citoyen. Nicht nur dessen Recht, sondern geradezu seine Pflicht ist es, sich nicht auf juristische Spitzfindigkeiten oder gar auf ein resigniertes »Wir-sind-doch-alle-Sünder« einzulassen, wenn es um fragwürdiges Verhalten von Abgeordneten geht. Zwischen »Schwarze Kassen«-Warten und Bonusmeilen-Absahnern im Parlament besteht insofern kein Unterschied, als beide vor ihren Wählern versagt haben. Diese Meßlatte müssen sich beide anlegen lassen. Es geht ja nicht um Kriminalisierung, sondern allein um die Prüfung, wieweit dadurch der hohe Wert eines Wählermandats beschädigt wurde.

Arnulf Baring hat die Bedeutung des Ortswechsels von Parlament und Regierung vom Rhein an die Spree als »Rückkehr in unsere lange Geschichte« gewertet, auf die man sich so oder so neu einstellen müsse. Die Metapher zielt auf die persönlichen Qualitäten des Abgeordneten. Das scheint mir das Wichtigste, wenn die Berliner Republik einen unverwechselbaren Duktus für den Eintrag in die Geschichte erlangen soll. In diesem Sinne setzt Baring hinzu: »Wer einen neuen Stil deutscher Politik entwickeln sich offener, unbefangener, souveräner geben möchte als im kleinstädtisch zugeschnittenen Bonn, muß sich an einem hohen Anspruch messen lassen. Er muß mehr im Blick haben als die letzten fünfzig Jahre. Aber er darf gleichzeitig keinen Augenblick die Tugenden vergessen, die der alten Bundesrepublik Respekt und Zustimmung der Welt eingetragen haben – die Bescheidenheit des Auftretens, den kooperativen Arbeitsstil, die Fähigkeit anderen zuzuhören, ihre Interessen wahrzunehmen, behutsam am Konsens mitzuwirken.«

Mit PR-Korsetts ist solche Substanz nicht zu schaffen. Es sei denn, man verstünde die beiden Initialen als »personal replacement«, als personales Auswechseln. Doch dagegen ist ja ein Parlamentarier mindestens bis zur nächsten Wahl gefeit.

Baring steht selbst für diese Eigenschaften. Einem politischen Amt hat er sich bisher versagt, vielleicht weil er meint, seine Unabhängigkeit und seine Eigenwilligkeit zu riskieren. Er hat sicher recht. Wer sich raushält, hat die größere Chance als Zwischenrufer von nationaler Reichweite »in« zu bleiben.

Herausforderung zieht an, Provokation stößt ab. Wo die Herausforderung zum Tun bewegt, blockiert die Provokation. Baring verkörpert für mich die Eigenschaften, die das englische Wort »challenge« assoziiert: Sich nicht zu begnügen mit dem, was ist; im Erfolg die Witterung für seine Begrenztheit nicht zu verlieren. Er sticht in Beharrungslust, die sich der Illusion hingibt, man müsse es beim Bewährten belassen, selbst wo Überlebtheit sich abzeichnet. Er sorgt für notwendige Dissonanz, wo die Parteiendemokratie mit taktischer Harmonie Machtkonstellationen bewahren will. Seine Skepsis sieht sich immer dort provoziert, wo die Gesellschaft hinter ihren Möglichkeiten zurückzubleiben droht.

Baring ist ein Konservativer, der die Klischees Lügen straft, die den Anbetern des Prinzips Fortschritt so emphatisch von den Lippen gehen. Wo wären denn die, und wo wären wir alle, wenn es nichts zu berufen gäbe aus dem, was war? Das meint nicht nur Leistungen und Persönlichkeiten in der Geschichte. Das gilt nicht minder für die elementaren Werte, die von der politischen Klasse beschworen, wenngleich nicht immer befolgt werden und als Kriterien humanistisch-demokratischen Wirkens ihre Geltung bis heute nicht verloren haben und nicht verlieren werden. Es gilt für Tradition und Verhaltensnormen, die das Beste vergangener Epochen darstellen und von denen Literatur und Künste zeugen. Vor Jahren habe ich mir aus einer Zeitung eine Äußerung konservativen Selbstverständnisses notiert, die mich beeindruckt und mein marxistisches Vorurteil zumindes stark relativiert hat – leider ohne den Namen des Betreffenden festzuhalten. Sie sei hier zitiert, weil sie in den Kontext paßt: »Der Konservative will Werte bewahren, der Reaktionär will an überholten Verhältnissen festhalten. Ich verstehe unter Konservatismus, daß man vom Menschen ausgeht, wie er ist. Man geht aus von der Bejahung seines Landes und seines Staates, von der Verantwortung des einzelnen für den anderen, von der Verantwortlichkeit des einzelnen seinem Gott gegenüber. Ich weiß mich verantwortlich einer übergeordneten moralischen Instanz. Glauben ist ja, nicht genau zu wissen, sondern nur zu hoffen. Der eigentliche Konservative ist nie einer Hybris verfallen wie viele andere, die schnell zu Geld gekommen sind, und die meinen, mit Geld ist alles machbar. Es ist vieles machbar, aber nicht der Mensch.«

An dieser Stelle drängt sich die eigene Vergangenheit erneut in den Text. Politisch birgt sie kaum Bewahrenwertes bis auf die Erfahrung der Verführbarkeit durch das marxistische Patentrezept, vor der man andere, Jüngere nur warnen kann.

Der heutige aufgeschlossene Blick auf das konservative Element ist natürlich nicht zu trennen von der Last und dem Selbstvorwurf, zu lange und unbeirrt auf dem roten Holzweg ausgeschritten zu sein. Das war Praxis und Verblendung und hatte nichts von der theoretischen Schwärmerei, mit der es unbeirrbare Marx-Protagonisten im Westen gut aushielten. Ihre Schmäh an der Bürgergesellschaft war gepaart mit gelegentlicher ungleich gedämpfter Nörgelei an den Makeln des Realsozialismus. Zum profanen Selbstversuch, zum Beispiel durch Übersiedlung ins gelobte Land, ließ man sich nicht hinreißen. So konnte man »unabhängig«, und von Stasi und KGB-Gängelei unbehelligt bleiben. So konnte man die roten Säulenheiligen stets interpretieren, wie es denen, der Sachlage und der eignen Befindlichkeit guttat.

Der über 70jährige Feldversuch, auf marxistische Weise ausreichend verdauliche Brötchen für das Volk zu backen, hat mit einem Fiasko geendet. Die revolutionäre Utopie ist wieder an den Himmel der Ideen, hoffentlich auf einen der hinteren Plätze zurückgeschnellt.

Was hat das alles mit Baring zut un? Von der Sache her überhaupt nichts. Das ist schon die Hälfte der Antwort. Wer sich wie ich den erstarrten Fangarmen eine totalen Ideologie zu entwinden suchte, brauchte Zeit, bis er sich außerhalb jeglicher marxistischer Denkschablonen zu bewegen beginnt. Man duldet und akzeptiert – Symptom anhaltender Indoktrination – Sozialismus-Kritik zunächst nur von marxistischen Autoren. Ich meine in diesem Verhalten das Gebaren unserer Katze wiederzuerkennen. Im Grunde ist sie mit kaum etwas anderem als den Räumen und Gegenständen unserer Wohnung vertraut. Als wir sie eines Tages auf das Grundstück von Freunden mitnahmen und dort auf die Wiese setzten, schlich sie flugs, den Körper an den Boden gepreßt und langgezogen, geradezu schlangenförmig, in Haus. Hier bot sie alsbald wieder den normalen Katzenanblick. In den vier Wänden, selbst der fremden Wohnung, fühlte sie sich schnell heimisch. Doch draußen, der Garten, die Gräser, Blumen und Gerätschaften, das schien ihr eine fremde Welt, in der unbekannte Gefahren lauerten, sie flößten ihr Unsicherheit ein. Ähnlich wie unser Karthäusermädchen bin ich nach dem Schwinden des

DDR-Biotops noch monatelang nur in den virtuellen Räumen der vertrauten Ideologie herumgeschlichen, bis ich den Schritt in den »Garten« wagte, wo andere Blumen der Erkenntnis blühen.

Just zu dieser Zeit, Anfang der neunziger Jahre, flatterte mir ein Brief mit dem Absender »Freie Universität« ins Haus. Professor Baring lud mich ein zu einer Diskussion mit seinen Studenten. Ich erinnere mich nicht, worum es bei dem Frage-Antwort-Spiel im einzelnen ging. Das Ende der DDR lag erst kurze Zeit zurück. So einen roten Exoten in die Mangel zu nehmen, war dem jungen Auditorium gerade recht. Die Atmosphäre war offen und locker, nicht zuletzt durch die Moderation des *frankly speaking* Professor. Ermutigt und angeregt bin ich damals nach Ostberlin zurückgefahren. Nicht nur, weil ich glauben konnte, das Mysterium eines Illuminatenklubs namens Politbüro etwas erhellt zu haben. Es war vielleicht mehr noch der Umstand, Arnulf Baring persönlich zu erleben. Unprätentiös, aufmunternd, humorvoll, neugierig – das war der Mann, der den Wälzer über die Ära Brandt-Scheel geschrieben hatte?!

Anfang der 80er, während einer journalistischen Dienstfahrt in die oder durch die »BRD« hatte ich den Band für kostbare 42 Westmark, von nicht in Anspruch genommenen Tagesspesen, erstanden. Es war eine spannendes, geradezu unglaubliches Leseerlebnis. Wie konnte sich mir der Westen in dieser Weise selbst enthüllen? Was für ein Dschungel an Vorgängen, Ereignissen, Figuren, Animositäten ... in der politischen Machtetage der Bundesrepublik, durch den der Autor objektivierend den Weg bahnt, Einsichten und Überblicke schafft. Ich nahm das Buch bezeichnenderweise vor allem als ein Zeugnis des dekadenten Selbstverständnisses westlicher Demokratie auf. Das Arkanum der Macht so akribisch preiszugeben, ohne nennenswerte zeitliche Distanz zum Gegenstand – damit auch zur Gegenseite DDR, die ja das Brandt-Kabinett überdauerte –, das war atemberaubend. Die Lektüre blieb bei mir ohne Resonanz und Rückschluß für die Bewertung hermetischen Abschottens der eigenen Exekutive. Wir waren einfach so tüchtig und überlegen, daß wir solche zeithistorische, also kurzsichtige Vivisektion an uns nicht zuließen.

Erst als Gorbatschow das Glasnost-Fähnchen hißte, regte sich im Hinterkopf der Anflug eines Fragezeichens. Würde, könnte das, was Baring möglich war, eines Tages im Gefolge von mehr politischer Transparenz in unseren Gefilden Praxis werden? Es brauchte nur das Intervall weniger, am Ende stürmisch verlaufener Jahre, um die Erfahrung zu machen, daß Offenheit für ein geschlossenes System wie unseres den Exitus zur Folge hat. Offenheit ist das Leck, das den Schwimmkörper der Diktatur sinkbar macht.

Parallel dazu keimte das Verständnis dafür, daß Offenheit, das Einschränken des Macht-Arkanums und die Absicherung des Spielraums für Dissens, für Nonkonformismus die Lebensgeister der Demokratie vitalisiert.

Den Historiker, den Verfasser des »Machtwechsels« begriff ich nun als einen glänzenden Mediator für die in die Gegenwart reichende Geschichte. Nicht weniger, aber auch nicht mehr. Doch er blieb mir fortan beständig im Blickfeld. Während mich die Wechselbäder der mir verordneten bundesrepublikanischen Kur durchspülten und entfärbten, stieß ich immer mal wieder auf Äußerungen, Reden Veröffentlichungen von Baring. Sie wandelten endgültig mein Bild von ihm. Er ist nicht allein der akademische Präzeptor. Ich sehe den republikanischen Einmischer, den politischen Indikator, den kritischen Impulsgeber, den Diagnostiker, wo noch verborgene Defekte den sozialen Corpus belasten können.

Daß ihn das Land *nötig* hat, verrät (die nie endende) Unvollkommenheit von Gesellschaft, Demokratie und Politik. Daß es ihn *hat*, ist gut für die Berliner Republik, die noch nicht zu den Maßstäben aufgeschlossen ist, die dem Begriff einen unverwechselbaren Inhalt zuordnen.

»Na, ick weeß ja nich ...?«

Berlin und die Berliner zwischen Reichsgründungseuphorie, apokalyptischer Untergangsstimmung und Wiedervereinigungstaumel

Die neue Bundeshauptstadt eine Weltstadt wie Paris, London oder New York? Der Berliner, der das hört, schüttelt nur den Kopf und sagt: »Jroßa Jott« oder »Wer't jloobt, wird seelich!« Daß es diese Weltstadtträume heute gibt, ist unbestritten. Die Berlin-Kenner wissen aber auch, wie schwer sich die Stadt tut, sich in die neu zugewiesene Hauptstadtrolle hineinzufinden. Nichts funktioniert wirklich. Vier Jahrzehnte am Subventionstropf haben der Stadt nicht gutgetan. Die Schulden wachsen den Berlinern über den Kopf, und jedem ist eigentlich klar, daß die verantwortlichen Politiker etwas tun müssen, wenn die Stadt nicht international zum Gespött werden soll.

Den heutigen Berliner ärgert es, daß Berlin den Eindruck tiefster Provinz vermittelt. Der einzige Flug in die Vereinigten Staaten, der Lufthansa-Flug Berlin-Washington und zurück, bekannt als LH 414 beziehungsweise LH 415, wurde kürzlich ersatzlos gestrichen. Angeblich, so heißt es, habe es nicht genügend voll zahlende Passagiere gegeben. Wer heute in die Vereinigten Staaten fliegen will (hat er nicht, wie manche Regierungsvertreter, das Privileg, die Flugbereitschaft der Bundeswehr nutzen zu können), muß umsteigen, entweder in Frankfurt am Main, München oder Düsseldorf. An Umständlichkeit ist die Prozedur kaum noch zu überbieten.

Nicht sehr viel besser sieht es mit den Eisenbahnverbindungen aus. Berlin, hat man den Eindruck, hat sich auch hier irgendwie aus der Welt ausgeklinkt. In den Zeitungen kann man zwar zur Zeit lesen, wenn erst einmal die Bauarbeiten am Lehrter Bahnhof abgeschlossen sein werden und die ersten Züge von dort aus in alle Himmelsrichtungen rollen, dann, ja dann, wird alles besser werden. Mag sein. Der Berliner mit seiner schnoddrigen Schnauze, skeptisch, vielleicht auch ungläubig, was Versprechungen dieser Art angeht, meint dazu nur: »Na, ick weeß ja nich …?« oder »Mensch, det jloob man alleene!«

Der US-Historiker David Clay Large, der vor nicht allzu langer Zeit ein vielbeachtetes Buch über »Hitlers München« geschrieben hat, hat jetzt eine glänzend recherchierte und gut lesbare Berliner Stadtgeschichte vorgelegt (Berlin. Biographie einer Stadt, Beck, München 2002, 656 Seiten), in der er unter anderem darauf verweist, daß die Stadt um 1900 allein zehn Fernbahnhöfe besaß und daß diese von zwölf Eisenbahnlinien angefahren wurden. Berlin lag damals nicht wie heute irgendwo am Rand der Republik, sondern war eine Metropole, ein Verkehrsknotenpunkt von europäischer Bedeutung.

Zeitgenössische Beschreibungen machen deutlich, daß die Bewohner der einstigen Reichshauptstadt geradezu vernarrt waren in den Schienenverkehr über und unter Tage. Die jetzt gerade hundert Jahre alt gewordene Untergrundbahn fand schon in den Anfängen viele Bewunderer und Liebhaber. »Kühl ist die Luft, die uns entgegenweht, wenn wir unter die Erde steigen«, heißt es zum Beispiel in einem Text, in der die Welt der Untergrundbahn geradezu hymnisch beschrieben wird.

Heinrich Hauser, einer der vielen, die der Faszination der U-Bahn erlagen, bemerkte 1932: »Beim Einsteigen hält man sich an glatten Messingstangen fest, an schweißgetränkten Lederschlaufen hängt man sich ein.« Die Begeisterung, die aus Formulierungen dieser Art spricht, mit denen die Fortbewegungsmittel unter Tage beschrieben werden, spiegelt sich auch in der Architektur mancher Berliner U- und S-Bahnhöfe, die man seinerzeit ganz bewußt zu Ikonen moderner Großstadt-Ästhetik hochstilisiert hat.

Aufschlußreich ist, daß die Lage Berlins nach der Reichsgründung sich nicht sehr von der Situation nach der Vereinigung 1990 unterschieden hat. Gewisse Parallelen sind augenfällig. Damals wie heute kam es zu Turbulenzen. Fieberhafte Bautätigkeit, eine sich überhitzende Baukonjunktur, dreiste Spekulation und miserables Management führten Anfang der siebziger Jahre des 19. Jahrhunderts dazu, daß die Stadt in eine Finanzkrise schlitterte.

Im Unterschied zu heute, wo wir es, wie der zuständige Berliner Senator kürzlich bekannte, mit einer geradezu »abartigen« Finanzkrise zu tun haben, sah man im Berlin der Kaiserzeit jedoch eine Stadt mit Zukunft, in die zu investieren lohne. Die Borsigs, die Siemens und wie die Entrepreneurs der damaligen Zeit noch alle hießen, sahen das Berlin der Kaiserzeit als einen europäischen Wirtschaftsstandort von Rang an und waren bemüht, ihre Firmen in der Stadt anzusiedeln. Wegzugspläne dagegen sind wohl erst eine Erscheinung unserer Tage.

Berlin hat zweifellos im Verlauf der letzten 130 Jahre ein wechselvolles Auf und Ab erlebt. Nicht alle werden die Sichtweisen und Formulierungen eines David Clay Large teilen, der es als ausländischer Beobachter versteht, witzig, ironisch, manchmal auch bewußt bissig die Geschichte der Stadt zu erzählen. So spricht Large zum Beispiel davon, daß unter Bismarck und Wilhelm I. Berlin zur Reichshauptstadt »befördert« wurde, während es heute seine Wiederauferstehung als »Möchtegern-Hauptstadt« im Nach-Wende-Deutschland Helmut Kohls und Gerhard Schröders erlebe.

Die einen schütteln den Kopf, die anderen schmunzeln nachsichtig. Das von dem US-Historiker Large gezeichnete Panorama ist das Bild einer Stadt, die stets auf der Suche nach sich selbst war und ist. Das Brodeln der Metropole, das Hupen der Autos in den Staus rund um das Brandenburger Tor, das Rattern der S-Bahn und das Glitzern des großstädtischen Nachtlebens dürfen nicht darüber hinwegtäuschen, daß die Stadt zwar einen großstädtischen Charakter besitzt, aber zu keiner Zeit eine wirkliche Einheit war und stets ein Gebilde unterschiedlichster Teile gewesen ist.

Berlin zerfiel und zerfällt heute noch immer in Stadtteile, in Bezirke, die wenig oder nichts miteinander zu tun haben. Zwischen Kladow und Köpenick, Wannsee und Marzahn, Reinickendorf und Britz liegen Welten, nicht nur geographisch, sondern auch was Mentalität und Lebensgefühl betrifft. Dem Flaneur, der die

Kunst versteht, die Signatur der Straße zu lesen, erschließt sich das sofort. Bei seinen Gängen kann er in Gegenden kommen, die ihm fremd sind und von denen er meint, sie lägen nicht in Berlin, sondern in einer x-beliebigen anderen Stadt irgendwo in Deutschland.

Berlin und das, wofür es stand und steht, hat zu allen Zeiten Stellungnahmen für und wider herausgefordert. Bismarck zum Beispiel, bekanntlich ein preußischer Junker, aufgewachsen in ländlicher Idylle, war kein Freund von Berlin. Er nahm die Stadt als einen häßlichen Bautendschungel wahr. Das Berliner Großstadtleben, bekannte er bei verschiedenen Gelegenheiten, ginge ihm contre coeur. Berlin, so heißt es, sei für ihn das Unkontrollierbare, die Bedrohung schlechthin gewesen.

Bismarck hat in der Tat sein Leben lang mit der Stadt an der Spree nicht viel im Sinn gehabt. »Ich habe mich«, so eine der für Bismarck typischen Formulierungen, »immer aus den großen Städten und dem Gestanke der Zivilisation weggesehnt.« Wann immer er konnte, hielt der eiserne Kanzler sich denn auch von der Reichshauptstadt fern. Er zog es vor, die Regierungsgeschäfte aus der ländlichen Abgeschiedenheit seiner Güter Varzin und Friedrichsruh zu führen.

Mit seinen krittelnden Bemerkungen war Bismarck noch vergleichsweise harmlos. Es gab andere Stimmen, die abfälliger, geradezu boshaft waren. Der Franzose Victor Tissot zum Beispiel meinte nach einem Berlin-Besuch in den frühen siebziger Jahren des 19. Jahrhunderts, die Stadt trage den »Stempel der Abenteuermonarchie«. Und Jules Laforgue, ein junger Pariser Dichter, empfand Berlin als Stadt unerträglich und bezeichnete die Berliner als hoffnungslos provinziell. Die Frauen, mäkelte er, seien »Ausbünde an Schlampigkeit«, die Männer sähen selbst als Zivilisten allesamt so aus, als ob sie Militärs in Zivil seien.

Es gab und gibt wohl niemanden, den Berlin, ob im positiven oder negativen Sinne, gleichgültig gelassen hat oder läßt. Das ist, wie gesagt, heute nicht anders als früher. In der Zeit der Weimarer Republik war Berlin allen Unkenrufen zum Trotz eine Weltstadt. Sie zog Besucher aus dem In- und Ausland geradezu magisch an, wie zum Beispiel den britischen Schriftsteller Wyston Hugh Auden und den Angloamerikaner Christopher Isherwood, die sich beide längere Zeit in der Stadt aufhielten und sich als ausgesprochene Liebhaber der wilden und ungezügelten Berliner Szene bekannten.

Die einen begeisterten sich an der Metropolenkultur, die anderen an der sexuellen Freizügigkeit, die Berlin in jenen Jahren vor anderen Städten in Europa auszeichnete. In den zahlreichen Schwulen-Bars und Lesben-Etablissements artikulierte sich ein Lebensgefühl, das es so woanders kaum gab. Der weltberühmte Film »Cabaret«, in dem Liza Minelli die Heldin Sally Bowles aus Christopher Isherwoods Episodenroman »Leb wohl, Berlin« in einer unnachahmlichen Art und Weise verkörpert, hat diesem Lebensgefühl ein Denkmal gesetzt.

Noch heute legendär sind Lokale wie das »El Dorado« mit seinen berühmten Travestieshows oder der Nachtclub »Aleifa« (Alles eine Familie), wo Heterosexuelle ebenso willkommen waren wie Schwule, Bisexuelle und Leute, die wahrscheinlich unter die Rubrik »transsexuell« gefallen wären, hätte es damals schon die entsprechenden chirurgischen Eingriffe gegeben. Als aufregend empfand man Clubs wie etwa das »Resi« oder die »Femina«, wo jeder Tisch mit einem Telefon ausgestattet war, so daß ein Gast einen anderen anrufen und Verabredungen für den späteren Abend treffen konnte.

In den Jahren des »Tanzes auf dem Vulkan« konnte jeder auf seine Kosten kommen. Berlin war so etwas wie ein »Versuchslabor der Apokalypse« (David Clay Large). Alles schien möglich, alles war möglich. In den Theatern wurde auf Teufel komm raus experimentiert. Max Reinhardt, Erwin Piscator, Bertolt Brecht schrieben mit ihren Inszenierungen Theatergeschichte. »Berlin im Licht« spiegelte sich in den Werken von Malern wie Max Liebermann, Lovis Corinth und Max Slevogt. Sensationell war das Musikleben der Stadt, für das Namen wie Bruno Walter, Otto Klemperer und Wilhelm Furtwängler standen. Ernst Kreneks Bemühungen, Jazz- und Blueselemente in Opernkompositionen einzubauen, machten Musikgeschichte. So heißt es jedenfalls.

Berlin war Ende der zwanziger Jahre eine Stadt, in der Literaturschaffende und Künstler sich wie sonst nirgendwo heimisch fühlten. Wer konnte, zog in die Stadt an der Spree und ließ sich in einer der Straßen links oder rechts vom Ku-Damm nieder. Wer heute offenen Auges die Straßen der Stadt durchstreift, findet an manchen Häusern Tafeln mit Inschriften angebracht, die davon künden, wer alles in den zwanziger Jahren in Berlin gelebt hat: Salomo Friedländer, »Mynona« genannt, Gottfried Benn, Kurt Tucholsky, Max Liebermann und so manch anderer Schriftsteller oder Künstler, dessen Namen heute kaum jemand mehr kennt.

Das »Romanische Café« ist längst zur Legende geworden. Dort, so ist überliefert, war ein unaufhörliches Kommen und Gehen, obgleich das Café von seiner Atmosphäre her eher wie ein preußischer Wartesaal gewirkt habe. Neben Berühmtheiten wie Max Slevogt, Bruno Cassirer, Bertolt Brecht und der Lyrikerin Else Lasker-Schüler verkehrten dort aber auch jene Zwischenwelt-Existenzen, die man meist nur in Großstädten antrifft, »Männer, die wie Frauen, und Frauen, die wie Männer aussahen« (Karl Scheffler). Tabakqualm und Stimmengewirr hätten, so heißt es weiter, das Café geradezu zu einem »Hexenkessel« großstädtischen Lebens gemacht.

Unerwünscht im Café waren nur diejenigen, die glaubten, in alter Boheme-Manier dort den Tag verbringen zu können, beschäftigt mit Zeitungslesen, sitzend vor einem einzigen Getränk. Der Besitzer, so kann man in der Erinnerungsliteratur lesen, ließ solchen Gästen ein Kärtchen bringen, auf dem sie aufgefordert wurden, ihre Zeche zu bezahlen, zu gehen und das Lokal vorläufig nicht wieder zu betreten. Dem lag das rigide Reglement des preußischen Wirtshauses zugrunde, das da bekanntlich lautet: »Die Gäste haben sich so zu verhalten, daß der Wirt sich wohlfühlt.«

Die Amerikanisierung der Kultur war allerorten zu spüren. Die Berliner Tingel-Tangel-Revuen begannen sich zunehmend an New Yorker Vorbildern zu orientieren. Barbusige Sing- und Tanzgruppen wie die »Tiller-Girls« begeisterten das Publikum. Die Auftritte Josephine Bakers waren Stadtgespräch, entzweiten aber auch die Berliner Kritiker-Schickeria. Die einen sprachen vom »Sieg negritischer Tanzkultur über die Wiener Walzer«, die anderen sahen in der Baker und ihrer Tanzgruppe den Anbeginn einer neuen Zeit heraufdämmern. Large hat vermutlich recht, wenn er die Vergötterung der Josephine Baker damit erklärt, daß die Berliner der »Faszination des Tabubruchs« erlegen seien.

Für den etwas distinguierteren Geschmack gab es das neue Genre der Jazz-Oper. Die Inszenierung der Oper »Jonny spielt auf« zum Beispiel, in der Ernst Krenek den Versuch unternahm, die Musik von Duke Ellington, Béla Bartók und Arnold Schönberg miteinander zu verschmelzen, wirkte auf manche geradezu wie ein Aphrodisiakum. Als die Oper am 21. November 1927 uraufgeführt wurde, verfielen die Besucher während des Schlußaktes geradezu in einen Rausch der Begeisterung, besonders in dem Augenblick, als der Held der Oper, ein farbiger Tanzkapellengeiger, auf eine große Bahnhofsuhr sprang und geigespielend auf dem großen Zeiger abwärts ritt, während der Chor dazu sang: »Die neue Zeit bricht an/ versäumt den Anschluß nicht/ die Überfahrt beginnt/ins unbekannte Land der Freiheit.«

Eine neue Zeit brach tatsächlich an, als Hitler und die Nazis an die Macht kamen. Aber anders als sich das Ernst Krenek erträumt hatte. Eine Höllenfahrt begann. SA-Horden zogen im Gleichschritt durch die Straßen der Stadt und sangen Kampflieder (»Die rote Front, schlag sie zu Brei/ SA marschiert, Achtung, die Straße frei!«), die einzig und allein darauf abzielten, den politischen Gegner einzuschüchtern und zu zermürben. All das, was bis dahin Berlin ein gewisses weltstädtisches Flair verliehen hatte, galt plötzlich als undeutsch, marxistisch und vor allem jüdisch: Homosexualität, Avantgarde, politische Linkslastigkeit, Jazz und schlüpfriges Nachtleben.

In den zwölf Jahren NS-Herrschaft veränderte sich Berlin bis zur Unkenntlichkeit. Hitlers Pläne von der »Welthauptstadt Germania« spiegelten den strikten Gegensatz zu dem, was einst Berlin ausgemacht hatte. Das Lebendige war verschwunden, die erstarrte Form wurde Maßstab. Es war nur zu verständlich, daß bereits im Jahr der sogenannten »Machtergreifung« Tausende flüchteten, nicht nur linke Politiker, sondern auch Künstler und Intellektuelle wie Alfred Döblin, Heinrich Mann, George Grosz,

John Heartfield, Elisabeth Bergner, Max Reinhardt und viele andere.

Als am 10. Mai 1933 SA-Männer und skandierende Studenten eine Bücherverbrennung von bis dahin nicht gekanntem Ausmaß organisierten, hätte eigentlich jedermann wissen müssen, was die Stunde schlägt. Dem einen oder anderen der vorbeihastenden Passanten, der am Opernplatz den johlenden Pöbel hörte und die Flammen des Scheiterhaufens lodern sah, wird Heinrich Heines berühmter Spruch »Wo man Bücher verbrennt, wird man bald auch Menschen verbrennen« in den Sinn gekommen sein. Wer damals die Zeichen der Zeit richtig deutete, packte die Koffer und verließ Deutschland.

Die Berliner Juden, die das nicht über sich brachten oder nicht die materiellen Möglichkeiten besaßen, das Land zu verlassen, erfuhren Entrechtung, mußten tätliche Übergriffe ertragen und wurden schließlich in die Vernichtungslager im Osten deportiert. Von den ursprünglich 160 564 Berliner Juden im Jahre 1933 haben das NS-Regime nur knapp 5000 Juden überlebt, meist in privilegierter Mischehe oder im Versteck. Manche dieser Geschichten müssen noch geschrieben werden.

Weimarer Republik, Hitlers Drittes Reich und vor allem die vier Jahrzehnte deutscher Teilung haben dem Stadtbild Berlins einen deutlichen Stempel aufgedrückt. Der Spaziergänger, der sich heute in Berlin zurechtzufinden versucht, kommt nicht umhin zu bemerken, daß die Schäden der Kriegsjahre das Stadtbild verändert haben. Es kommt hinzu, daß in den Jahren der Teilung die beiden Stadthälften auseinandergedriftet sind. Kaum etwas erscheint so, wie es einmal war. Geradezu wehmütig blättert man in alten Bildbänden, die ahnen lassen, wie das einstige Berlin einmal ausgesehen hat.

Es fällt schwer, sich heute im Gewirr der Eindrücke zurechtzufinden. War der Potsdamer Platz tatsächlich da, wo er heute ist? Weiß man überhaupt noch, wo sich das Auswärtige Amt in der Wilhelmstraße befand, von dem aus das Räderwerk deutscher Diplomatie in Gang gehalten wurde? Orientierungspunkte, an denen man sich festhalten könnte, sind heute so gut wie nicht mehr vorhanden. Die Stadtpläne geben nur bedingt Auskunft, verwirren sogar eher, als daß sie den die Stadt Erkundenden aufklären.

Die Berliner haben sich in den Jahrzehnten der Teilung auseinandergelebt und in gewisser Weise entfremdet. Jeder lebt heute in seinem Kiez, sei es in Pankow, sei es in Charlottenburg oder in Schöneberg. Man begreift sich als »Wessi« oder sieht sich als »Ossi«. Es sind Welten, die unterschiedlicher nicht sein können. Berührungspunkte gibt es kaum. Selbst Heiraten zwischen Ost und West sind heute vergleichsweise selten. Aber das wiederum ist ein Sachverhalt, der durchaus erklärlich ist, aber bei dem betreten geschwiegen wird, wenn die Sprache auf ihn kommt.

In West-Berlin, dem »Glitzerding«, wie *Der Spiegel* 1966 spöttisch anmerkte, versuchte man an die Vorkriegsavantgarde anzuknüpfen, an Expressionismus, Neue Sachlichkeit und die klassische Moderne des Bauhauses. In Ost-Berlin wiederum, wo man vom Aufbau eines Arbeiter- und Bauernstaats träumte, wurden in der einstigen Stalin-Allee Bauten im sowjetischen Zuckerbäkkerstil hochgezogen und am Alexanderplatz ein Fernsehturm in solch gigantischen Ausmaßen errichtet, daß er den Eindruck erweckt, als ob er ganz bewußt als Gegenstück zum West-Berliner Funkturm geschaffen worden sei. Nur eben etwas gigantischer. Für den unvoreingenommenen Betrachter ist es eine Architektur irritierender Gegensätze.

Der Fall der Mauer, die Wiedervereinigung Deutschlands und die Entscheidung, den Sitz der Regierung vom Rhein an die Spree zu verlegen – all das hat dazu geführt, daß eine Debatte um die »städtebauliche Seele« des heutigen Berlins eingesetzt hat. Was ist Berlin? Als was soll es sich künftig begreifen? Der Urbanologe, wie der Stadtforscher von heute gerne genannt wird, betrachtet mit einer gehörigen Portion Skepsis die Bemühungen der Berliner Stadtplanung, die beiden auseinandergerissenen Stadthälften wieder zu einer Einheit zusammenzufügen. Jeder weiß, daß das Zeit benötigt und im Hauruck-Verfahren nicht zu machen ist.

Anerkennenswert sind zwar zweifellos die Aktivitäten von Architekten wie Axel Schultes, Frank O. Gehry, Renzo Piano und anderen. Mit ihren in den neunziger Jahren in kürzester Zeit hochgezogenen Bauten haben sie sich bemüht, die durch die Zeitläufte der Stadt zugefügten Narben zu glätten. Ob ihnen das immer gelungen ist, läßt sich gegenwärtig noch nicht mit Bestimmtheit sagen. Noch haben wir alle nicht die notwendige Distanz zu dem, was sich nach der Vereinigung der beiden Stadthälften auf dem Bausektor entwickelt hat, um ausgewogene Urteile über die zwischenzeitlich entstandene Architektur zu fällen. Darüber dürfte noch einige Zeit ins Land gehen.

Allerdings, so viel läßt sich schon sagen, scheint die neue Mitte am Potsdamer Platz allzusehr mit der heißen Nadel gestrickt zu sein. Dem Chronisten fällt auf, daß die Verantwortlichen sich nicht so sehr an der Geschichte der Stadt orientiert haben, sondern irgendwelchen Planungsrichtzahlen folgen, denen teilweise nicht nachvollziehbare Kriterien zugrundeliegen. Der Eindruck drängt sich auf, daß es nicht darum geht, städtebauliche Lücken zu schließen, die Krieg und vierzig Jahre Teilung gerissen haben, sondern daß man in erster Linie bemüht ist, den Bedürfnissen und Forderungen von Weltfirmen wie Sony, Debis oder DaimlerChrysler entgegenzukommen.

Der Flaneur im heutigen Berlin fühlt sich etwas verloren bei seinen Stadterkundungsgängen durch die neuentstandenen Häuserfluchten. Ist das, was ihm heute als neue Mitte ausgegeben wird, tatsächlich der gelungene Versuch, die »Gemordete Stadt« (Wolf Jobst Siedler) wieder zum Leben zu erwecken? Oder, so fragt der Spaziergänger sich, ist da nicht etwas entstanden, was auch in jeder anderen Stadt stehen könnte? Böse Stimmen sprechen denn auch schon davon, daß es am Potsdamer Platz mit seiner Kühle ausstrahlenden Beton- und Glasbautenarchitektur nicht sehr viel anders aussieht als in den neuentstandenen Stadtzentren von Castrop-Rauxel, Halberstadt oder Düsseldorf.

Die Stadt ist wie gesagt auf der Suche nach sich selbst. Das ist normal, aber im Falle von Berlin ist das mit einer Reihe von Eigentümlichkeiten verbunden. Deutlich wird das zum Beispiel an der Frage, wie man mit den mentalen Belastungen der NS-Vergangenheit umgehen soll. Wer die »qualvolle Debatte« der letzten Jahre verfolgt hat, wie der Verbrechen der NS-Zeit zu gedenken ist, weiß, daß das nicht ganz einfach ist. Die Stadt und ihre Bewohner tun sich schwer bei ihren Bemühungen, sich dieser Vergangenheit zu stellen.

Wie kann der NS-Verbrechen in geeigneter Form gedacht werden? Soll man ihrer überhaupt noch gedenken? Oder ist es nicht an der Zeit, wie es von manchen schon seit längerem gefordert wird, den definitiven Schlußstrich unter die Vergangenheit zu ziehen? Die Auseinandersetzungen um die Aufstellung der Pietà von Käthe Kollwitz in der Berliner »Neuen Wache«, aber auch die kaum noch nachvollziehbaren Streitereien um das von Lea Rosh inszenierte Theater um das Holocaust-Denkmal sprechen ihre eigene Sprache.

Aber zurück zu der Eingangsfrage. Ist die neugekürte Bundeshauptstadt auf dem Weg, wieder eine Weltstadt zu werden? Das vereinte Berlin hat sich heute zugegebenermaßen erneut zu einer Attraktion gemausert. Man denke nur an die Love-Parade, die Filmfestspiele, die zahlreichen Ausstellungen, an den nichtendenden Zuzug von Schriftstellern, Künstlern und Filmemachern, aber auch an das pulsierende Kneipenleben in Charlottenburg, in Kreuzberg und am Prenzlauer Berg. Ein »Klima der Fieberhaftigkeit«, so heißt es, habe die Stadt in den letzten Jahren ergriffen. Kann sein, daß Berlin sich in der Zukunft tatsächlich zu der »Hauptstadt des 21. Jahrhunderts« entwickelt. Noch ist es nicht so weit. Aber die Möglichkeit besteht. Immerhin.

WOLFGANG SCHULLER

Witterungen im Südwesten

I.

Helmut Quaritsch bemerkt in seinem Beitrag über die deutsche Wiedervereinigung im Handbuch des Staatsrechts, einige wenige im Westen hätten die Wiedervereinigung »gewittert«, und dazu rechnet er auch mich.[1] Zu einem Teil war es wirklich nur ein »Wittern«, zu einem anderen Teil aber waren es Einsichten in Sachverhalte, und aus beidem ergeben sich schließlich auch für heute ein paar Worte zur augenblicklichen Situation. Über alles habe ich mit Arnulf Baring bei verschiedenen Gelegenheiten in Berlin und in Konstanz gesprochen, aber es wird ihn hoffentlich freuen, das schriftlich festgehalten zu bekommen, auch weil einiges vorkommt, worüber ich noch nicht gesprochen hatte. Der starke autobiographische Duktus dabei hat ihn bisher nicht gestört, hoffentlich bleibt es dabei, zumal da ich auch hier versuche, das in ihm enthaltene Selbstlob so klein wie möglich zu halten. Ganz ohne wird es – der Sache wegen – nicht abgehen.

So rein südwestdeutsch, wie es in der Überschrift heißt, ist das alles freilich nicht. Zwar lebe ich seit 1976 in Konstanz, aber bis dahin war es West-Berlin gewesen – ich hatte beim Umzug entsprechende Gefühle, mein schuldbeladener Ohrwurm war damals das Lied des gerade ausgebürgerten Wolf Biermann: » Er ist hinüber, enfant perdu«, obwohl sich das ja auf ernsthaftere Lebensverhältnisse bezog.[2] Aber auch von Konstanz aus und außerdem noch als Professor für griechische und römische Geschichte kann man die Verbindungen mit dem damals real gewesenen Sozialismus aufrechterhalten, vielleicht sogar besonders in dieser

Eigenschaft, die ja extreme Harmlosigkeit und Weltfremdheit *in politicis* zu indizieren scheint.

Umgekehrt war es mir gerade in dieser Eigenschaft möglich, über das bisher Bestehende hinaus weitere Beziehungen einzugehen. Mit den altertumswissenschaftlichen Kollegen der DDR in Ost-Berlin und Jena konnte ich engere Verbindungen haben, als es von West-Berlin aus möglich gewesen wäre, und insbesondere mit russischen und georgischen, aber auch mit tschechischen, polnischen und rumänischen Kollegen und Freunden wurden die Beziehungen auch durch jeweilige Aufenthalte hüben und drüben eng und herzlich – in bezug auf die DDR gab es freilich nur meine Aufenthalte drüben.

Dabei war es immer so, daß ich minutiös darauf achtete, daß keinerlei Zweifel über meine politische Haltung aufkamen. Erstens wollte ich das auch deshalb nicht, weil mit Ausnahme einiger guter Genossen in Ost-Berlin alle entweder überhaupt keine Genossen oder zumindest schlechte waren. Zweitens war es sozusagen auch taktisch richtiger: Natürlich habe ich nicht sinnlos provoziert, aber ich habe auch nicht laviert und lief daher nicht in Gefahr, mich zu verheddern.[3] Das war deshalb möglich, weil ich die wissenschaftlichen Leistungen, die dort erbracht wurden, in meinen Publikationen wenigstens zur Kenntnis nahm, was im Westen selten vorkam, und diese Möglichkeit wollte man sich offensichtlich nicht verbauen. Drittens mußte ich damit rechnen, daß jedenfalls in der DDR bei denen, auf die es in dieser Beziehung ankam, meine juristische Doktorarbeit über das politische Strafrecht der DDR bekannt war, so daß ich, sozusagen, kompromittiert genug war.

Die Hamburger Promotion war von 1967, aber als in Konstanz auf den letzten Stand gebrachtes dickes Buch erschien die Arbeit erst 1980, und da stand und steht einiges drin.[4] Hin und wieder erzählte ich, vorsichtig, selbst davon, und amüsant war gelegentlich, wie der eine oder andere gute Genosse so tat, als wisse er das nicht. Die Staatssicherheit jedenfalls wußte dies und anderes, und unter anderem deshalb konnte ich später in meiner Stasi-Akte manches mir längst Entfallene, vor allem aber den schönen und von deren Standpunkt aus zutreffenden Satz lesen: »Zu Professor Schuller wurde erarbeitet, daß er reaktionäre politische Ansichten vertritt.« Da hatte nicht sehr erarbeitet werden müssen.

II.

Aus diesen und anderen Erfahrungen und Erlebnissen – natürlich auch schon aus der Zeit lange vor 1976 – hatte sich bei mir ein sehr konkretes Bild von der kommunistischen Herrschaft in Ost- und Ostmitteleuropa herausgebildet, und seit 1983 fing ich an zu merken, daß sich etwas veränderte. Ich kann das sogar datieren: Ich begann mir darüber anläßlich einer Tagung der Historischen Kommission zu Berlin unter Leitung von Otto Büsch im Juni 1983 klar zu werden, auf der es um den Begriff der deutschen Nation ging. Ich schrieb daraufhin einen Text, dessen zentrale Aussage die war, daß, anders als es ein nicht geringer Teil der westdeutschen Historiker behauptete, die deutsche Teilung nichts mit einer in der deutschen Geschichte angelegten generellen Disposition zur Mehrstaatlichkeit zu tun habe, sondern von außen auferlegt sei. Otto Büsch wollte das nicht in die Tagungsakten[5] aufnehmen, vielleicht war es ihm zu kitzlig; es erschien daraufhin noch 1983 als Artikelserie der Konstanzer Tageszeitung *Südkurier*[6] und in umgearbeiteter Fassung 1985 in der staatsrechtlichen Zeitschrift *Der Staat,* dort unter der die These plastisch wiedergebenden Überschrift *Elbgrenze, nicht Mainlinie.*[7]

Ein amüsantes Zwischenspiel gegen Ende der Entwicklung, über das ich noch nie schriftlich berichtet habe, stellt ein kleiner Briefwechsel mit dem *Neuen Deutschland* im Sommer 1989 dar. Ich tat es mir ja an, dieses Organ regelmäßig zu lesen und merkte, daß der Ton immer defensiver wurde und allmählich nur noch auf verzweifelte Versuche des Machterhalts hinauslief. Am 16. Juni bekam ich – nach Konstanz kam so etwas immer ein bißchen später – die Ausgabe vom 13. Juni, die ein Interview Erich Honeckers mit amerikanischen Journalisten enthielt. Fast alles war in direkter Rede gehalten, nur die Frage, wie lange denn die Mauer noch stehen werde, mit der dazugehörigen Antwort in indirekter Rede. Honecker meinte, sie werde so lange stehen, wie die Ursache für ihre Errichtung bestünden, und die seien die Tatsachen der Ausplünderung der DDR durch die BRD. Ich machte mir den Spaß, einen Leserbrief zu schreiben, in dem ich meinte, das sei ja alles in Ordnung, nur die Ursachen sähe ich anders: Benehmt euch anständig, dann laufen euch die Leute nicht weg, und ihr braucht keine Mauer mehr.

Zu meiner Überraschung kam nach einiger Zeit eine Antwort des Inhalts, in diesem Punkt seien sie zwar anderer Ansicht, aber warum solle man nicht verschiedene Ansichten haben? Und vielen Dank auch für das Interesse! Sollte ich mit denen ein Hickhack anfangen? Einfach schweigen wollte ich auch nicht, und so schrieb ich ein paar Zeilen, die damit endeten, sie würden ja wohl »wie ich gespannt sein, wie alles weitergeht«. Auch hier kam überraschenderweise nach einer Weile eine Antwort des betreffenden Redakteurs, noch überraschender handschriftlich; ja, das sei alles sehr schwierig, und wenn ich einmal nach Berlin käme, könnte ich ihn doch mal privat besuchen. Ich hatte erst wieder Mitte Dezember einen Termin dort. »Hoffentlich sind die dann noch an der Macht«, meinte ich zu meinem Assistenten. Sie waren es nicht.

Ich besuchte den Redakteur; er erzählte mir, meinen zweiten Brief hätte er ans Schwarze Brett gehängt gehabt, alle hätten sich amüsiert, denn sie waren in der Tat gespannt, wie alles weitergehen sollte, wie bisher jedenfalls ging es nicht mehr. Mir stellte sich allerdings die Frage, warum die Leute vom ND wohl auf mich eingegangen seien, denn daß normale Leserbriefe nicht abgedruckt wurden, das wußte ich ja, und auch eine solche sozusagen persönliche Betreuung eines Leserbriefschreibers dürfte eher ungewöhnlich gewesen sein. »Westlicher Querulant, nicht antworten«, so hätte der Chefredakteur zunächst gesagt, aber dann kümmerte man sich eben doch. Warum? Ich nehme an, deshalb, weil man einen Professor der Alten Geschichte vom Bodensee, der Leserbriefe an das ND schrieb, für so unglaublich naiv hielt, daß man vielleicht einmal sehen wollte, ob der nicht für ganz andere Sachen nützlich sein könnte. Nun, das hatte sich erledigt.

Anscheinend hatten die Leute vom ND weder den *Staat* noch den Konstanzer *Südkurier* gelesen, sonst hätten sie gemerkt, daß dieser Professor so naiv nicht war. Ich hatte nämlich inzwischen regelmäßig und immer konkreter über die deutsche Teilung, ihre Ursachen und den beginnenden Niedergang der DDR geschrieben, in einem Fall auch einen entsprechenden Leserbrief in der FAZ.[8] Den Schlußpunkt stellte dann der große Artikel in der Wochenendbeilage der FAZ vom 16. Dezember 1989 dar, in dem ich die These vertrat, daß Überlegungen, wie es denn weitergehen solle, gegenstandslos seien, denn das, was jetzt ablaufe, sei bereits die Wiedervereinigung.[9] Jeder weiß, daß dem Bundeskanzler Kohl diese Erkenntnis auch kam, allerdings erst beim Eintreffen in Dresden, am 18. Dezember 1989.

Zu dem Artikel gab es ein erheiterndes Nachspiel. Am 19. Januar 1990 – erst! – meldete das *Neue Deutschland* unter der Überschrift *»Humanité«: Gefahren für Europa* über einen Artikel im französischen Bruderblatt (oder Schwester-?), in dem vor einem wiedervereinigten Deutschland gewarnt wird. Auszug:

»... In dem Kommentar wird auf die Frankfurter Allgemeine Zeitung verwiesen, die schon am 16. Dezember schrieb, daß der Prozeß der Wiedervereinigung bereits faktisch eingeleitet worden ist. Dem ist wirklich so. Und in Frankreich müssen wir davon Kenntnis nehmen, um uns dem entschieden zu widersetzen ...«

Da war ich stolz. Georges Marchais hatte also am Seineufer nichts Besseres zu tun, als meinen FAZ-Artikel zu lesen und es sich gruseln zu lassen, und das ND schloß sich dem an. Was wollte ich mehr?

III.

Welches waren nun die Indizien, die mich solche Prophezeiungen machen ließen?[10] Gewiß war es zum Teil das Wittern, wie Helmut Quaritsch es genannt hatte, doch möchte ich auch das teilweise darauf zurückführen, daß ich einfach Dinge wahrgenommen hatte, die, aus welchen Gründen immer, nicht mehr oder nicht mehr richtig gesehen wurden. Zweierlei will ich herausheben. Zum einen empfand ich sehr deutlich, daß sich in der Sowjetunion etwas tat. Schon bei meinem ersten Besuch in Moskau 1982 hatte ich das Gefühl, daß alles, was sich kommunistisch gab, nur äußerlich war. Das war gewiß schon allein deshalb bloß ein Wittern, weil ich bei meinem bisher letzten Besuch im Herbst 2001 einigermaßen verblüfft darüber war, wieviel sich davon gehalten hat; trotzdem empfand ich 1982 so. Ein weiteres Erlebnis hatte ich 1988, das zwar eigentlich nur alle Zeitungsmeldungen bestätigte, mich aber, weil ich es unmittelbar erlebte, trotzdem regelrecht erschütterte.

Sozialismusfreundliche Kreise der Universität Konstanz hatten einen Professor eines Instituts beim ZK der KPdSU in Moskau – Jan Vogeler, Sohn des Worpsweder Malers Heinrich Vogeler – eingeladen, um über die Zukunft des Sozialismus zu sprechen. Der Sozialismus habe überhaupt keine, sagte er zum Entsetzen der Einladenden. Es werde über ein Mehrparteiensystem nachgedacht; die Partei habe keine Autorität mehr; nicht nur Stalin, sondern die ganze Partei habe ungeheure Verbrechen auf sich geladen. Wegen meiner Gespräche in der UdSSR und Osteuropa überraschte mich das alles in der Sache nicht, wohl aber die Tatsache, daß es so unverblümt und schon resigniert ausgesprochen wurde. Daß der Marxismus außerhalb der UdSSR und der DDR von niemandem ernst genommen wurde, das war mir klar; wenn es aber auch in der Sowjetunion so weit war, dann mußte alles zusammenbrechen.

Was die DDR betraf, stellte ich das klassische Muster der Nichtübereinstimmung von Basis und Überbau fest. Unten geschahen Dinge, die zu Ulbrichts Zeiten oder zu Zeiten des frühen Honecker einfach ausgeschlossen gewesen wären und die man als ein Nachlassen der Repression bezeichnen kann. Daß es überhaupt Repression gab, war ja auch aus dem Bewußtsein der meisten westlichen Beobachter verschwunden, und deshalb konnte ihr Nachlassen auch nicht wahrgenommen oder jedenfalls nicht richtig gewichtet werden. Es war nämlich keine Liberalisierung, die auf innerer Stärke beruht hätte, sondern es war ein Zurückweichen vor unüberwindlichen Zwängen. Ich nenne hier bloß die nur halbherzige Verfolgung der Opposition, zum Teil nach wie vor brutal, aber eben nur zum Teil. Es ist in einem manichäischen System, das totale Übereinstimmung fordert, ausgeschlossen, daß sich Opposition bemerkbar machen kann, ohne mit Stumpf und Stiel verfolgt zu werden. Weiter nenne ich hier nur noch die immer mehr zunehmenden Westreisen, die einen gewaltigen Bewußtseinswandel hervorrufen mußten und hervorriefen.

Diese und andere Prozesse geschahen an der Basis, während der Überbau starr blieb – etwas anderes konnte er auch nicht. Ein Eingehen auf diese Entwicklungen hätte ihn mit seiner eigenen Zustimmung selbst abgeschafft, aber auch das starre Festhalten an der äußeren Macht mußte zu seinem Sturz führen, zumal da die Kraft, der er seine ganze Existenz verdankte, die UdSSR, selbst wankte und dem Einsturz nahe war. Wenn ich mich einmal selbst zitieren darf: »Die kommunistischen Parteidiktaturen beruhten auf drei Säulen: Erstens auf der Ideologie in ihrer monopolisierten Form zu Legitimierungszwecken und zur Herstellung individueller Motivation, zweitens auf Repression dort, wo freiwillige Unterordnung nicht gelang, und drittens schließlich auf Angst oder wenigstens auf der resignierenden Meinung, daß eine Änderung nicht möglich sei.«[11] An allen drei Komponenten begann es zu fehlen, das konnte man doch sehen, und es müßte eigentlich umgekehrt sein: Nicht ich müßte erläutern, warum ich das – noch dazu vom deutschen Südwesten aus – gesehen habe, sondern diejenigen, die das nicht sahen, müßten die Gründe dafür angeben.

IV.

Ähnlich steht es mit dem Erstaunen darüber, daß die »Herstellung der inneren Einheit« Schwierigkeiten macht. Was hatte man denn anderes erwartet? Ein letztes Mal möchte ich eine eingetretene Prophezeiung von mir erwähnen. Auf dem wunderbaren, von meinem medizinischen Kollegen Ulrich Zwiener in Jena veranstalteten Wartburgtreffen des Mai 1990 habe ich mit dem Beispiel des Saarlands vorausgesagt, daß die mentalen Unterschiede zwischen Ost und West in Deutschland noch sehr lange anhalten werden:[12] Nach zwei Weltkriegen wurde das künstliche Gebilde Saargebiet von Deutschland abgetrennt, jedesmal blieben die politische und sonstige Kultur und Zivilisation einigermaßen erhalten, jede Abtrennung dauerte verhältnismäßig kurze Zeit, jedesmal kam es nach unterschiedlich formulierten und zahlenmäßig voneinander abweichenden, im Ergebnis aber eindeutigen Volksabstimmungen wieder an Deutschland zurück – und trotzdem hat sich eine eigene Identität entwickelt, die sogar ein Bundesland namens Saarland entstehen ließ.

Wie sollte es da bei einer über vierzigjährigen, radikalen Abspaltung anders sein, die mit einer völlig anderen, auch zivilisatorischen und Ewigkeitscharakter beanspruchenden Entwicklung verbunden war, die sich auf eine unbesiegbar erscheinende Weltmacht stützte?[13] Fast möchte ich behaupten, daß im Gegenteil das Ausmaß der mangelnden Divergenzen das Beeindruckendere ist, und immerhin wählt die übergroße Mehrheit eben nicht die PDS.

Das heißt aber nicht, daß manche Erscheinungsformen nicht tief bedrückend wären. Selbst jemand, der am Bodensee wohnt, kann viel Derartiges erleben, und sei es nur die präpotente und aggressive Art, in der PDS-Vertreter bei Diskussionen auftreten, die so tun, als sei alles nur eine vorübergehende Erscheinung und werde demnächst wieder der SED-Herrschaft Platz machen müssen; schrecklich ist zu beobachten, wie auf diese Weise immer noch das alte Herrschaftsmittel der Angst verbreitet wird. Nun – die sind, wie sie sind; das eigentlich Empörende ist, daß leider die SPD nach Kräften mithilft, die alten Kader wieder in den Sattel zu heben, so, wie sie in den letzten Jahren der DDR zwar enge Kontakte zur SED hatte, aber um die Opposition einen Bogen machte. Das koinzidiert mit schrecklichen Fehlern, die von (ehemals) westdeutscher Seite beim Vollzug der Wiedervereinigung gemacht wurden und die aus purer Ignoranz resultierten. Das ist noch nicht zu Ende. So hat sich etwa im Bundestag die rot-grüne Regierungskoalition gegen eine hinreichende Würdigung der SED-Opfer gesperrt, und auf einer anderen Ebene ist es nur der unendlichen Mühe und Zähigkeit einiger weniger zu verdanken, daß die sachgerechte Anerkennung der Haftfolgeschäden wenigstens noch in der Diskussion ist, ohne daß jedoch ein angemessenes Ergebnis schon gesichert wäre.

Eines allerdings glaube ich zu wissen, nein, ich weiß es wirklich. In Ost und West, in, sagen wir, Sachsen-Anhalt und in Baden-Württemberg, gibt es neue Entwicklungen, von denen wir, die wir so alt sind, wie es ein Blick in das Autorenverzeichnis offenbart, nur ausnahmsweise erfahren. Ich scheue mich ein wenig, das zu sagen, es klingt so schrecklich nach Topos, aber gesagt werden muß es: Es ist die Jugend, die unbefangen an die Dinge heranzugehen scheint. Der in sich ruhende selbstgefällige Westen fängt an, es in seiner Jugend als selbstverständlich zu erleben, daß es eine Ostsee und ein Erzgebirge gibt, daß die gemeinsame deutsche Geschichte und Kultur in Magdeburg und in Wittenberg und in Leipzig und in Weimar und in Dresden zu Hause sind und daß es dort etwas anders und schwieriger war als zu Hause – daß es dort eine DDR gegeben hat, über die nicht die PDS und ihre Helfer ein Deutungsmonopol haben. Denn die Jugend dort, wo früher einmal die DDR war – es fängt an, lange her zu sein –, will sich nicht mit verklärenden und apologetischen Erzählungen von Teilen unserer Generation in Elternhaus und Schule begnügen, sondern möchte wissen, wie es war; dafür habe ich deutliche und glaubwürdige Anzeichen. Dann wird sich allmählich eine deutsche Geschichte herausbilden und ins allgemeine Bewußtsein vordringen, in der es eine erfolgreiche Revolution[14] gegeben hat. Westdeutschland war an ihr nicht beteiligt.

Anmerkungen

1 Wiedervereinigung in Selbstbestimmung – Recht, Realität, Legitimation, in: Isensee / Kirchhof (Hg.), Handbuch des Staatsrechts VIII, Karlsruhe 1995, § 193 = S. 321-401, hier S. 350. Die anderen sind vor allem Wolfgang Seiffert, dann Bernhard Friedmann und Vernon A. Walters.

2 Daher liest man mit Kummer, daß der in diesem Lied gemeinte Florian Havemann jetzt für die PDS kandidiert.

3 Dieses Verfahren hatte sich bereits in den Jahren 1967 ff. an der FU und der PH Berlin bewährt gehabt.

4 Geschichte und Struktur des politischen Strafrechts der DDR bis 1968, Ebelsbach 1980.

5 Otto Büsch (Hg.), Die Rolle der Nation in der deutschen Geschichte und Gegenwart. Beitrag zu einer internationalen Konferenz in Berlin (West) vom 16. bis 18. Juni 1983, Berlin 1985.

6 Deutschland – Was ist das? Gedanken zu einer geteilten Nation im geteilten Europa, Südkurier vom 3., 6., 8. und 10.12.1983.

7 Der Staat 24, 1985, S. 75-90.

8 Es wird wieder spannend, Südkurier 9./10.3.1985; Die deutsche Teilung ist nur ein Zwischenspiel, FAZ v. 14.9.1985; Auf dem Drahtseil, Südkurier, 27.2.1986; Wieder Wiedervereinigung? Südkurier 21./22.3.1987; Wundermild und hochgefürstet, Südkurier, 26.8.1987; Feuer und Wasser, Südkurier, 16.9.1987; Wieder Wiedervereinigung? Der Staat 26, 1987, S. 421-431; Die Berührungsangst, Südkurier 17.2.1988; Der deutsche Michel traut sich doch. Unabhängige Friedensbewegung und demokratische Opposition in der DDR, Südkurier, 6.5.1989; Von Weimar über Bonn nach ... ? Südkurier, 26.5.1989; Neue Antworten auf alte Fragen. In der DDR weicht die Angst dem Aufbegehren, Südkurier, 16.6.1989; Basis und Überbau, Südkurier, 22.7.1989. – Hierfür und für alles Weitere danke ich Franz Oexle und Helmut Quaritsch.

9 Alle Deutschen stehen vor einem Neuanfang. Plädoyer für ein einheitliches demokratisches Deutschland. – Hierfür und für alles Weitere danke ich Johann Georg Reißmüller.

10 Ausführlicher dazu mein Tagungsbeitrag Der politische Umbruch in der DDR von 1989/90 – eine Zwischenbilanz aus westlicher Sicht, in: Alexander Fischer / Günther Heydemann (Hg.), Die politische »Wende« 1989/90 in Sachsen, Rückblick und Zwischenbilanz, Weimar u.a. 1995, S. 189-204.

11 Wie Fußnote 10, S. 197f.

12 Deutschland in Europa – 1990, in: U. Zwiener (Hg.), Ein demokratisches Deutschland für Europa. Wartburgtreffen 1990, Jena 1990, S. 169-175, hier S. 172.

13 Charakter und Wandel des deutsch-deutschen Bewußtseins wird in den Umfragen des Instituts für Demoskopie Allensbach und deren Auswertung deutlich, siehe Elisabeth Noelle-Neumann, Demoskopische Geschichtsstunde. Vom Wartesaal der Geschichte zur Deutschen Einheit, Zürich und Osnabrück 1991; dies., Eine Nation zu werden ist schwer. Ostdeutsche Sozialisation und westdeutsche Naivität, FAZ v. 10.8.1994; dies., Der geteilte Himmel. Geschichtsbewußtsein in West- und Ostdeutschland, FAZ v. 3.5.1995; dies., Was die Deutschen zusammenhält, FAZ v. 15.9.1999; Renate Köcher, Schatten über Deutschland. Ostdeutschland glaubt nicht an die eigene Zukunft, FAZ v. 15.8.2001; dies., Gelungenes Zusammenwachsen? Eine Bestandsaufnahme, in: Stiftung Haus der Geschichte der Bundesrepublik Deutschland (Hg.), Zehn Jahre deutsche Einheit, Berlin 2001, S. 73-83; Elisabeth Noelle-Neumann, Die SED-Diktatur: Vergessen – Verdrängt – Verklärt? Eröffnungsvortrag zur Veranstaltung »Erinnerung als Auftrag. Die Aufarbeitung der SED-Diktatur: Rückblick und Perspektiven« der Stiftung zur Aufarbeitung der SED-Diktatur und des Deutschlandfunks, 12. März 2002 im Abgeordnetenhaus Berlin (Manuskript); Wilhelm Haumann, Wiedervereinigt, aber noch nicht einig (Manuskript). – Ich danke Elisabeth Noelle-Neumann für die Überlassung der Texte und der Dokumentationen für die FAZ-Artikel.

14 Die beste Darstellung und Charakterisierung der Revolution von 1989 ist die von Hartmut Zwahr, Die Revolution in der DDR 1989/1990 – eine Zwischenbilanz, in dem in Fußnote 10 genannten Band, S. 205-252.

Aus dem Bordbuch des Traumschiffs, 1995-2002

In uralten Zeiten, als die Welt noch überschaubarer erschien und die Politik steuerbarer, fand im öffentlichen Diskurs die Metapher »Staatsschiff« häufig Verwendung. Dem lag eine schlichte Vorstellung zugrunde. Darin kam die zutreffende Beobachtung zum Ausdruck, daß staatlich verfaßte Großgesellschaften niemals sicher sein können. Wie ein von Wind und Wellen umtobtes Segelschiff auf den tückischen Ozeanen ist auch das Staatsschiff unablässig von Katastrophen bedroht. Gefahren allerorten: Untiefen, tückische Klippen, plötzlich losbrechende Stürme, doch auch wochenlange Flauten, Piraten und feindliche Flotten. Freilich kann sich die Seefahrt auch angenehm und profitabel gestalten. Mit viel Glück erreicht man das Ziel, vermehrt den eigenen Reichtum und leistet so direkt oder indirekt zugleich einen Beitrag zur Wohlfahrt des eigenen Landes.

In den Spaßgesellschaften der wohlfahrtsstaatlichen und gefahrenvergessenen Demokratien ist der Ernst dieser Metapher bekanntlich in Vergessenheit geraten. Die Bürger wiegen sich in der Illusion, maritime Katastrophen der Staatsschiffe seien im Zeitalter turbinengetriebener Schiffsriesen, der Satellitenkommunikation und einer lückenlosen Kartographierung der Meere weitgehend vermeidbar. Was einstmals als stets gefährdetes, doch zugleich gegen Überfälle und Stürme gerüstetes Staatsschiff galt, hat sich in ein friedlich einherkreuzendes Traumschiff verwandelt, welches den an Bord befindlichen Pensionären Behaglichkeit verspricht und den mitreisenden Singles erlesene Lüste.

Zugleich lag der Metapher des Staatsschiffs aber auch die undiskutierte Annahme einer monarchischen Staatsführung zugrunde, wobei der ideale Monarch und die höchsten Staatsdiener gottesfürchtig, verantwortungsbewußt und weitschauend zu sein hatten. Auf der Brücke des Staatsschiffs stand nach dieser Auffassung ein erfahrener Kapitän, Inkarnation der Staatsklugheit, umgeben von gleichfalls erprobten Schiffsoffizieren, welche Tag und Nacht allein von der Sorge um das Schiff, um dessen Passagiere und um das kostbare Frachtgut wachgehalten wurden. Daß dem Kapitän eine Besatzung unterstellt war, die alle Befehle mit gehorsamster Präzision ausführte, versteht sich von selbst.

Auch dies hat sich unter den Bedingungen pluralistischer Demokratie als eine schon im Ansatz irreale Annahme herausgestellt. Tatsächlich wird die an und für sich gebotene Aufmerksamkeit des jeweiligen Kapitäns für äußere Gefahren stets von der Furcht absorbiert, bei Meutereien unter den eigenen Schiffsoffizieren oder der Mannschaften von der Kommandobrücke gestoßen zu werden. Die Gegebenheiten sind noch viel komplizierter: Tag um Tag, Woche um Woche vollzieht sich ein nie enden wollender, demagogischer Machtkampf um die Sympathie der Passagiere des Traumschiffs. Diese sehen sich periodisch aufgerufen, in Wahlen darüber zu entscheiden, aus welcher Clique der rivalisierenden Schiffsoffiziere der Kapitän gewählt werden soll. Und wenn gerade einmal keine Wahlen stattfinden, ermitteln ständige Umfragen die Sympathiewerte und sorgen für Verunsicherung auf der Kommandobrücke. Im Prinzip sollen die Passagiere letztlich darüber befinden, wohin die Reise geht, was als Gefahr erkannt wird und wie den Gefahren zu begegnen wäre. Ein derartiges Traumschiff ist zwar nicht notwendigerweise dazu verurteilt, sich in ein Narrenschiff zu verwandeln. Doch die Gefahr besteht, daß alle für die Schiffsführung Verantwortlichen ihre ganze Aufmerksamkeit fast ausschließlich auf die Frage des Machterhalts konzentrieren, ohne noch den Gefahren der Ozeane – tückische Klippen, Stürme, Piraten und feindliche Schiffe – die gebührende Aufmerksamkeit zuzuwenden oder hinlänglich kritisch zu untersuchen, ob das schöne Traumschiff eigentlich noch seetüchtig ist.

Genug der Metaphern! Ernstfallvergessenheit, Primat der

Innenpolitik und Demagogie sind jedenfalls endemischen Strukturgegebenheiten moderner Demokratien. Gleichzeitig erinnern aber unvorhergesehene oder tatsächlich unvorhersehbare Gefahren periodisch daran, daß die Fortentwicklung der staatlich organisierten Großgesellschaften unter den Bedingungen der Globalisierung (so das Modewort) immer noch einer abenteuerlichen Fahrt über unheimliche Ozeane gleicht und daß das schöne Traumschiff, reisefreudige Pensionäre und spaßige Yuppies mit inbegriffen, wenn's schlecht geht, bei den Fischen landen könnte.

Es ist somit von Nutzen, die Erörterung einer Zwischenbilanz der sogenannten Berliner Republik in Würdigung solcher metaphorisch angedeuteter Strukturbedingungen zu diskutieren. Der Ortswechsel des politischen Personals, vieler Beamter, der Lobbyisten, der wesentlichen Botschaften und der medialen Berichterstattung von Bonn nach Berlin hat zwar einiges verändert, aber doch nichts Grundlegendes. Nach allgemeiner Auffassung ist besonders das Verhältnis zwischen der in der neuen Hauptstadt agierenden politischen Klasse zu den Journalisten der E-Medien sowie der Print-Medien anders geworden.

Und nachdem sich der seinerzeitige Traumschiff-Kapitän Helmut Kohl und die ihm gehorsamen Schiffsoffiziere voll Weitsicht dafür entschieden haben, die Hauptstadt in ein der bürgerlichen Gesellschaft strukturell ungünstiges Umfeld zu verlagern, in dem SPD und PDS tonangebend sind, müssen sich die weithin im Land zwischen Flensburg und Konstanz, Aachen und Görlitz Leistung erbringenden Bürger eben damit abfinden, daß die Gysis und die Wowereits sowie die entsprechenden Demonstrationszüge Abend für Abend über Gebühr Aufmerksamkeit finden, wenn sie in den Fernsehkanälen der Republik herumkaspern. Ob das bei psychisch schwächlich strukturierten Wählern langfristig furchtbedingte Gewöhnungs- und Anpassungsprozesse zur Folge haben wird oder ob es zu einem verärgerten Backlash führt, bleibt abzuwarten.

Alles in allem aber ist der Ortswechsel von Bonn nach Berlin derzeit alles andere als das Zentralproblem der Bundesrepublik Deutschland.

An diesem Punkt ist daran zu erinnern, daß nicht allein die auf der Kommandobrücke um den Kapitän gescharten Schiffsoffiziere oder ihre dorthin strebenden Rivalen ihren Zickzackkurs fahren, indem sie sich nach den Kurzzeitprognosen der Umfrage-Institute richten. Es finden sich auf dem Traumschiff auch unterschiedlichste Wissenschaftler und Intellektuelle, die willens und vielfach in der Lage sind, über den jeweiligen Aufenthaltsort, die Wetterverhältnisse, die Gefahren und den technischen Zustand des Schiffes relativ präzise Angaben zu machen, entsprechende Warnungen zu formulieren und Kurkorrekturen anzuempfehlen.

Auch diese unabhängigen Experten irren natürlich manchmal, oft aber haben sie auch recht. Da sie nicht wie die Angehörigen der politischen Klasse primär am Machterhalt interessiert sind, da sie auch nicht Gefangene der eigenen demagogischen Voraussagen sind und vielfach die Entwicklungen in Langzeitperspektive sehen, irren sie doch zumeist weniger als die Herren auf der Kommandobrücke. Doch selbst dort, wo sie die Entwicklungen unzutreffend voraussagten und falsche Empfehlungen gaben, lohnt es sich dennoch, ihre seinerzeitigen Lagebeurteilungen nachträglich zu analysieren. Das Studium intelligent formulierter Prognosen, denen genaue Beobachtungen der Ozeane oder der Leistungsfähigkeit des eigenen Schiffes zugrunde lagen, ist manchmal lehrreicher als die Analyse des Zickzackkurses, den Parteien und Regierungen unter den jeweiligen Kapitänen vorwiegend aufgrund ihrer Einschätzung der unablässig schwankenden Stimmungslage der Passagiere für angezeigt hielten.

Unter diesen Intellektuellen, die sich kurz vor Installierung der sogenannten Berliner Republik der Kursbestimmung des Traumschiffs Deutschland verschrieben hatten, gab es Anfang und Mitte der neunziger Jahre zwei angesehene Persönlichkeiten, deren Feststellungen verdiente Aufmerksamkeit fanden: Den frühverstorbenen, vielbetrauerten Johannes Gross und Arnulf Baring. Wer über die seltene Gabe verfügt, sowohl in den E-Medien *bella figura* zu machen als auch die eigene Lagebeurteilung in brillant formulierten Büchern und Essays zu verbreiten, ist allgemeiner Aufmerksamkeit sicher.

Beide haben sich damals der Kursbestimmung des Traumschiffs Deutschland von der Annahme des Ernstfalls her genähert. Vom Ernstfall her denken heißt: Die auf den Ozeanen manifesten oder verborgenen Gefahren stets in allererster Linie ins Auge zu fassen, zum zweiten zu prüfen ob das eigene Schiff den Gefahren gewachsen sein wird und im Zusammenhang damit die exzessive Fixierung der Regierungen, Parteien und Verbände auf den Machterhalt mit gebotener Skepsis registrieren. Wer also gegenwärtig fragt, welchen Kurs das Traumschiff Deutschland in den letzten Jahren der Bonner Republik und in den ersten vier Jahren der Berliner Republik gesteuert hat und wo das wohl enden könnte, nimmt mit Gewinn die Bücher der beiden zur Hand und verfertigt daraus eine Checkliste.

Von den vielen unvergeßlichen Veröffentlichungen aus der Feder von Johannes Gross, in denen er sich mit seinen lieben Deutschen befaßte, interessiert in unserem Zusammenhang sein letztes Buch. Gross hatte es mit bewundernswürdiger Zähigkeit der schweren Krankheit abgerungen, der er dann erlegen ist, und dem testamentarischen Essay den Titel gegeben: *Begründung der Berliner Republik,* Untertitel: *Deutschland am Ende des 20. Jahrhunderts.*[1]

Fast zur gleichen Zeit hatte auch Arnulf Baring, mit dem es das Schicksal glücklicher meinte, seine vielbeachteten Zeitdiagnosen publiziert. Auch er ist ein Fin-de-Siècle-Autor von zusehends umdüsterter Lagebeurteilung, wie schon aus den einschlägigen Titeln zu ersehen:

Unser neuer Größenwahn (1988)[2] (ein Buch aus dem letzten Jahr der »alten« Bundesrepublik), den Interview-Band *Deutschland, was nun?* (1991)[3] und schließlich die tief skeptische politökonomische Studie *Scheitert Deutschland? Abschied von unseren Wunschwelten* (1997).[4]

Trotz vieler Gemeinsamkeiten des Ansatzes und der Diagnose unterschieden sich die beiden. Temperamentsmäßig war Johannes Gross ein skeptischer Optimist. Arnulf Baring hingegen ist eher ein kämpferischer Pessimist, der aber nach der Devise lebt und schreibt: »Die Hoffnung stirbt immer zuletzt.« Auch ihre

Kursempfehlungen für das Traumschiff Deutschland waren letztlich unvereinbar.

Johannes Gross war beides: Ein Jünger Konrad Adenauers und Ludwig Erhards. Wie seinerzeit Adenauer hat auch er seine europapolitischen Zielvorstellungen aus der Kölner Perspektive konzipiert. In zunehmender Sorge über die Unkurierbarkeit der Deutschen sah er das einzige Heil in Europa. Die *Begründung der Berliner Republik* ist ein Manifest des Euro-Optimismus. So kann man bei ihm Sätze wie die folgenden lesen: »Im genauen und engen Sinne ist die nationale Geschichte Deutschlands mit der Wiedervereinigung zu Ende gekommen, ihre folgende wird die deutsche Geschichte in, mit und für Europa sein.«[5] Helmut Kohl, auf den Gross ansonsten keine allzu großen Stücke hielt, hätte das nicht nachdrücklicher formulieren können. Die Bundesrepublik habe die Aufgabe, »die Rolle eines Motors« zur Herstellung einer gemeinsamen Außenpolitik Europas zu spielen, »ebenso das Befördern der Währungseinheit«.[6] Und zwei Seiten später setzte er noch eins drauf: »So bleibt es die erste außenpolitische Aufgabe der Berliner Republik, den europäischen Block noch solider zu machen.«[7] Wesensmäßig war und blieb Johannes Gross ein Klein-Europäer, der ungeachtet des weltpolitischen Umbruchs unbeirrt an den Idealen der alten Sechsergemeinschaft festhielt.

Baring hingegen verstand und versteht es nicht als Unwerturteil, sondern in einem Zeitklima des unreflektierten Europäismus eher als Auszeichnung, wenn man ihn als Euroskeptiker bezeichnet. Er hält die *construction européenne,* wie man das in Frankreich nennt, für ein künstliches Großgebilde, das früher oder später der Gefahr zum Opfer fallen könnte, an den starken inneren Spannungen gleichzeitiger Erweiterung und Vertiefung sowie an den globalen Herausforderungen zu zerbrechen. Ganz besonders mißfiel ihm stets, daß der französische Schwanz es nie lassen will, mit dem europäischen Hund zu wackeln.

Während Gross 1995 dazu aufrief, Deutschland möge – dies allerdings sehr diskret – »mit Frankreich zusammen eine dem europäischen Interesse dienliche Führungsrolle übernehmen«[8], hatte Baring schon 1991, nicht ohne artiges Lob auf die Lebensqualität des schönen Nachbarlands (»habe ein kleines Bauernhaus dort, wo ich viele Ferien verbringe«) kühl bis ans Herz hinan formuliert, man müsse die politische Zusammenarbeit mit Paris nüchtern sehen, nicht sentimental: »Die Pariser *classe politique* hält die Vorrangstellung des eigenen Landes für so selbstverständlich, daß ihr das Übertriebene, das Unangemessene dieses Anspruchs gar nicht zum Bewußtsein kommt.«[9] Entscheidend aber für die Freiheit und alle gesicherten Gestaltungsmöglichkeiten deutscher Politik sei die NATO, sprich: das amerikanische Bündnis.

Der Kenner des außenpolitischen Diskurses in der Bundesrepublik Deutschland entdeckt in derartigen Auffassungsunterschieden unschwer den altbekannten Gegensatz frankophiler »Gaullisten« und anglophiler »Atlantiker«, wobei kulturelle, strategische und wirtschaftliche Präferenzen unentwirrbar verknäult sind.

Übereinstimmung bestand allerdings zwischen Gross und Baring bis in die Mitte der neunziger Jahre, als so vieles im Fluß war und vorentschieden wurde, in einem anderen Zentralpunkt. Gleich, ob das wiedervereinigte Deutschland eher für eine europäische Zukunft mit der EU als erstem Handlungsrahmen oder eher für Gleichgewichtspolitik mit starker Orientierung auf Amerika hin optierte – entscheidend war aus Sicht dieser beiden Bewunderer Ludwig Erhards die tiefgreifende Reform wirtschaftlicher und gesellschaftlicher Verkrustungen. Daß es damit trotz Dominanz des sogenannten bürgerlichen Lagers auch nach dem Machtwechsel 1982 nur zögerlich voranging, beunruhigte beide zunehmend. »Der deutsche Wohlfahrtsstaat besteht nicht nur weiter«, kritisierte Johannes Gross 1995 beim Blick auf die »unfinanzierbare Pflegeversicherung«, »... er dehnt sich bei gleichzeitigen Abstrichen einzelner Leistungen weiter aus«.[10] Das müsse, wenn die Schere sich weiter öffne, zu Konflikten und zum Scheitern führen. Es klang wie ein Echo darauf, wenn Arnulf Baring zwei Jahre später unter gründlicher Erörterung der polit-ökonomischen Faktoren seinerseits mit gewohnter Unverbindlichkeit diagnostizierte: »Das Scheitern dieser Republik ist möglich.«[11]

Seit Mitte der neunziger Jahre sind sieben kurze Jahre ins Land gegangen, vier davon unter rot-grüner Bundesregierung. Wer von den beiden hat den Gang der Dinge richtiger vorhergesehen? Liegen wenigstens einige der damals diagnostizierten Gefahrenzonen hinter uns? Gibt der Kurs des Traumschiffs zu weniger Sorgen Anlaß? Sind die äußeren Gefährdungen geringer geworden? Ist irgendeine der außenpolitischen Grundfragen verläßlich und dauerhaft gelöst?

Auf den ersten Blick hat es den Anschein, als seien die neuen Herren der Berliner Republik ähnlich wie zuvor die der Bonner Republik unter Helmut Kohl entschlossen, die Europäische Union als ersten und wichtigsten Handlungsrahmen deutscher Politik zu begreifen, was das Bestreben nicht ausschließt, die NATO und das amerikanische Bündnis als Rückversicherung zu begreifen. Dafür lassen sich viele Indizien nennen: die loyale Einführung der europäischen Währung (wenngleich, wie zu erwarten, ohne allzuviel Sorge vor Euro-Inflationierung), periodische Anläufe zur institutionellen Vertiefung der EU (allerdings nicht sehr weitgehend), Festhalten an dem prinzipiellen Ziel der Erweiterung um die ost-mitteleuropäischen Demokratien (bei recht großzügigem Wegsehen vom wirtschaftlichen Entwicklungsstand verschiedener Beitrittskandidaten und ohne Bereitschaft, der Öffentlichkeit über die Kosten reinen Wein einzuschenken), Streben nach außen- und verteidigungspolitischer Identität Europas (ohne freilich dafür die zusätzlichen Verteidigungsaufwendungen ins Auge zu fassen).

Bei näherem Zusehen zeigen sich allerdings Widersprüche und Divergenzen, wie sie in der deutschen Europapolitik von Zeit zu Zeit auftreten. In der SPD und bei den Grünen gab und gibt es die Integrationsfreunde der Toskana-Fraktion. Lafontaine, der sich selbst entmachtet hat und halb verzweifelt an einem Comeback bastelt, oder Joschka Fischer – im Grundsätzlichen liegen zwischen ihnen und integrationsfreudigen CDU-Politikern wie Helmut Kohl, Wolfgang Schäuble, Theo Waigel oder Friedrich Merz keine Welten, sondern bloß Parteigrenzen und Gegensätze bezüglich der sozio-ökonomischen Ausgestaltung der (so nannte das Walter Hallstein) als »unvollendeter Bundesstaat« begriffenen Europäischen Union.[12] Es ist kein Zufall, daß diese Spitzenpolitiker und mancher aus ihrem Gefolge aus dem deutschen Westen und Südwesten kommen. In gewissem Maße präformiert die regionale Orientierung immer noch die außenpolitischen Präferenzen.

Aber gibt es nicht auch so etwas wie eine typisch norddeutsche Europapolitik, für die ungeachtet seiner chamäleonartigen Wesensart alles in allem eben doch ein Bundeskanzler wie Gerhard Schröder steht? Gewiß kann und will auch er und manche seinesgleichen sich nicht aus dem komplizierten Integrationssystem der Europäischen Union herauswinden. Doch die Eingriffe der Brüsseler Kommissare in die deutsche Wirtschafts- und Finanzpolitik sind ihm ein Greuel. Der Stabilitätspakt, der dazu bestimmt ist, die Evolution von Euroland zur Inflationsgemeinschaft zu verhindern, ist ihm offenbar lästig. Den Gestaltungsanspruch und das institutionelle Gewicht der Klein- und Mittelstaaten Europas schätzt er nicht besonders. Von der Mystik der deutsch-französischen Freundschaft zeigt er sich nicht allzu tief ergriffen, sieht sich hingegen periodisch versucht, mit dem thatcheristischen Neo-Phyten Tony Blair von New Labour an der Seite Englands einen »dritten Weg« zu beschreiten.

Wie es die neuen Herren der Berliner Republik mit jenen klassischen Großmächten – die USA und Rußland – halten wollten, die nach wie vor autonom agieren und um Unterstützung der Bundesrepublik werben, ist immer noch unentschieden. Seit 1991, als die Europäische Union im Vorgriff auf eine gemeinsame Außen- und Sicherheitspolitik im zerfallenden Jugoslawien als friedensstiftende Ordnungsmacht tätig werden wollte, hat zwar auch in Bonn und später in Berlin das Bestreben nie nachgelassen, »Europa« als Substitut für eine nicht mehr finanzierbare, machtpolitisch und moralisch nicht mehr darstellbare Weltpolitik der einzelnen abgestiegenen Großmächte Europas zu konzipieren. Doch wieder und wieder hat sich »Europa« dann, wenn es militärisch hart auf hart gehen mußte, als Papiertiger erwiesen. Gewiß haben die Regierungen der EU nach jahrelangen Mißgriffen schließlich mit viel Überredungskraft, mit viel Geld, auch durch verdeckte Einflußnahme in Bosnien-Herzegowina, im Kosovo, in Mazedonien, auch in Montenegro und letzthin in Serbien zur Beruhigung der Lage beigetragen, doch dies eben doch erst, nachdem die USA ihre überlegene Militärmacht zum Einsatz gebracht hatten.

Tatsächlich läßt die Rußlandpolitik Gerhard Schröders, doch auch die im Kosovo-Krieg sowie nach dem 11.September 2001 demonstrierte Gefolgschaftstreue zu den Vereinigten Staaten, deutlich erkennen, daß in seiner Gestalt ein Bundeskanzler große Politik macht, dem die Idee eines Konzerts der Großmächte eher einleuchtet als der ehrgeizige Plan des Quai d'Orsay und der Brüsseler Eurokraten, die EU – mit Johannes Gross zu sprechen – »zu einer Führungsmacht mit gleichberechtigter Mitentscheidung in Weltfragen werden zu lassen«.[13]

Unter Bezugnahme auf Helmut Kohl und dessen Koalition hatte Arnulf Baring 1997 kritisch vermerkt: »Wir lavieren zwischen Washington und Paris wie eh und je. Mehr und mehr aber folgen wir lieber einer offenbar emotional bestimmten Option für Frankreich.«[14] Das mag für das Auswärtige Amt weiterhin zutreffen, aber gilt es wirklich für Schröder, der immer, wenn es ernst wurde – 1999 beim Luftkrieg gegen Jugoslawien, 2001 beim Afghanistan-Krieg – der amerikanischen Führungsmacht folgte, übrigens sekundiert von dem einhundertfünfzig-prozentigen Europäer Joschka Fischer?

Tatsache ist jedenfalls, daß seit 1998 im Verhältnis zu Frankreich trotz mancher Reparaturbemühungen eine spürbare Abkühlung eingetreten ist. Das hat viele Gründe – die weltpolitischen Entwicklungen, die lähmende Kohabitation in Paris, unsubtiles Auftreten Chiracs auf verschiedenen europäischen Gipfeln, Eigenwilligkeiten deutscherseits und eben der generelle Umstand, daß die französischen Ambitionen in einer größer werdenden Europäischen Union und gegenüber dem größer gewordenen, jetzt viel günstiger plazierten Deutschland zunehmend unrealistischer werden.

Von einer reifen weltpolitischen Rolle Deutschlands kann allerdings heute, nach vier Jahren sogenannter Berliner Republik, genauso wenig die Rede sein wie Mitte der neunziger Jahre, als die Publizisten Johannes Gross und Arnulf Baring auf die entsprechenden Ungereimtheiten hinwiesen. Das gilt nicht zuletzt in bezug auf das Thema Bundeswehr und Bundeswehreinsätze im Bündnis.

Über drei Jahrzehnte hinweg war der spöttische Realpolitiker Johannes Gross nicht müde geworden, das gebrochene Verhältnis der bundesdeutschen Politik und Öffentlichkeit zur Bundeswehr sarkastisch zu glossieren. Er ging dabei von einer Beobachtung aus, der sich wenig entgegenhalten ließ: »Das Ideal der Deutschen ist die vollkommene Harmlosigkeit.«[15] 1967 – im Todesjahr Adenauers und kurz nach dem Sturz Ludwig Erhards – konnte man bei ihm lesen: »Überall würde die Armee, die bewaffnete Macht zum Kern des politischen Establishments zählen ... Die Bundesrepublik empfindet den Zustand nicht als unbefriedigend oder anomal, daß eher noch Gewerkschaften und Gewerkschaftsführer zur politischen Klasse gehören als die Militärs; die öffentliche Meinung sieht darin Demokratisches.« Und er fuhr fort: Die Bundeswehr ist »dem Publikum als Demonstration der Möglichkeit existentieller Bedrohung unwillkommen und unbequem«.[16] Als stehendes Heer sei sie für einen Krieg gerüstet, »den es nicht gibt«.[17] So1che Feststellungen waren zwar essayistisch zugespitzt und entsprechend übertrieben, besaßen aber doch einen wahren Kern.

Daß sich diese durchgehende Grundeinstellung verstärkte, nachdem die russischen Armeen weit hinter die Pripjet-Sümpfe und bis vor die Tore Sankt Petersburgs zurücktransportiert worden waren, konnte niemanden erstaunen. 1994, als Gross die Feder zu seinem letzten Buch niederlegte, war die wahrheitswidrige Behauptung aufeinanderfolgender Bundesregierung eben erst vom Bundesverfassungsgericht widerlegt worden, das Grundgesetz verbiete einen Out-of-area-Einsatz der Bundeswehr. Damals begann die bis heute noch nicht abgeschlossene Phase ungeplanter, jeweils von den Umständen erzwungener und jeweils mit emotional-humanitärer Begründung legitimierter Entsendung der Bundeswehr im Bündnisverbund in die unterschiedlichsten

Krisengebiete. Eben hatte sich Deutschland bei einem unter restriktivsten Bedingungen vorgenommenen Einsatz der Bundeswehr in Somalia blamiert, zögerte aber noch, die gleichfalls seit Jahren blamable Zurückhaltung gegenüber den Greueln in Bosnien-Herzegowina aufzugeben. Nicht ohne Grund warnte Gross damals schon davor, daß »medienerzeugte Bereitschaft zum Engagement«[18] zu nicht eben wohlüberlegtem Handeln führen würde. Schon damals begann sich – erst in Bonn, dann in Berlin – auch die Tendenz deutlich abzuzeichnen, den Verteidigungsetat als eine Art Sparschwein zur Finanzierung der Transferleistungen in die neuen Länder und des gefräßigen Sozialstaats zu betrachten. Daran hat sich nichts geändert.

Heute, nach vier Jahren »Berliner Republik«, sind Bundeswehreinheiten über verschiedene der zu Protektoraten gewordenen Regionen des früheren Jugoslawien, am Horn von Afrika und in Afghanistan zerstreut. Jeder Einzeleinsatz folgt zwar einer durchaus nachvollziehbaren bündnispolitischen Logik, ist auch humanitär begründbar oder folgt den Appellen jener internationalen Organisationen, an deren Wünschen sich die Bundesrepublik ausrichtet oder dies wenigstens behauptet. Die Gesamtheit der Einsätze ist jedoch planlos. Das erhellt auch der Umstand, daß die Bundeswehr strukturell unterfinanziert ist. Der Verteidigungsminister lebt von der Hand in den Mund, und die gewachsene Verantwortung beim internationalen Ordnungsstiften führt keineswegs zur Bereitschaft, den Streitkräften die nötigen Mittel zur Verfügung zu stellen. Auf dem Traumschiff gilt nach wie vor der Grundsatz, daß zum Zweck eines militärisch unterfütterten Friedensschaffens in einer mehr und mehr aufgewühlten Welt an den Schlemmereien, Unterhaltungsprogrammen und an den aufwendigen Ausflügen zu exotischen Gestaden keinesfalls gespart werden darf. Dies wäre, so heißt es, ein Schlag ins Gesicht aller gewerkschaftlich organisierten Arbeitnehmer, der Arbeitslosen, der Alleinerziehenden, der Rentner oder der fröhlichen Singles und würde zur sozialen Schieflage des Traumschiffs führen. Zwar sieht sich dessen Kapitän von außen her oder von humanitär sensibilisierten, wenngleich ganz unsoldatischen Passagieren periodisch dazu aufgerufen, einige wenig kampferprobte und wenig kampfgerüstete Matrosen in die Händel an irgendwelchen Piratenküsten zu entsenden, und er tut das auch, wenngleich wohlwissend, damit auf längere Sicht wenig ausrichten zu können. Großer Ernst ist aber nicht bei der Sache und weitreichende Überlegung auch nicht.

Die Berliner Republik plant in diesem Punkt nicht, sondern sie handelt. So läßt man sich auf eine improvisierte Weltpolitik ein, die der Öffentlichkeit gegenüber unzulänglich begründet ist, die viel kostet, wenig bewirkt und stets in der Gefahr steht, daß sie blamabel endet. »Die ganz normale Anarchie« hat Jürgen von Alten den Zustand genannt, in den die Welt-Staatengesellschaft nach dem Ende des kalten Krieges hineingeraten ist.[19] Bisher hat die Berliner Republik keine Gelegenheit ausgelassen, die Aufgaben ihrer Streitkräfte zu überdehnen, ohne aber bereit zu sein, sie entsprechend auszurüsten und mit langem Atem umzuorganisieren. Mußte man früher die überängstliche Zurückhaltung der Bundesregierung gegenüber Militäreinsätzen im Bündnis kritisieren, so gibt jetzt der ungedeckte Aktionismus Anlaß, sehr kritische Fragen zu stellen. Dies um so mehr, als sich die Bundesregierung dazu verpflichtet hat, im EU-Rahmen eine neue, naturgemäß kostspielige Großorganisation zur militärisch gestützten Krisenbewältigung rasch in Angriff zu nehmen. Wollen und Können, Selbstverpflichtungen und Implementation kommen schon längst nicht mehr zur Deckung.

Wie alarmierend schließlich der Zustand der deutschen Wirtschaft, der öffentlichen Haushalte und der Sozialsysteme eingeschätzt werden muß, ist bekanntlich politisch umstritten. Bewegte Klagen über das strukturkonservative Festklammern von großen Teilen der politischen Klasse und der Wählerschaft an lieben, aber nicht mehr zeitgemäßen Gewohnheiten, ist von seiten liberaler Kritiker seit einem Vierteljahrhundert zu vernehmen. In dieser Hinsicht spricht Arnulf Baring bis zum heutigen Tag jene Verkrustungen an, die Johannes Gross zeitlebens thematisiert hat. In der Hoffnung auf einen neuen Ludwig Erhard, der sich allerdings nicht zeigen wollte, hatte er im Jahr 1997 kurz vor Abwahl der ausgelaugten CDU/CSU/FDP-Regierung die Misere ziemlich deprimiert mit den folgenden Worten beschrieben: »Unsere Lage heute ähnelt in mancher Weise der Situation vor einem halben Jahrhundert, als sich Ludwig Erhard daranmachte, das am Boden liegende Deutschland im Westen wirtschaftlich wieder auf die Beine zu bringen. Heute wie damals geht es um einen völligen Systemwechsel.«[20]

In der Zwischenzeit sind die Ergebnisse des neuen Kurses von Kapitän Gerhard Schröder und seiner rosarot-grünen Bordoffiziere zu studieren. Im nachhinein muß man Helmut Kohl und seinen Getreuen doch manches abbitten, denn das Land zeigt sich gegenwärtig noch verkrusteter und schwungloser als in der finalen Phase der Bonner Republik. Damals setzte so mancher, der beobachtet hatte, wie die Reformen in Australien, Neuseeland oder Schweden von gewendeten Sozialdemokraten initiiert oder weitergeführt wurden, gewisse Erwartungen in Gerhard Schröder. Auch das Beispiel von New Labour im Vereinigten Königreich ließ hoffen. Gab es nicht Grund zur Hoffnung, daß sich auch ein deutscher Sozialdemokrat als weitsichtig, grundsatzlos und grob genug erweisen würde, den Traditionskompanien im eigenen Lager »Rechts-schwenkt-marsch!« zu kommandieren, sie eisern in dieser Richtung weiterziehen zu lassen und die Grünen an die Wand zu spielen?

Doch Schröder hat enttäuscht. Nach den ersten reformerischen Ansätzen hat sich dieser Kanzler der »neuen Mitte« wieder unter das Joch der IG-Metall und von Verdi gebeugt, unwillig, so darf man annehmen, aber mit der bekannten Beweglichkeit eines Wetterhahns. Wer im rosarot-grünen Regierungslager neben ihm oder unter ihm die nach wie vor verkrustete Industriegesellschaft der Deutschen aus den über Jahrzehnte hinweg von der Politik festgezurrten Fesseln befreien könnte, ist nicht zu erkennen. Deutschland, das Besseres verdient hätte, wird seine Konservativen nicht los.

Seinerzeit, als die Regierung Helmut Kohls mit ihren Ideen und mit ihrer Kraft sichtlich am Ende war, schrieb Baring »Warten auf die Wende« und ließ sein alarmierendes Buch unter Verwendung eines Zitats des preußischen Reformers Hardenberg in dem Ruf ausklingen: »Zeit ist nicht zu verlieren.«[21]

In der Zwischenzeit sind weitere fünf Jahre verlorengegangen, und das Land steht schlechter da als damals. Die sogenannte Berliner Republik ist zwar gegründet, doch bezüglich der überfälligen sozio-ökonomischen Reformen verbindet sie sich bisher nur mit den Begriffen »Reformankündigung«, »Reformrücknahme« und »Reformstillstand«. Was die Bedeutung des Wechsels der Hauptstadt angeht, so hat sich im Hinblick auf diese ganz evidente Gefahrenzone, in der das Traumschiff Deutschland manövriert, durch den Regierungsumzug von Bonn nach Berlin überhaupt nichts geändert. Das Steuerruder scheint irgendwie festgeklemmt.

Nun richten sich die Blicke erneut auf die Parteien des sogenannten bürgerlichen Lagers. Wird sich Edmund Stoiber, so er obsiegt, die Erfahrungen der Jahre 1982-1998 zur Lehre dienen lassen? Damals hatten die über Deutschlands Niedergang recht beunruhigten Passagiere der neuen Mannschaft verschiedentlich ein Mandat zum entschiedenen Kurswechsel gegeben. Verändert wurde zwar einiges, aber nicht rechtzeitig und nicht genug. Ein neuer Ludwig Erhard ist damals nicht aufgetreten. In der Massendemokratie bedürfen Reformkonzepte aber auch der Personalisierung. Hat Lothar Späth nunmehr das Zeug dazu? Würde er seinen zahlreichen Büchern und Fernsehauftritten auch Taten folgen lassen?

In der *Begründung der Berliner Republik* hatte Johannes Gross 1995 konstatiert: »Das halbe Jahrhundert der für die Westdeutschen glücklichsten Epoche deutscher Geschichte hat eine Mentalität wachsen lassen, die kaum noch wahrnimmt, daß es existentielle Bedrohungen gibt, daß Krieg und Pestilenz zum Leben gehören und selbst dieses Deutschland treffen könnten, das sich von den Fährnissen der Geschichte abgeschieden wähnte.«[22] Der Leichtsinn hat sich bisher in der sogenannten Berliner Republik nicht merklich abgeschwächt. Nachdem die Erschütterungen des 11. September 2001 schon wieder in einer fernen Vergangenheit versinken, konstatieren die unendlich ruhebedürftigen Deutschen, daß sich wenigstens nicht mitten in Deutschland ein gräßlicher Massenmord ereignet hat, und wenden sich wieder von den äußeren Gefahren ab. Die politische Klasse spürt das mit untrüglichem Instinkt und setzt darauf, daß sich auch die psychologische Beunruhigung wieder legen wird. Desgleichen wollen es große Teile der politischen Klasse, die Verbände, die Kirchen und eine Mehrheit der Wähler nicht hören, daß die Turbinen des Traumschiffs nicht mehr sicher arbeiten. Solange es noch irgendwie und irgendwohin weitergeht, vertraut man gerne den läßlichen Kapitänen, die fröhlich ausrufen: »Weiter so, Deutschland!« Kritische Geister wie Johannes Gross, Arnulf Baring und das wackere Häuflein liberaler Ökonomen sehen sich dazu verurteilt, den Jeremias zu spielen.

In einem seiner letzten, von Pessimismus durchtränkten Aufsätze hat Johannes Gross eine beunruhigende Frage aus der *New York Times* erwähnt. Clinton hatte auf dem Nominationsparteitag der amerikanischen Demokraten großspurig angekündigt, er werde das amerikanische Volk ins 21. Jahrhundert führen, was von der *Times* mit der skeptischen Feststellung kommentiert wurde: »Wer will da eigentlich hin? Das 20. Jahrhundert war doch schon schlimm genug.«[23]

Werden also künftige Kapitäne wirklich dazu disponiert sein, sich an die Katastrophen verschiedenster Demokratien im 20. Jahrhundert zu erinnern, die dem Ernstfall nicht rechtzeitig vorgebaut hatten? Daß es im 21. Jahrhundert wie gehabt weitergehen wird, zeigt derzeit der Beispielfall Argentinien. Ist das Erschrekken wirklich schon tief ins Bewußtsein der politischen Klasse gedrungen, daß ohne eine scharfe Kurskorrektur und ohne gründliche Überholung im Innern auch das Traumschiff Deutschland scheitern könnte? Und wie würden die Passagiere darauf reagieren, sollte ein neuer Kapitän tatsächlich ernst machen? Solche Fragen stellen sich im Jahr 2002 genauso wie sie sich bereits Mitte der neunziger Jahre aufdrängten. Doch sie sind ebenso ungelöst wie damals – sogenannte Bonner oder Berliner Republik hin oder her.

Anmerkungen

1 Johannes Gross, Begründung der Berliner Republik. Deutschland am Ende des 20. Jahrhunderts, Stuttgart 1995
2 Arnulf Baring, Unser neuer Größenwahn. Deutschland zwischen Ost und West, Stuttgart 1988
3 Arnulf Baring, Deutschland, was nun? Ein Gespräch mit Dirk Rumberg und Wolf Jobst Siedler, Berlin 1991
4 Arnulf Baring, Scheitert Deutschland? Abschied von unseren Wunschwelten, Stuttgart 1997
5 Johannes Gross, Begründung der Berliner Republik, S. 135
6 ibd., S. 141
7 ibd., S. 143
8 ibd., S. 137
9 Arnulf Baring, Deutschland, was nun?, S. 146
10 Johannes Gross, Begründung der Berliner Republik, S. 50
11 Arnulf Baring, Scheitert Deutschland? S. 115
12 Walter Hallstein, Der unvollendete Bundesstaat. Europäische Erfahrungen und Erkenntnisse, Düsseldorf 1969
13 Johannes Gross, Begründung der Berliner Republik, S. 134
14 Arnulf Baring, Scheitert Deutschland? S. 142
15 Johannes Gross, Die Deutschen, München 1971 (1967), S. 7
16 ibd., S. 188
17 ibd., S. 194
18 Johannes Gross, Begründung der Berliner Republik, S. 131
19 Jürgen von Alten, Die ganz normale Anarchie. Jetzt erst beginnt die Nachkriegszeit, Berlin 1994
20 Arnulf Baring, Scheitert Deutschland? S. 321
21 ibd., S. 328
22 Johannes Gross, Begründung der Berliner Republik, S. 125
23 Johannes Gross, „Blick in demnächst vergangene Zukunft“, in: Peter R. Weilemann u.a., Hrsg., Macht und Zeitkritik, Festschrift für Hans-Peter Schwarz zum 65. Geburtstag, Paderborn 1999

III. EXTERIEUR

Bonns Außenpolitik
Rückblick auf eine Epoche

Es war nach der Wiedervereinigung nicht nur richtig, die Bundeshauptstadt von Bonn nach Berlin zu verlegen, es war unvermeidlich und, im historischen Rückblick, auch nur logisch. Am 10. Mai 1949 war Bonn mit verhältnismäßig knapper Mehrheit (33 Stimmen für Bonn, 29 Stimmen für Frankfurt am Main) im Parlamentarischen Rat zur provisorischen Hauptstadt der entstehenden Bundesrepublik Deutschland geworden, deren höchstes nationales Ziel die Wiedervereinigung mit den Deutschen der »Ostzone« war.

Erst vierzig Jahre später hatte sie das Ziel erreicht. Damit war sie erwachsen, und es war an der Zeit, aus der provisorischen Hauptstadt in die endgültige umzuziehen, die ihrer Geschichte und inzwischen gewonnenen internationalen Statur angemessen war. Verwunderlich ist nur, daß lange ungewiß blieb, wie der Bundestag entscheiden würde und daß er schließlich trotz der überzeugenden und mitreißenden Rede Schäubles keineswegs mit überwältigender, sondern wiederum nur mit knapper Mehrheit (338 Abgeordnete für Berlin, 320 für den Verbleib in Bonn) für den Umzug stimmte. Das Kind, erwachsen geworden, wollte das bequeme Elternhaus nicht verlassen. Es traute sich nicht.

Vier Jahrzehnte lang waren sich alle Parteien des Bundestags darin einig gewesen, daß Berlin die eigentliche deutsche Hauptstadt sei, wenn sie diese Funktion unter den obwaltenden Umständen auch nicht ausüben konnte, und daß Berlin in einem wiedervereinten Deutschland natürlich nicht nur formell, sondern auch tatsächlich wieder Hauptstadt sein werde.

Hauptargument für die Wahl Bonns als dem vorläufigen Regierungssitz der ersten Bundesrepublik Deutschland ist gewesen, daß diese Stadt historisch, politisch, kulturell und wirtschaftlich verhältnismäßig unauffällig war, so daß dieses Provisorium, wenn eines Tages Berlin die Alternative werden sollte, nie den Anspruch erheben konnte, Kapitale zu bleiben. Bei Frankfurt am Main wäre man da nicht so sicher gewesen. Um den provisorischen Hauptstadtcharakter Bonns stets vor Augen zu haben, brachte die SPD ihre Parteizentrale für die Zeit bis zur Wiedervereinigung in der »Baracke« unter. Und um den Anspruch Berlins als eigentlichen Sitz der Legislative zu begründen, wurde das alte Reichstagsgebäude so weit hergerichtet, daß der Bundestag darin gelegentlich und auch gegen sowjetische Proteste und ungeachtet der Belästigung durch den Lärm sowjetischer Flugzeuge tagen konnte.

Als aber mit der Wende die Stunde der Wahrheit kam, hatten viele die Schwüre der vergangenen vierzig Jahre vergessen. Sie hatten sich bequem eingerichtet. Der Streit und der eiserne Schritt der Weltgeschichte waren in der provinziellen Enge Bonns nur gedämpft vernehmbar. Dramatische existentielle Entscheidungen wurden von der Bonner Regierung nicht erwartet, und als Kohl und Genscher sie im Jahr 1989 dennoch trafen, hatte Bonn ja bewiesen, daß es auch solchen Situationen gewachsen war. »Et hätt ja noch immer jot jejange.« Wozu also umziehen? Und schließlich: Wer soll das bezahlen? Wer hat soviel Geld?

Außerdem fürchteten manche, Berlin, die unheimliche Großstadt, werde auch den Stil der deutschen Politik ändern, die Regierung könnte in ihren Zielen weiter ausgreifen und sich damit Risiken aussetzen. Sie zogen daher die ruhigere alte politische Gangart vor nach dem Motto: Die Bundesrepublik Deutschland – ein wirtschaftlicher Riese, aber ein politischer Zwerg.

Die Geburt der Bundesrepublik hatte sich lange hingezogen. Nur zögernd gaben die drei Westmächte der ersten deutschen Regierung seit dem Jahr 1945 mehr Freiraum für eigene politische Entscheidungen. Um Kritik bei ihrer eigenen Bevölkerung über zu großzügige Behandlung des eben erst geschlagenen Feindes zu vermeiden, suchten sie jedes Zugeständnis als endgültiges Entgegenkommen darzustellen, während Adenauer darauf bedacht war, diesen Freiraum stetig auszuweiten.

Schon in den ersten Monaten seines Bestehens hatte das gerade entstandene Staatswesen den Anspruch auf Souveränität angemeldet. Als die drei Hochkommissare im November 1949 dem erst vor kurzem gewählten Bundeskanzler Adenauer feierlich auf einem Teppich stehend das Protokoll des Petersburger Abkommens überreichen wollten, verließ er das Parkett und gesellte sich zu ihnen auf den Teppich. Er selbst sah das verschmitzt als kleinen symbolischen Akt an: Er wollte das Protokoll nicht als Befehlsempfänger auf dem Parkett stehend, sondern als gleichgeachteter Verhandlungspartner entgegennehmen. Erst im Mai 1955, nach den Pariser Verträgen, wurde die Bundesrepublik als souveräner Staat Mitglied der NATO, gleich den anderen Bündnispartnern, die aber etwas gleicher waren. Sie blieb jedoch weiterhin und für Jahrzehnte der Patient der Allianz, der ein unsaturiertes amputiertes Staatswesen war, das Heil und Heilung in der Wiedervereinigung beanspruchte. In der Regel wurde sie zwar im Bündnis korrekt behandelt, aber manchmal gab man ihr doch deutlich und hart zu verstehen, daß die Ostpolitik der Alliierten durch die deutsche Teilung nicht blockiert werden dürfe und daß wir auf diesem Anspruch nicht insistieren sollten.

Unsere Außenpolitik, für die von Mitte 1955 an das Auswärtige Amt unter Brentano zuständig war, obwohl Adenauer sich noch lange alle wichtigen Entscheidungen vorbehielt, war sachlich, vernünftig und maßvoll. Sie vermied übereilte Entscheidungen, große Projekte und Pläne und betrieb jahrzehntelang eine Politik der kleinen Schritte, ganz im Einklang mit der öffentlichen Meinung, die gut Freund mit aller Welt sein wollte. Überrascht und unruhig waren die Bürger und die Medien nur, wenn sie sehen mußten, daß uns das trotz des frommen deutschen guten Willens nicht immer gelang, wenn zum Beispiel unsere Israel-Politik uns in Konflikte mit den arabischen Staaten brachte.

Im Rat der Großmächte hatte die Bonner Regierung in ihren ersten beiden Jahrzehnten Alleingänge vermieden. Aus vielen Gründen: unter dem Eindruck von der deutschen historischen

Schuld etwa. Oder weil der Wahlaufruf »Keine Experimente!« der CDU 1957 aus dem Herzen der westdeutschen Wähler kam; aber auch aus Furcht, Washington könne, wenn wir in dieser oder jener Richtung von der allgemein akzeptierten Linie der USA oder der Allianz abwichen, sich über unseren Kopf hinweg mit Moskau einigen und uns allein lassen: lange Zeit Adenauers Alptraum.

Ihm ging es in erster Linie darum, die Freiheit und Sicherheit der Bundesrepublik Deutschland zu bewahren, die Kriegsschäden zu beseitigen, den wirtschaftlichen und politischen Zusammenschluß der europäischen Nachbarn zu fördern und auf eine Wiedervereinigung in Freiheit hinzuarbeiten. Er hatte sich, nicht ohne Widerspruch in den eigenen Reihen, für den Westen entschieden, stellte eine, von heute aus gesehen, respektable Bundeswehr zur Verteidigung im Bündnis auf, und die Bundesrepublik wuchs unter dem militärischen und politischen Schirm der NATO sicher und gewann an Gewicht.

Über die Wiedervereinigung Deutschlands entschieden freilich nicht Bundesrepublik und DDR, sondern die für Deutschland als Ganzes zuständigen Siegermächte, und in den Konferenzen darüber saß die Bundesrepublik Deutschland, so souverän sie sich mit der Zeit auch fühlte, am Katzentisch. Bonn wurde außenpolitisch erst langsam erwachsen.

Das Verhältnis der Bonner Regierung zu den Vereinigten Staaten kann man – je nachdem – Schulterschluß oder Laufen am Gängelband nennen. Kleine Versuche zu Emanzipation oder gar Widersetzlichkeit gegen den großen Alliierten hat sich Bonn in den ersten beiden Jahrzehnten zwar gelegentlich geleistet, aber im entferntesten keine Kontroversen wie Frankreich. Die konnte sich die Bundesregierung auch nicht leisten, weil sie in allem, was Berlin, die Deutschlandfrage und die militärische Sicherheit betraf, von den Vereinigten Staaten abhängig war. In der Theorie natürlich ebenso auch von Frankreich und Großbritannien, aber wenn die DDR sich einen Übergriff, eine Schikane, eine Verkehrssperre oder dergleichen erlaubte, konnte Bonn sich nur auf die prompte Reaktion Washingtons verlassen.

Ein Verdienst der Bonner Regierung war es, daß sie trotz französischer Alleingänge, die nicht im Sinne der Allianz waren, nie vergaß, daß eine enge deutsch-französische Zusammenarbeit für Fortschritte zur Europäischen Union unerläßlich und eine Klammer für die Beziehungen zwischen Paris und der Allianz war, wenn diese Aufgabe Bonn manchmal auch zu einem Spagat zwang und zu offen oder verdeckt ausgetragenen Kämpfen in der deutschen Innenpolitik zwischen »Gaullisten« und »Atlantikern« führte.

Es war nie leicht, in der Allianz eine allseits ernsthaft akzeptierte und überzeugte Antwort auf die »deutsche Frage«, das heißt auf den deutschen Wunsch nach Wiedervereinigung zu finden. Die sogenannte Hallstein-Doktrin, mit der die Bundesrepublik die DDR international isolieren wollte, zwang auch unsere Bündnispartner ihre Beziehungen zur DDR den Stipulationen dieser Doktrin anzupassen, wurde von ihnen aber bald und immer stärker als Belastung empfunden. Die Flucht von Hunderttausenden aus der »Ostzone«, der Bau der Mauer, das Berlin-Ultimatum Chruschtschows, die nie aufhörenden Konflikte bewiesen, daß die deutsche Frage gelöst werden mußte, wenn man ein erträgliches Verhältnis zwischen Ost und West herstellen wollte.

Die Hallstein-Doktrin, eine professorale Erfindung, erwies sich schon nach wenigen Jahren als untaugliches Mittel, in der »deutschen Frage« Fortschritte zu machen oder gar sie zu lösen. Bundesaußenminister Gerhard Schröder begann daher schon im Jahr 1961 diese Doktrin beiseitezuschieben und amtliche Beziehungen zu den osteuropäischen Staaten aufzunehmen – gegen ständigen Widerstand in seiner eigenen Partei.

Bundeskanzler Brandt ging weiter. Er hatte nicht mehr das Gefühl, daß die Sowjetunion den Westen bedrohe, obwohl das sowjetische militärische Potential keineswegs geringer geworden war, und er glaubte, in unmittelbaren Verhandlungen mit der Sowjetunion, auch ohne Vermittlung und Beteiligung der USA, Frankreichs oder Großbritanniens mit ihrer besonderen Verantwortung für Deutschland als Ganzes, zu einem modus vivendi mit Moskau kommen zu können. Bonn war aus den Kinderschuhen herausgewachsen und glaubte, seinen Weg allein gehen zu können.

Die große Vision der Wiedervereinigung aller Deutschen in einem Staat, anfangs oft beschworen, war im Laufe der Jahrzehnte jedoch verblaßt. Die Menschen der Bundesrepublik Deutschland hatten sich in ihrem Staat eingerichtet, und eine große Änderung, womöglich eine Wiedervereinigung mit der DDR und Kompromisse mit dem System des Arbeiter- und Bauernstaats war für viele ein riskantes Unternehmen. Willy Brandt nahm zu Recht an, daß der Widerstand in der Öffentlichkeit gering sein würde, wenn er auf Anerkennung der DDR als eines zweiten deutschen Staates hinarbeitete. Er strebte keine Wiedervereinigung aller Deutschen in einem Staat an, hielt vielmehr noch Ende 1988 die Hoffnung darauf für die »Lebenslüge der Bonner Republik«, und für Egon Bahr war zur gleichen Zeit das Streben nach der Wiedervereinigung »objektiv und subjektiv Lüge, Heuchelei, politische Umweltverschmutzung«.

Sie hatten geglaubt, wenn die Existenz eines zweiten deutschen Staates auch von den Deutschen, der Allianz und den Vereinten Nationen anerkannt werde, gebe es kein deutsches Problem mehr, das die Entspannung zwischen Ost und West beeinträchtige. In der SPD schienen fortschrittliche Geister sogar auf eine langsam sich anbahnende Konvergenz der politischen und wirtschaftlichen Systeme von Ost und West zu hoffen. Die Sozialisten waren schon immer Theoretiker, schon vor Karl Marx; den Menschen pflegten sie zu vergessen. Er hatte sich ihren Vorstellungen anzupassen. Sie erinnerten sich seiner erst wieder, als sie den Ruf »Wir sind ein Volk« nicht mehr überhören konnten.

Die staatsrechtliche Konstruktion des Grundlagenvertrags, mit der Helmut Schmidt ohne Begeisterung und Helmut Kohl widerstrebend leben mußten, hielt nur wenige Jahre. Die Deutschen in der DDR hielten nichts von dem Versuch, das deutsche Volk für immer in zwei Staaten mit verschiedenen politischen Systemen unterzubringen.

Hans-Dietrich Genscher sah ebenfalls in der Zwei-Staaten-Konstruktion keine endgültige Lösung. Er war in den vergangenen Jahren oft in der DDR gewesen, aber nicht zu Treffen mit SED-Parteifunktionären, wie sie bei Politikern oder Gewerkschaftlern der Bundesrepublik immer beliebter wurden, sondern um seine Heimat in Halle an der Saale zu besuchen. Als erster unter den Außenministern des Westens hatte er erkannt, daß sich unter Gorbatschow die sowjetische Politik in allen ihren Aspekten grundsätzlich zu ändern begann, daß sie sich von den seit Lenin und Stalin geltenden Prinzipien abwandte, kurz: daß sich, wie man heute sagt, ein Paradigmen-Wechsel ereignet hatte und mit Gorbatschow und Schewardnadse eine neue Ära im Ost-West-Dialog begonnen habe. Man vernahm das in Washington – und nicht nur dort – mit großer Skepsis. Man nannte diese gewagten Thesen »Genscherismus« und mißtraute ihnen tief. Es dauerte lange, bis man sich von ihnen überzeugen ließ.

Dennoch hätte der neue, auf die Grundlagen zielende Dialog mit Moskau nicht die Wiedervereinigung gebracht, wenn die Bundesregierung die Oder-Neiße-Grenze nicht zweifelsfrei anerkannt und die Welt davon überzeugt hätte, daß sie über ihre bisherigen Versicherungen hinaus auch keine heimlichen, zurückgehaltenen territorialen Ansprüche auf die östlich der Grenze liegenden Gebiete hege. Es war Genscher, der Kohl zwang, seinen Eiertanz der halben Erklärungen zu dieser Frage aufzugeben und die Oder-Neiße-Linie eindeutig als endgültige deutsche Ostgrenze anzuerkennen, um das Haupthindernis für das Einvernehmen mit Gorbatschow über die Wiedervereinigung zu beseitigen. Kohl zahlte schließlich den Preis, den Bonn bisher immer verweigert hatte.

Gewiß war die Regierung Kohls seit dem Wandel der sowjetischen Politik in einer günstigeren Lage als alle ihre Vorgänger, aber die Art, wie der Bundeskanzler die Chance nutzte, indem er überraschend einen Zehn-Punkte-Plan vorlegte, der das Verhältnis der beiden Staaten bereits grundlegend verändert hätte, und diesen bald zu einem Plan der Wiedervereinigung des deutschen Volkes ausweitete, den er und Genscher dann mit den vier Alliierten trotz Margaret Thatchers und Mitterands anfänglichem Widerstand durchsetzten – das war die Sternstunde der Bonner Außenpolitik.

Die Bundesrepublik Deutschland hatte 1949 als Objekt der

drei Besatzungsmächte von Trizonien begonnen, war sechs Jahre später souverän geworden, hatte stetig an wirtschaftlichem und politischem Gewicht zugenommen und sich außenpolitisch in der Regel auf Aufgaben beschränkt, die der jungen Demokratie angemessen waren und die sie bewältigen konnte. Die Wiedervereinigung des deutschen Volkes, im Grundgesetz zum Ziel gesetzt, hatte jedoch ihre Kräfte überstiegen. Zweimal war sie auf dem Weg dorthin in Sackgassen geraten – mit der Hallstein-Doktrin unter Adenauer, die uns allenfalls eine Atempause schaffte, und der Politik Willy Brandts, auf die Wiedervereinigung zu verzichten und das deutsche Volk auf Dauer zu teilen und in zwei Staaten zu zwingen, einen demokratischen und einen totalitären, sozialistischen.

Nach vierzig Jahren aber gelang Kohl und Genscher die Wende. Die Bonner Politik hatte ihr Ziel erreicht. Berlin wurde wieder Hauptstadt. Eine Epoche war abgeschlossen. Nun traten viele andere Aufgaben an uns heran, zum Beispiel die neuen und alten Länder wirtschaftlich und politisch zu harmonisieren, die osteuropäischen Staaten in die Europäische Union einzubeziehen, ein neues Verhältnis zu den Nachfolgestaaten der Sowjetunion zu finden und eine Antwort auf die Probleme zu geben, die die politische und wirtschaftliche Globalisierung uns stellt.

Berlins Außenpolitik »Wir sind wieder wer«

Den weiten Weg, den Deutschland außen- und sicherheitspolitisch während der letzten zehn Jahre zurückgelegt hat, markierte am Jahresende 2001 die Entscheidung des Deutschen Bundestags, Soldaten nach Afghanistan zu entsenden. In letzter Konsequenz bedeutet dies, daß die Bundesrepublik nun bereit ist, globale Verantwortung zu übernehmen, wenn die zivilisierte Staatengemeinschaft dazu aufruft. Die Ironie der Ereignisse will es, daß Deutschland somit ausgerechnet unter den Achtundsechzigern Gerhard Schröder und Joseph Fischer nur kurz nach dem Umzug der Regierungszentrale von Bonn nach Berlin einen außen- und sicherheitspolitischen Zustand der Normalität erreicht hat, eines Verhaltens in der Staatengemeinschaft wie jedes andere NATO- und EU-Mitglied auch.

Aber das Ringen um die Köpfe und die Emotionen der Deutschen ist noch lange nicht entschieden, wie das unverantwortliche Verhalten der PDS in Schicksalsfragen der Nation zeigt. Das wiedervereinigte Land muß somit nochmals durch alle Grundentscheidungen der fünfziger Jahre hindurch, die als irreversibel galten. Die Teilentscheidungen der Westdeutschen müssen den Ostdeutschen nochmals vermittelt werden. Die euphorische, optimistische Grundstimmung der frühen neunziger Jahre, die ein rasches Zusammenwachsen der Deutschen zu eröffnen schien, ist rasch verflogen. Von Berlin aus sucht das neuvereinigte Land mit wechselndem Erfolg nach seinem neuen Anker, nach seiner außen- und sicherheitspolitischen Orientierung.

Paris-Berlin: Les Illusions perdues

In der deutschen Außenpolitik hat es, seitdem sie von Berlin aus betrieben wird, einen bemerkenswerten Stilwandel gegeben. Er besteht aus einem merkwürdigen Widerspruch zwischen modischem Erscheinungsbild beim politischen Personal und Verlust des Historischen. Helmut Kohl und der damalige Bundespräsident Roman Herzog symbolisierten ein älteres Deutschland: hochgewachsene, wohlbeleibte Herren ohne jeden Sinn für elegante Kleidung. Dafür waren die romanischen Länder zuständig. Unter den rot-grünen, einstmals antibürgerlichen Achtundsechzigern hat sich dieser Umstand in sein totales Gegenteil verkehrt: Kanzler und Außenminister sowie der aus dem Großbürgertum stammende Innenminister Otto Schily, auch der neue Regierende Berliner Bürgermeister Klaus Wowereit, stehen für Eleganz und Genuß, für Urlaub in Italien und ganz allgemein für Hedonismus in der Politik. Zu Zeiten von Helmut Schmidt, dem Pflichtmenschen, wäre dies undenkbar gewesen. Trotz der Beschwörung des guten, alten »Sommerlochs« von Bonn hat sich das neue politische Berlin schnell daran gewöhnt, daß die Spitzenpolitiker ausgiebig Urlaub machen wie die Gesellschaft auch. Es wird nicht einmal mehr der Versuch unternommen, mit einer abgestimmten Medienstrategie wie zu Zeiten der sozialliberalen Koalition den Eindruck zu erwecken, als sei das Kabinett omnipräsent und damit unentwegt an der Arbeit.

Mag das Bild vom nachkriegsdeutschen Politiker, der das Leben liebt und genießt, in den Nachbarländern auch seine Vorteile haben, so wiegt der Verlust des Historischen doch ungleich schwerer. Die mangelnde Sensibilität von Bundeskanzler Gerhard Schröder auf diesem Gebiet, die Verweigerungshaltung des sozialen Aufsteigers, sich dieser Welt zu öffnen, haben sogleich schwerwiegende Folgen gehabt: das Ende einer engen Beziehung zu Frankreich. Schon zu Beginn der neunziger Jahre war in Bonn zu spüren, daß sich die französische Elite mit der Verlagerung des deutschen Regierungssitzes schwertun würde. Bonn wurde als Vorposten des Hexagons gesehen, als Distanz, die binnen weniger

Stunden bequem zu schaffen war, wenn man am Wochenende nach Paris oder – wie für das Bonner Botschaftspersonal eine Selbstverständlichkeit – in das Ferienhaus an die Loire strebte. Die zusätzliche Distanz von knapp 600 Kilometern vom Rheinland nach Berlin schuf für den räumlich denkenden, noch immer agrarisch geprägten Franzosen eine zusätzliche emotionale Sperre. Zu dieser gesellt sich der Eindruck einer *Terra incognita* hinzu, wenn man bei der Fahrt von Westen nach Osten die Elbe passiert. Konrad Adenauers *Eindrücke* im Zugabteil beim Blick auf den Magdeburger Dom waren also nicht ganz falsch. Denn die heutigen Franzosen empfinden ähnlich. Von daher ist es kein Zufall, daß nur wenige Paare aus der großen deutsch-französischen Kolonie von Bonn-Bad Godesberg, die es in der Folge des deutsch-französischen Freundschaftsvertrages von 1963 einmal gab, den Sprung nach Berlin gewagt haben.

Schröder und seine Minister haben von der Regierungsübernahme an viele Chancen verpaßt, den Franzosen bei symbolischen Anlässen eine Kontinuität des freundschaftlichen Verhältnisses anzuzeigen. Gewiß hatte Kohl über die Jahre hinweg seine Franzosen zu sehr geschont, hatte Paris viele Verhandlungserfolge einheimsen und manche EU-Personalie zu seinen Gunsten entscheiden können, weil der gelernte Historiker das Nachbarland so sehr liebte. Schröder hätte diesen Kurs nicht fortsetzen müssen. Aber er hätte doch zu den Erinnerungsveranstaltungen auf den Schlachtfeldern von Verdun anläßlich des Kriegsendes vor achtzig Jahren fahren sollen. Daß er es nicht tat, war ein Affront gegenüber dem prestigebewußten Jacques Chirac, mit dem schon Kohl seine Probleme gehabt hatte. Schröder und Chirac haben sich von diesem Tag, von dieser Auftaktpanne, nie erholt, die darüber hinaus eine weitere Fehleinschätzung der neuen Bundesregierung offenbarte. Im kollektiven Bewußtsein der Westeuropäer spielt der Erste Weltkrieg mit seinen hohen Verlusten für Frankreich, Großbritannien und viele Staaten auf der Welt, die damals zum Empire gehörten, eine größere Rolle als der Zweite Weltkrieg. Während die Queen nach Ostfrankreich kam, blieb Schröder im November 1998 daheim. Deutschland betonte seine

Sonderstellung. Schröder holte sich zwar aus PR-Gründen die Dolmetscherin François Mitterrands, Brigitte Sauzay, ins Bundeskanzleramt, aber auch diese spektakuläre Personalie änderte im Atmosphärischen zwischen Berlin und Paris nichts zum Positiven. Vier Jahre später, im französischen Präsidentschaftswahlkampf, wurde nicht einmal mehr der Versuch unternommen, ein Engagement zugunsten des deutsch-französischen Tandems an den Tag zu legen. Aber selbst fern der historischen Anlässe wurden Chancen zuhauf verpaßt. Wo war – wenn der Kanzler nicht kommen wollte – der deutsche Verkehrsminister, als Präsident Chirac 2001 die TGV-Verbindung Lyon-Marseille einweihte? Wo waren Deutsche und Franzosen, die es nicht einmal schafften, bei ihren Prestige-Fluglinien zu kooperieren, bei der Herausstellung von gemeinsamen Zukunftsprojekten? Illusion perdue…

Die Entdeckung des Ostens

Die Körpersprache der Politiker sagt eine Menge über ihr Verhältnis zu den Repräsentanten eines anderen Landes aus. Schröder stammt aus Lippe, einer Gegend Deutschlands am Rande der norddeutschen Tiefebene unweit des Schlachtorts, an dem Varus die Römer besiegte, und zu der Frankreich einer Bemerkung eines ehemaligen Botschafters zufolge keinerlei Beziehungen hat. Aufgewachsen in der Britischen Besatzungszone mit einer eindeutigen Orientierung nach Großbritannien, tat sich Schröder von Beginn seiner Kanzlerschaft an mit der französischen Politiker-Elite schwer. Bei einer Begegnung mit Jacques Chirac und Lionel Jospin wurde ein *Genius loci* des Ortes bemüht, an dem sich Helmut Schmidt und Valéry Giscard d'Estaing 1981 zum letzten Mal begegnet waren, bevor zunächst der Franzose sein Amt verlor, ein Jahr darauf der Deutsche: das elsässische Blaesheim. Die Begegnung zwanzig Jahre danach verlief dennoch verkrampft, schon die Begrüßung zwischen Schröder und Fischer einerseits und Chirac, Jospin und Védrine andererseits sprach Bände. Außenminister Hubert Védrine bezeichnete bei anderer Gelegenheit seinen Partner als »Flötenspieler«. Wesentlich entkrampfter, geradezu freundschaftlich ist Schröders Verhältnis zum britischen Premier Tony Blair und zu den Osteuropäern. Man vergleiche einmal, in welcher Weise der Bundeskanzler auf den polnischen Präsidenten Aleksander Kwasniewski oder auf den russischen Präsidenten Wladimir Putin zugeht und welche Fernsehtermine er mit dem Russen bestreitet. Fischer erlebte einen seiner ersten emotionalen Höhepunkte im Amt, als er wenige Monate nach der Übernahme des Ministeriums die Heimat seiner Eltern und Vorfahren in der Nähe von Budapest besuchte. Die Entdeckung des Ostens, der achtzig Kilometer hinter Berlin an der Oderbrücke von Frankfurt beginnt, gehört somit zweifellos zu den Entdeckungen der deutschen Politik während der ersten Berliner Jahre. Das emotionale Verhalten von Schröder zeigt darüber hinaus an, daß im Unbewußten der Deutschen eine Menge von positiven Erinnerungen an die Zeiten schlummert, in denen das deutsch-russische Verhältnis eng war. Überblickt man die letzten 200 Jahre, wird der Blick für Kontinuitäten stärker und deutlich schwächer für Brüche wie die katastrophalen Jahre 1941-1945 und die Zeiten der Sowjetischen Besatzungszone und der Krisen um Berlin. Dennoch sind die deutsche Politik und ihre Exponenten gut beraten, eine präzise historische Erinnerung für alle Aspekte der deutsch-russischen Beziehungen zu bewahren. Anderenfalls kann es große Überraschungen geben.

Fragmentarisierte außenpolitische Elite

Die Übernahme der Regierung durch eine rot-grüne Koalition hat im Ausland, wenn der Eindruck nicht täuscht, mehr Nachdenklichkeit und Verwunderung ausgelöst als daheim. In der bundesrepublikanischen Gesellschaft, deren Eliten durch den Nationalsozialismus weitgehend zerstört wurden, werden gewisse Fragen nicht gestellt, finden bestimmte Beobachtungen nicht statt, die anderenorts gang und gäbe sind. Um es deutlicher zu formulieren: In keiner alten westlichen Demokratie wäre vorstellbar, daß Politiker mit der Biographie eines Joseph Fischer ohne kontroverse Aussprache und öffentliche Diskussion in ihr

Amt kämen. In der Bundesrepublik, die zu beschönigendem Verhalten neigt, der es gelegentlich an Offenheit mangelt, ist die Diskussion um Fischer und seine Zeiten als Hausbesetzer in Frankfurt bezeichnenderweise erst geführt worden, als er sich bereits zwei Jahre im Amt befand und als taktische politische Überlegungen dafür sprachen, die Belastbarkeit der rot-grünen Koalition zu testen.

Deutschland bleibt hinsichtlich seiner außenpolitischen Funktionselite somit weiterhin ein Sonderfall. In den westlichen Demokratien ist es üblich, daß man sich inmitten der kleinen Gruppen von außen- und sicherheitspolitischen Experten über einen längeren Zeitraum hin entwickelt, bevor man öffentliche Ämter übernimmt. Die Basis in Deutschland ist jedoch weiterhin sehr schmal, und dies gilt auch für den dahinterliegenden zweiten Ring, den man als die große Gruppe von interessierten Laien bezeichnen könnte. Ein Auflagenvergleich zwischen der amerikanischen außenpolitischen Zeitschrift *Foreign Affairs* und der von der Deutschen Gesellschaft für Auswärtige Politik herausgegebenen *Zeitschrift für Internationale Politik* macht dies deutlich: *Foreign Affairs* setzt 100 000 Exemplare in den USA und im Rest der Welt gegen knapp 5000 von *ZIP* ab, davon nur 1000 persönliche Abonnements. In Frankreich, Großbritannien, Spanien und Italien erscheinen ebenfalls außenpolitische Zeitschriften, die vom Umfang und von der Substanz her näher an dem unerreichbaren amerikanischen Vorbild liegen als an der deutschen Zeitschrift. Diese muß sich zudem die Aufmerksamkeit des Publikums mit zahlreichen weiteren Zeitschriften teilen – ein Spiegelbild der zunftartig organisierten Gesellschaft. Es mangelt an einer organisatorischen und inhaltlichen Zusammenfassung der außen- und sicherheitspolitischen kleinen bis kleinsten Teileliten. Dazu tragen auch die Parteistiftungen mit ihren Publikationen bei. Strenggenommen müßte das wiedervereinigte Land eine repräsentative außenpolitische Zeitschrift mit englischer Ausgabe in einer Auflage von mindestens 30 000 Exemplaren haben. Sie wäre vermutlich besser bei dem außen- und sicherheitspolitischen think-tank Wissenschaft und Politik (SWP) plaziert, der unter Leitung von Christoph Bertram Anfang 2001 von Ebenhausen bei München nach Berlin gekommen ist und hier hervorragende Arbeit leistet.

Im Westen mit der Tradition von Zentralstaaten und in der Substanz gefestigten Hauptstädten ist die personelle Kontinuität in den außenpolitischen Führungsgruppen viel stärker. Eine nicht unwichtige Begleiterscheinung: Die tradierten Bilder von Deutschland wirken in den Partnerländern stärker nach und damit auch ältere Urteile und Vorurteile. In gewisser Weise stehen die Deutschen, die als Berufspolitiker erst mit Anfang bis Mitte Vierzig beginnen, sich vertieft mit Außenpolitik zu befassen, alten, erfahrenen außenpolitischen Eliten im Ausland gegenüber. Auch dieser Umstand führt zu einer gewissen Unruhe und zu fehlender Gelassenheit in der deutschen Außenpolitik.

Berichterstattung in Echtzeit

Die größte Veränderung in der deutschen Politik in Verbindung mit dem Regierungsumzug hat es vermutlich bei den Medien gegeben. In Berlin wird quasi in Echtzeit berichtet. Für die Außen- und Sicherheitspolitik des Landes sind die Folgen besonders gravierend, weil die hektische, vom Primat der Innenpolitik geprägte Debatte ein Handeln unter mittel- und langfristigen Gesichtspunkten erheblich erschwert. Bereits wenige Minuten nach Eintreten eines Ereignisses, von dem die Öffentlichkeit nahezu zeitgleich hört, sind die Politiker gezwungen, sich mit Erklärungen festzulegen. Man sah die Nachteile dieser jüngsten Entwicklung im Sommer 2001 bei der Debatte um den Mazedonien-Einsatz der Bundeswehr. Kurze Wege im Regierungszentrum, die Plazierung der Hauptstadtstudios von ARD und ZDF in unmittelbarer Nähe des Reichstags, erlauben es der Politikerprominenz, auf jedes Ereignis sofort zu reagieren. Die Nachrichtensendungen im öffentlich-rechtlichen Fernsehen sind auch während des Tags zu einem Stundenrhythmus übergegangen. Infolge der technischen Verbesserungen und Standortvorteile ist das Fernsehen in Berlin daher zum schnellsten Medium geworden und hat das Radio abgelöst. Die Politiker-Elite geht – von Ausnahmen abgesehen – nur ins Fernsehstudio oder gibt überregionalen Tageszeitungen Interviews. Der über das Radio verbreitete Originalton von Politikern, der sogenannte O-Ton, stammt somit – von den Frühsendungen im Deutschlandfunk und im DeutschlandRadio Berlin einmal abgesehen – aus dem Fernsehen. Ein gewaltiger Medienapparat will bedient werden und fordert manches Opfer.

Infolge des Umzugs vom Rhein an die Spree sind viele ältere Journalisten, aber auch mancher Angehöriger der Kriegsjahrgänge 1939-1945 im Rheinland geblieben. Frühpensionierungsprogramme wie bei den Beamten haben dies möglich gemacht. Dadurch ist es zu einem riesigen Generationsschub gekommen. Bei den in Berlin erscheinenden Zeitungen kamen gleichzeitig neue Chefredakteure zum Zug, die in der Regel keine vierzig Jahre alt waren. Sie brachten ihrerseits sehr junge Journalisten in leitende Positionen, und da dieselbe Entwicklung bei den nationalen und internationalen Fernsehsendern eingetreten ist, kann man von einem völligen Neubeginn der politischen Berichterstattung in Berlin sprechen.

Dieser Neustart hat gravierende Folgen für die Beschreibung und kritische Durchdringung der Außen- und Sicherheitspolitik, zumal Deutschland durch zahlreiche Auslandseinsätze während der letzten Jahre hier Neuland betreten hat. Da die Berichterstattung über Außen- und Sicherheitspolitik mehr als jede andere journalistische Sparte der langjährigen Berufserfahrung bedarf, wird die außenpolitische Lage des Landes durch eine zusätzliche Labilität geprägt. Es kommt zu erstaunlichen Fehleinschätzungen und fragwürdigen thematischen Dauerbrennern, wie während des Kosovo-Kriegs und danach die Debatte über Uranmunition und deren Einsatz zeigte. Sachkenntnisse für die Teilnahme an solchen Diskussionen sind nicht mehr erforderlich. Nur wenige junge deutsche Journalisten, unter ihnen nun viele Frauen, hatten vor dem Kosovo-Krieg Kontakt zum Militär oder beschäftigten sich mit außenpolitischen Fragen. Die Wahrnehmung des Militärischen war aus der deutschen Gesellschaft verschwunden. Ganz anders die Älteren, die persönliche Erinnerungen an den Zweiten

Weltkrieg besaßen, zur Generation der Flakhelfer gehörten und den Dekolonialisierungsprozeß in der dritten Welt und den Vietnam-Krieg erlebt hatten. Über Nacht folgt auf sie nun eine Generation von in jeder Hinsicht international sehr unerfahrenen Journalisten. Denn selbst eine Auslandstätigkeit als Korrespondent für Radio und Fernsehen läuft heutzutage ganz anders ab als noch vor zwanzig Jahren. Die rasche Abfolge und Dichte von Sendungen hält die Korrespondenten an ihren Arbeitsplätzen fest. Es gibt etwa fünfzig ARD-Hörfunkprogramme. Die Journalisten verbringen ihren Arbeitstag daher im Schneideraum, umgeben von Monitoren und Aufzeichnungsgeräten, in einer virtuellen Welt. Sie kommen nur unzureichend dazu, sich einen umfassenden Eindruck von dem Land, in dem sie leben, seiner Gesellschaft und den sie tragenden Schichten zu machen.

Der scharfe Generations-Schnitt in Berlin ist sogar noch um einen Aspekt zu erweitern: Als die Regierung kam, ging eine Garde von hervorragenden Berliner Journalisten in den Ruhestand, die sich in Verbindung mit der Berliner Luftbrücke, dem 17. Juni 1953, dem Kennedy-Besuch 1961 und manchem anderen Anlaß sehr viel Internationalität und große Horizonte erarbeitet hatte. Zu Beginn der neunziger Jahre war von dieser Stimmung noch eine Menge in Berlin zu spüren gewesen. Solange die drei westlichen Schutzmächte in der Stadt waren, gab es Termine und Veranstaltungen, die den außenpolitisch Interessierten Bonn nicht vermissen ließen. Im Spätsommer 1994, mit dem Abzug von Amerikanern, Briten und Franzosen, war es damit schlagartig vorbei. Nun erlebte Berlin eine sehr provinzielle Phase, die bis zur Ankunft der Bundesregierung fünf Jahre danach anhielt.

Bedeutende Akademiker scheinen Berlin noch zu meiden. Anders als Bonn ist die große, pulsierende Metropole nicht der Platz, an dem sich die großen Historiker und Politologen des Landes wohlfühlen. Gewiß, es gibt einen Arnulf Baring in der Stadt, eine Symbolfigur im besten Sinne, die auch im Rest des Landes so wahrgenommen wird, oder einen Heinrich August Winkler, der nach der Wende an die Humboldt-Universität kam. Bonn war in seinen besten Jahren, also kurz vor dem Fall der

Mauer, als eine kleine Ausgabe von Washington D. C. jedoch auch ein Ort, der die Wissenschaftler wegen der Nähe zur Politik anzog. Kohl suchte das Gespräch mit ihnen und betrieb den Bau von historischen Museen. Karl-Dietrich Bracher und der spätere Bundespräsident Karl Carstens, der die Deutsche Gesellschaft für Auswärtige Politik förderte, sind hier ebenso zu nennen wie Karl Kaiser, Hans-Peter Schwarz oder Klaus Hildebrand. Für die meisten von ihnen ist die Wiedervereinigung und der Regierungsumzug ein Jahrzehnt danach biographisch zu spät gekommen. Lediglich die anfänglichen Berlin-Gegner Kaiser und Michael Stürmer sind an die Spree gekommen. Für das Gros dieser Wissenschaftlergeneration gilt somit, daß es wie die Bonner Topbeamten und Militärs entweder am Rhein bleibt oder den Ruhestand am zweiten bevorzugten Platz der alten Bonner Republik verbringt: im Großraum München.

Konferenzzirkus ohne Stilbildung

Solange die Bundesrepublik von Bonn aus regiert wurde, gehörten Besuche von ausländischen Staatsgästen zu den Terminen, die aufmerksam registriert wurden. In Berlin ist dies nun ganz anders. Die gestiegene Bedeutung des Landes, die verfügbaren Räume und repräsentativen Gebäude in der Stadt haben zu einer raschen Normalisierung der Verhältnisse geführt. Nahezu täglich halten sich nun ausländische Politiker von Rang in Berlin auf, und die Stadt nimmt so gut wie kaum Notiz davon. Allenfalls wenn ein amerikanischer oder ein russischer Präsident kommt, sammeln sich Schaulustige an den Schauplätzen des Geschehens, rund um das Bundeskanzleramt und den Reichstag oder vor dem Hotel Adlon am Pariser Platz. Eine Fülle von kaum überschaubaren Tagungen, Vorträgen und Abendveranstaltungen prägt das Leben in Berlin. Kein Angehöriger der politischen Klasse ist gezwungen, zu Hause zu bleiben. Wer keinen Fernsehtermin hat, kann immer noch zu einer Landesvertretung gehen. In einer der schönsten Lagen der Hauptstadt, unweit der Wilhelmstraße, läßt sich das Mittelmaß der Bundesrepublik anhand der einfallslosen

Repräsentanzen der Bundesländer studieren, die jedoch über ein erstaunliches Selbstbewußtsein verfügen. Die prominentesten Akteure eilen von Termin zu Termin. Nicht einmal normale Bundestagsabgeordnete nehmen sich die Zeit, einer Tagung länger als für den Abschnitt beizuwohnen, zu dem sie mit einer Rede oder einem Diskussionsbeitrag gefordert sind.

Die Berliner Gesellschaft und damit auch die Funktionselite befinden sich inmitten eines großes Umbruchprozesses, bei dem Anker, Maß und Mitte fehlen. Das intellektuelle, noch immer ein wenig preußisch geprägte Berlin beeinflußt die Diskussionen um die Zukunft der Stadt bedauerlicherweise nicht in dem Ausmaß, wie dies möglich und wünschenswert wäre. Dies liegt auch daran, daß die Parteien in der Hauptstadt ein sehr schwaches Niveau haben und einen gedanklichen Austausch mit den interessanten Gruppen, den Neuankömmlingen der letzten Jahre, nicht ernsthaft gesucht haben. Da die Stadt jedoch vom großen Aufschwung träumt, altes West-Berlin wie junge Neuankömmlinge, unternimmt ein Teil des Presse den sinnlosen bis lächerlichen Versuch, Berlin zu einer Art von neuem Hollywood hochzustilisieren. Aber das vorhandene Personal in Film und Fernsehen scheint nicht einmal während der Wochen der Filmfestspiele in der Lage, einen erwähnenswerten kulturellen Beitrag zu leisten. Somit sorgen einige Fernsehmoderatorinnen, ein Prominentenfriseur sowie ein früherer Schweizer Botschafter mit seiner amerikanischen Ehefrau für die Hauptschlagzeilen über die Hauptstadt-Society. Berlin ist auf diesem Gebiet bemerkenswert genügsam.

Andere ziehen es vor, im stillen zu wirken. Am erfolgreichsten ist der britische Botschafter Sir Paul Lever, der mit einem modernen Konzept von Public Diplomacy zusammen mit seiner Frau Patricia, die ebenfalls als Diplomatin arbeitet, umsichtig und klug für die Belange seines Königreichs agiert. Auch die Diskussionsveranstaltungen in dem bemerkenswerten Gebäude an der Wilhelmstraße, das die Königin einweihte, setzen Maßstäbe für die Hauptstadt. Die Franzosen, die in Berlin immer darunter gelitten haben, daß sie auf der Sympathieskala nur den dritten Rang nach den USA und Großbritannien bekleideten, halten sich vergleichsweise zurück. Dies gilt auch für die Amerikaner, die noch immer nicht mit dem Bau ihrer Botschaft am Pariser Platz begonnen haben. Die emotionalen Hoch-Zeiten an der Seite Deutschlands in der Stunde der Wiedervereinigung sind längst vorbei. Auch das rasche Kommen und Gehen bei den Botschaftern hat dazu beigetragen, daß die Verbindungen dünner geworden sind. Die Vertrautheit, die zu Zeiten von Präsident George Bush senior herrschte, scheint dahin. Einziger Hoffnungsschimmer: die American Academy am Wannsee unter der Leitung von Gary Smith, für die Richard Holbrooke die nötigen Startgelder beschaffte, sowie das Aspen Institute, das nach dem 11. September unter der Führung von Jeff Gedmin zu neuem Leben erwacht ist.

Der Quantensprung

Helmut Kohl und Hans-Dietrich Genscher hätten aller Wahrscheinlichkeit nach nicht gewagt – zumal ohne ein eindeutiges völkerrechtliches Mandat – , eine Entscheidung für eine deutsche Beteiligung am Kosovo-Krieg zu treffen. Es blieb den Achtundsechzigern vorbehalten, unmittelbar nach ihrer Ankunft in Berlin den Schritt in die außen- und sicherheitspolitische Normalität des Landes zu tun. Weniger im eigenen Land als bei den einstigen Gegnern und heutigen Verbündeten, besonders bei den Briten, wurde dies zu Beginn des Kosovo-Krieges erfaßt, als deutsche Soldaten beim Einmarsch in Prizren von jubelnden Menschenmassen als Befreier begrüßt wurden. CNN und der Weltservice der BBC trugen diese Bilder um den Globus. Die Bundesrepublik, fünfzig Jahre zuvor ein geschlagenes und besetztes Land, kontrollierte nun selbst im Süd-Kosovo eine Besatzungszone.

In den zwei folgenden Jahren verliefen die Entwicklungen jedoch im Stile der Echternacher Springprozession. Erneut gab es die Neigung, in kardinalen Fragen eine Beobachterrolle einzunehmen oder sich von nicht praktikablem juristischen Denken leiten zu lassen. Schröder vermied aufgrund der inneren Schwäche seiner rot-grünen Koalition, die ausschließlich unter innenpolitischen Prämissen gestartet war, die Außen- und Sicherheitspolitik zu thematisieren. Der 11. September 2001 mit seinen Folgen zwang die Bundesregierung dann jedoch dazu, diese Politik von einem Tag auf den anderen aufzugeben. Nur wenige Wochen nach einer blamablen Debatte um die Beteiligung an einer Mazedonien-Operation, die aufgrund ihres präventiven Ansatzes eigentlich ganz im Sinne von Rot-Grün hätte sein müssen, sah sich Berlin dazu gezwungen, eine Führungsrolle auf dem Balkan zu übernehmen. Sie war richtig, weil mit der friedlichen Revolution in Belgrad jener Prozeß an sein Ende gekommen war, der mit dem Fall der Berliner Mauer, mit den Entwicklungen in Prag und Bukarest ein gutes Jahrzehnt zuvor begonnen hatte. Was sich bereits bei der Berufung des Viersterne-Generals Klaus Reinhardt zum KFOR-Oberkommandierenden der NATO im Kosovo im Oktober 1999 abgezeichnet hatte, wurde nun offenkundig: Ohne deutsche Beteiligung würde Europa unfähig sein, eine Rolle in der Weltpolitik zu spielen. Der kurz darauf erfolgte Einsatz von Bundeswehr-Sanitätern in Ost-Timor deutete dann bereits an, welchen Quantensprung die deutsche Außen- und Sicherheitspolitik binnen kürzester Zeit vollziehen würde.

Zur Überraschung vieler Beobachter betrieben die nicht gedienten Achtundsechziger Schröder und Fischer eine Politik, die in ihrem Realismus an die besten Zeiten von Helmut Schmidt anknüpfte. Die erste deutsche Nachkriegsgeneration in der Politik erkannte erstmalig die Rolle des Militärischen in Konfliktsituationen an und relativierte damit Positionen, die durch die Friedensforschung seit den siebziger Jahren zu einseitig besetzt waren. Wie bereits angedeutet, wirkte sich der 11. September 2001 mit den Anschlägen auf das World Trade Center in New York und das Pentagon in Washington dann als ein enormer Beschleuniger aller jener Prozesse aus, die in der deutschen Außen- und Sicherheitspolitik seit Mitte der neunziger Jahre angelegt waren. Wenige Monate später akzeptierte das Land beim Afghanistan-Einsatz faktisch eine weltweite Verantwortung der Bundesrepublik bei der Friedenssicherung. Damit wurde zugleich auch erstmalig eine Linie des Engagements definiert, hinter die keine Regierung in Zukunft mehr zurückfallen kann. Rot-Grün blieb bei diesem Prozeß jedoch auf halber Strecke stehen. Der Bundeskanzler ließ seinen Verteidigungsminister Rudolf Scharping im Stich, mit dem er Jahre zuvor einen parteiinternen Kampf um die Macht ausgefochten hatte, der zunächst verdeckt und erbittert fortgeführt worden war. Es blieb dem in Bundeswehrfragen links denkenden und handelnden Finanzminister Hans Eichel vorbehalten, Scharping immer wieder vor Augen zu führen, daß die Verteidigung ein Haushaltsposten wie jeder andere auch ist.

Trotz der enorm gestiegenen Bedeutung der Außen- und Sicherheitspolitik blieb das Verteidigungsbudget während der ganzen Legislaturperiode in die allgemeinen Sparmaßnahmen einbezogen. Nur beim Mazedonien-Einsatz und nach dem 11. September erhielt Scharping bescheidene Zuschläge. Dafür mußte er die gesamten Prügel für ein Rüstungsvorhaben einstecken, bei dem die Koalition den Zeitpunkt verpaßt hatte, den deutschen Anteil für das europäische Transportflugzeug rechtzeitig zu etatisieren. Der Bundeswehr werden also konsequent jene Mittel verweigert, die erforderlich sind, um militärische Einsätze auf dem Balkan und an mehreren anderen Schauplätzen auf der Welt zeitgleich zu bestreiten. Der pragmatische Ansatz von Rot-Grün in der Außen- und Sicherheitspolitik wird somit konterkariert durch völlig andere, ideologisch bedingte Schwerpunktbildungen in der Innenpolitik. Völlig unschuldig daran ist die CDU/CSU übrigens auch nicht. Bei der Debatte um den Mazedonien-Einsatz setzte sie die Regierung mit sachfremden Argumenten unnötig unter Druck und baute schon während der Kanzlerschaft von Kohl zu sehr auf die Friedensdividende. Faktisch ist die Bundeswehr seit der Wiedervereinigung unterfinanziert und schiebt angesichts von tiefgreifenden Reformen, die die Streitkräfte seither alle drei bis vier Jahre förmlich zerreißen, einen Investitionsbedarf von etwa 15 Milliarden Euro vor sich her.

Die deutsche Außen- und Sicherheitspolitik befindet sich insgesamt infolge der internationalen Entwicklungen seit dem Regierungsumzug in einem Prozeß rascher Veränderung. Der von Wunschdenken geprägte Satz nach 1990, daß man nur noch »von Freunden umzingelt« sei, ist unerbittlichem Realismus gewichen. Die Debatte im Frühjahr 2002 um Israels Rolle bei der Auseinandersetzung mit den Palästinensern zeigte an, daß zum Balkan und zu Afghanistan, zur Führungsaufgabe der Bundesmarine am Horn von Afrika bald ein weiterer Schauplatz hinzukommen kann: der Nahe Osten.

Dieser neue Realismus wiegt am Ende schwerer als alle Bedenken: Kritik wegen des unterbliebenen Versuchs, die enge Beziehung zu Frankreich *coûte que coûte* aufrechtzuerhalten, Sorge wegen einer insgesamt zu lauten, polternden Sprache in auswärtigen Angelegenheiten, Bedenken, weil die deutsche Politik nach Kohl eine Tendenz entwickelt hat, nationale Interessen in den Vordergrund zu stellen und insgesamt weniger europäisch zu denken und zu handeln.

Die Historisierung vieler Entwicklungen scheint am Ende unvermeidlich, gepaart mit Wehmut in Berlin, wo man intensiver als anderswo die Verluste spürt, die durch die zwölf Jahre der nationalsozialistischen Gewaltherrschaft eingetreten sind. Zwar kamen einige – wie die Kunstmäzene Heinz Berggruen und Erich Marx – nach 1989 zurück. Und es gibt mittlerweile wieder eine große jüdische Gemeinde in der Hauptstadt. Die meisten der überlebenden Juden sterben nun jedoch im Ausland. Die Helmut-Schmidt-Generation erweist sich als Sonderfall in der deutschen Nachkriegspolitik. Die Aufstellung der politischen Klasse für stürmische Zeiten ist unter solchen Umständen eine sehr fragile Angelegenheit. Sie muß den Mut haben, den Deutschen zu sagen, daß die Außenpolitik schicksalhaft für die Zukunft des Landes bleibt, das der Problematik seiner Mittellage nicht entrinnen kann. Es muß das Beste aus ihr machen.

MICHAEL THUMANN

Rußland und Deutschland im 21. Jahrhundert

Von überkommener Abhängigkeit zur stabilen Verflechtung

Deutschland und Rußland pflegen heute eine europäische Nachbarschaft, die im 20. Jahrhundert unvorstellbar schien. Das Verhältnis beider Staaten ist, mit Ausnahme der Altschulden, frei von gegenseitigen Ansprüchen, unbelastet von Revanchegefühlen und – wie der russische Präsident und der deutsche Kanzler vor Fernsehkameras gern zur Schau stellen – ausgesprochen herzlich.

Auf dem deutsch-russischen Gipfel in Weimar im April 2002 überraschte Wladimir Putin eine große Runde von Diplomaten, Wissenschaftlern und Journalisten. Er hob »Rapallo« hervor als »positives Beispiel für die russisch-deutschen Beziehungen«. Bundeskanzler Gerhard Schröder reagierte darauf nicht. Keiner der Gipfelteilnehmer fragte Putin weiter nach seiner Einlassung, niemand nahm sie zum Anlaß weiterer Diskussionen. Mit gutem Grund. Der Vergleich stimmt nicht, und weil er nicht stimmt, regt er heute niemanden mehr auf. Damals, 1922, gingen die isolierten Deutschen und Russen in durchaus antiwestlichem Reflex aufeinander zu. Heute ist Deutschland ein wichtiges Mitglied in allen westlichen Bündnissen und Rußland auf gutem Wege, sich diesen Bündnissen in loser oder festerer Form anzuschließen. Der prowestliche Konsens der Bundesrepublik einerseits und der Regierung Wladimir Putins andererseits ist der erste Grund für die neue Ungezwungenheit der Beziehungen. Der zweite Grund ergibt sich aus dem ersten, nämlich daß der Systemgegensatz weggefallen ist. Man muß einander nicht mehr beweisen, wer besser ist; der Erfolg des einen ist nicht die Niederlage des anderen. Rußland ist zwar keine westliche Demokratie, aber es will keine

Gesellschaftsordnung mehr aufbauen, die in Konkurrenz zum europäischen oder amerikanischen Modell steht.

Der dritte Grund ist einer, der gern übersehen wird, aber ungemein wichtig für die Ungezwungenheit der deutsch-russischen Beziehungen ist. Die Partner stehen in keinerlei Abhängigkeitsverhältnis mehr. Das war in Rapallo anders. Damals brauchten vor allem die Russen die Deutschen. Die bolschewikische Regierung durchbrach ihren diplomatischen Paria-Status, indem sie wenigstens von Deutschland, dem Verlierer des Ersten Weltkriegs, anerkannt wurde. Rapallo wurde deshalb von sowjetischen Journalisten und Diplomaten später hymnisch gepriesen. Heute braucht Putin die Deutschen weder als Türöffner noch als Dolmetscher. Die russisch-amerikanischen Beziehungen sind seit dem 11. September 2001 nicht minder harmonisch als die Verbindung Berlin-Moskau. Ein zweites Beispiel: Nach 1945 war Deutschland auf Rußland angewiesen. Sowjetische Truppen hatten die Kasernen um Berlin in Beschlag genommen, die Existenz der DDR hing von ihrer Anwesenheit ab. Die Regierungen der Bundesrepublik mußten sich darauf einrichten und übten sich im pragmatischen Umgang mit der Sowjetunion – »Ostpolitik« wurde zum Namen der Epoche. Doch auch nach dem Moskauer Vertrag von 1970 blieb die Sowjetunion aus deutscher Sicht eher Besatzungsmacht als echter Partner.

Heute dagegen ist Deutschland in keinem lebenswichtigen Bereich mehr an Rußland gebunden. Eine Erpressung mit Nuklearwaffen fürchtet niemand mehr ernstlich. Auch die Gefahr aus Schwäche wird meist überzeichnet. Zusammengebrochen ist in den neunziger Jahren nicht Rußland, sondern die beliebte Chaostheorie, nach der das Land kollabieren und den Westen mit Flüchtlingen, Mafiosi und Plutonium überschwemmen werde. Die Schicksalsgemeinschaft Europas mit Rußland ist ein Mythos. Gut sichtbar war dies 1998 an Rußlands schwerer Finanzkrise. Sie traf nur wenige deutsche Unternehmen. Während die Moskauer Wirtschaft noch die Wunden leckte, erlebte Westeuropa einen Aufschwung. Deutschlands Wohlergehen hängt also nicht, wie oft behauptet, vom Erfolg russischer »Reformen« ab, sie eröffnen den Deutschen lediglich Handlungsspielräume. Die schwierige Sonderbeziehung des 20. Jahrhunderts hat mit dem russischen Truppenabzug aus Ostdeutschland 1994 ihr Ende gefunden. Moskau ist für Berlin ein Partner unter anderen in Europa geworden.

Der Bundeskanzler ist damit in einer glänzenden Lage, die mit der seiner Vorgänger Brandt 1970 und Kohl 1990 nicht zu vergleichen ist. Er muß Ostpolitik heute nicht aus »Einsicht in die Notwendigkeit« betreiben, wie Willy Brandt einmal sagte, sondern kann sie als Chance für Deutschland und Europa begreifen. Es geht darum, Rußland als Mitspieler und Partner in Europa zu verankern, damit es in Zukunft weder isoliert noch degeneriert sei, damit es keine Bedrohung aus militärischer Stärke oder staatlich-bürokratischer Schwäche werde. Verflechtung ist das Ziel, nicht Abhängigkeit. Die Europäer treffen heute im russischen Präsidenten auf einen Modernisierer und Pragmatiker, der sich auf die Fahnen geschrieben hat, freundlich, aber konsequent russische nationale Interessen zu verfolgen. Wer sie zur Kenntnis nimmt, kann mit ihm ins Geschäft kommen. Welche Chancen hat die europäische und deutsche Verflechtung mit Rußland? In vier Bereichen sei ein Ausblick gewagt:

1. Annäherung der Gesellschaften und politischen Systeme,
2. Wirtschaftsbeziehungen,
3. klassische Sicherheitspolitik,
4. Energiesicherheit.

Annäherung der Gesellschaften

Rußlands politisches System und seine Gesellschaft sind von deutschen Verhältnissen weit entfernt. Präsident Putin und seine sogenannten Polittechnologen haben seit 2000 in einer »Reform der Macht« die Gegengewichte und Blockade-Institutionen der Jelzin-Epoche beseitigt. Anders als in den neunziger Jahren unter Boris Jelzin ist die Duma kein Hort der Opposition mehr, sondern ein loyales politisches Instrument der Regierung. In den Regionen werden einst widerspenstige Gouverneure ersetzt oder wirkungsvoll eingedämmt. Die Zentralregierung laugt die Föderationssubjekte finanziell aus und zieht den größten Teil der Steuern ein. Auf entscheidende Posten in der Provinz und in die Schaltstellen Moskauer Behörden sind Mitarbeiter des Inlandsgeheimdienstes FSB gerückt. Im Gegensatz zu Jelzin schöpft Putin die Machtvollkommenheit der Präsidialverfassung voll aus, anders als sein Vorgänger muß er sich nicht mehr mit ernsthaften Gegnern auseinandersetzen. Die einzige Gefahr für den populären Putin wäre, die Unterstützung des Volkes zu verlieren. Doch solange der Ölpreis sich hält und die Wirtschaft wächst, ist damit nicht zu rechnen.

Die staatlichen Medien sind eine zusätzliche Rückversicherung vor unerwünschten Reaktionen der Regierten. Der russische Staat kontrolliert heute die drei landesweiten Fernsehsender, 90 lokale Sender und 92 staatliche Radiostationen. Sie zeigen das Spektrum gesellschaftlich verträglicher Vielfalt an. Eine Vielfalt von Sendern, Zeitungen und Internetseiten informiert über russische Politik und Gesellschaft, jede mit anderen Farben, anderen Autoren, anderen Nuancen, doch alle aus einem Hause. Der Staat formt sich seine Kritiker und den Spiegel der Gesellschaft. Wirkliche unabhängige Medien fristen ein Randdasein und haben nur mehr lokale Reichweite. Jeder hat die Möglichkeit, vor der Kreml-Mauer oder in der Talk-Show »Nieder mit Putin« zu rufen – die Macht kann er so nicht gefährden. Die Vierte Gewalt in Rußland ist keine Gewalt, sondern in ihrer begrenzten und wohlkontrollierten Vielfalt eine Dekoration des neuen Staatsgebäudes.

Das System Putin ist keine Diktatur. Es bedarf heute keines totalitären Staats, keiner Lager und Verbannungen mehr, um die Macht dauerhaft in den Händen einer bestimmten Elite zu sichern. Der russische Politikwissenschaftler Igor Klamkin hat dafür den Begriff der »gelenkten Demokratie« geprägt. Sie simuliert alle Rituale westlicher Demokratien, füllt aber deren Sinn nicht aus. Die gelenkte Demokratie huldigt dem Parlamentarismus und dem Pluralismus, sie gibt sich medial populistisch wie einige westeuropäische Regierungen, sie fördert die gesellschaftlich verträgliche Diskussion, sie hält Wahlen und Wahlkämpfe ab. Der

Unterschied zur westlichen Demokratie ist, daß Überraschungen im Machtgefüge ausgeschlossen werden.

Offen bleibt, ob nachwachsende Generationen die gelenkte Demokratie in eine liberale Demokratie westlichen Musters umformen werden. Haben sie überhaupt ein Interesse daran, oder rekrutiert sich die Elite ihre Nachfolger, die ihre Interessen teilen? In Diskussionen mit Studenten an Moskauer Eliteschulen stellt man gelegentlich fest, daß sie von westeuropäischen Meinungen genauso wenig halten wie wohletablierte russische Beamte und Geschäftsleute. Daraus sprechen die von der Moskauer Elite wohlbemerkte »Schwäche« Westeuropas auf der Weltbühne, ein allgemeiner Überdruß an westlichen Ratschlägen, aber auch eine andere Geisteshaltung. Einstweilen hat Rußland seine Wertmaßstäbe nur partiell und selektiv den europäischen angenähert. Am meisten fällt dies in Gesprächen über den Krieg in Tschetschenien auf. Das unvermindert harte Vorgehen der politischen Führung und der Streitkräfte wirft die Frage auf, mit welchen fremden »Partnern« westliche Diplomaten und NATO-Offiziere die neue Freundschaft feiern. Präsident Boris Jelzin sah sich im ersten Tschetschenienkrieg 1994-1996 noch mit massiven Protesten seiner Wähler konfrontiert. Jelzin beendete den Krieg, um 1996 die Wahl gewinnen zu können – Putin triumphierte 2001, *nachdem* er den Krieg neu angefacht hatte. Das Fehlen jeglicher öffentlicher Proteste gegen Putins Kaukasusfeldzug läßt vermuten, daß sich viele Russen nach den existentiellen Krisen der neunziger Jahre von Europas Maßstäben eher noch entfernt haben.

Die gelenkte Demokratie ist kein Selbstzweck und soll nach dem Willen ihrer Schöpfer über die Machterhaltung weit hinaus wirken. Rußland soll nach den Jahren der Wirrnis und des Niedergangs wieder zu Form, Kraft und internationaler Geltung finden – das ist der rote Faden aller Regierungsprogramme, welche Wladimir Putin seit 1999 unterzeichnet hat. Die Einheit von Volk und Regierung und das quasiwestliche Äußere werden gebraucht für die großen Aufgaben der Zukunft.

Wirtschaftsbeziehungen

Der russische Präsident will sein Land grundsätzlich modernisieren und mit der Weltwirtschaft verflechten. Es ist ihm gelungen, die meisten russischen Geschäftsgrößen davon zu überzeugen, obwohl diese in den neunziger Jahren mit einem abgeschotteten Markt gut lebten. Putin möchte, daß russische Konzerne konkurrenzfähig auf den Weltmärkten werden. Daß die Globalisierung russischen Firmen keineswegs nur schadet, sondern nutzt, zeigt der zweitgrößte Energiekonzern Lukoil, der in Osteuropa Betriebe aufkauft und mit der Übernahme der Tankstellenkette von Getty Petroleum sogar auf dem amerikanischen Markt eingestiegen ist. Der russische Ölkonzern Yukos expandiert in Mittel- und Osteuropa. Diese halbstaatlichen Multis werden zu eigenständigen Akteuren russischer Außenwirkung und dürften in spätestens einem Jahrzehnt internationalen Energiemultis wie BP oder ExxonMobil als gleichwertige Konkurrenten gegenüberstehen.

Putin will sein Land zugleich attraktiv für westliche Investoren machen. Zu diesem Zweck sind in den vergangenen zwei Jahren Reformgesetze verabschiedet worden, die sich sehen lassen. Eine Steuerreform in zwei Schritten senkte zunächst die Einkommensteuer radikal ab, dann die Gewinnsteuer für Unternehmen. Ein neues Bodengesetz ermöglicht es, in Rußland Grund und Boden zu erwerben. Eine Justizreform soll das Gesetzesgestrüpp ausmisten, das die Sowjetunion und das Chaos der neunziger Jahre hinterlassen haben. Damit will die Mannschaft von Putin Investoren in die Lage versetzen, vor Gericht schnell Recht zu bekommen – gegen Behördenwillkür, gegen unfair oder teilweise gewaltsam agierende Konkurrenten. Ein neues Arbitrage-Prozeßrecht soll in wirtschaftlichen Streitsachen eine klarere Regelung bringen, welches Gericht wofür zuständig ist. Die Gerichtsvollzieher-Dienste sollen effektiver werden. Überall auf russischem Boden soll dasselbe Recht herrschen.

Diese neuen Gesetze sind durch das Parlament und den Föderationsrat mit im Westen unvorstellbarer Geschwindigkeit gepeitscht worden. Die Umsetzung windet sich in den traditionellen

Bahnen dahin. Doch zumindest für die schnelle Verabschiedung wirtschaftlicher Reformen scheint die gelenkte Demokratie geeigneter zu sein als ein System der vielfachen Gleichgewichte wie in Deutschland, wo dringend nötige Reformen viel länger brauchen. Die gelenkte Demokratie ist ein für Außenstehende durchaus berechenbares System. Man liest es aus den entspannten Gesichtern deutscher Politiker, wenn sie frisch vom Treffen mit Putin ins Licht der Fernsehscheinwerfer tauchen. Rußland ist sicher nicht westlich, aber, so spüren sie erleichtert, nicht mehr antiwestlich. Die neue Stabilität eröffnet für westliche Großunternehmen in Rußland Chancen. Sie ist auch für russische Großunternehmen eine Grundlage für Prosperität und Expansion.

Rußlands Industrieproduktion ist 2000 um 11,9 Prozent, im Jahr 2001 um 4,9 Prozent gestiegen. Nach Deutschland exportiert das Land vor allem Erdöl und Erdgas (75 Prozent) nebst Buntmetallen und Aluminium. Rußlands Anteil an der Rohölversorgung Deutschlands liegt bei gut einem Drittel der Einfuhren und steigt jedes Jahr. Umgekehrt gilt Rußland mit seinen 143 Millionen Einwohnern für Deutschland als potentieller großer Absatzmarkt. Wohlgemerkt: potentiell. Denn die Zahl der Russen, die westliche Luxusprodukte und nicht nur Lebensmittel konsumieren können, ist noch gering. Sie wohnen in Moskau, St. Petersburg, Saratow oder Nishnij Nowgorod – nur wenige Städte haben in Rußland Ansätze einer Mittelklasse ausgebildet.

Deshalb ist Rußland als Handelspartner für Deutschland noch weit von europäischen Maßstäben entfernt. Tschechen und Polen zum Beispiel liefern Bekleidung, Elektrotechnik, Kraftfahrzeuge nach Deutschland. Deutsche Firmen exportierten nach Polen im Jahr 2000 mehr als doppelt so viel wie nach Rußland. Doch in jüngster Zeit gibt es eine Trendwende: Dank der Rubelaufwertung und der gestiegenen Kaufkraft der Russen sind 2001 die deutschen Exporte nach Rußland kräftig gestiegen. Die wirtschaftliche Verflechtung wächst. Es ist zu hoffen, daß mit dem wirtschaftlichen Aufschwung seit 2000 auch allmählich die Russen in der Provinz am Wohlstand Moskaus teilhaben werden.

Wladimir Putin hat mit seiner entschlossenen Unterstützung der Amerikaner im Antiterrorkrieg seit Ende September 2001 deutlich gemacht, wie ernst es ihm mit der diplomatischen Annäherung an den Westen ist. Ihm half ein Gezeitenwechsel in Washington. In der neuen republikanischen Regierung konnten sich die Befürworter enger Beziehungen zu Rußland gegen die Skeptiker im Pentagon und der National Security Agency durchsetzen. US-Präsident Bush machte die Besuche in Moskau und St. Petersburg zum Höhepunkt seiner Europareise im Mai 2002. Im Vordergrund stand die öffentliche Inszenierung seiner noch jungen Freundschaft mit Wladimir Putin; sie bildete die Kulisse für Abkommen und Erklärungen über Rußlands engere Bindung an den Westen.

Ende Mai tagte zum ersten Mal der neue NATO-Rußland-Rat, in dem Rußland gleichberechtigt und von Anfang an in der Runde der Zwanzig mitredet. Die gemeinsamen Beratungen betreffen den internationalen Kampf gegen den Terrorismus, Seenot- und Rettungsübungen, den möglichen Aufbau eines gemeinsamen Raketenabwehrsystems, die Nichtverbreitung von Massenvernichtungswaffen. Nicht alle Themen werden in geplanter Weise verhandelt und umgesetzt werden. Vor allem im Antiterrorkrieg schaut die NATO ja bislang vor allem zu. Die NATO-Staaten schicken ihre besten Offiziere derzeit nicht nach Brüssel, sondern zu den strategischen Lageplanungen im amerikanischen *CentCom* in Florida. Demgegenüber hat der neue NATO-Rußland-Rat vielmehr eine kulturelle Mission, welche die Koalition seiner zwanzig Mitglieder bestimmt. Im ständigen Gespräch mit NATO-Offizieren – so lautet die Hoffnung – läßt sich die fortbestehende Abneigung des russischen Offizierskorps gegen die NATO langsam abschleifen und das Kosovo-Syndrom 1999 überwinden. So könnte der Rat die von Putin gewünschte und von großen Teilen der russischen Elite nach wie vor abgelehnte Verwestlichung fördern.

Für Amerika aber, das seinen Krieg gegen den Terror weitgehend ohne das Bündnis führt, buchstabiert sich sein Sinn fortan vor allem politisch. Zwar betonen einflußreiche Washingtoner Strategen gern die globale Verantwortung der NATO. Doch ihr Aktionsradius bleibt regional begrenzt. In der Osterweiterung und der Stabilisierung des ehemals sowjetischen Machtbereichs findet die NATO vorerst ihren eigentlichen Überlebenszweck. Für die Europäer, deren militärische Ultima ratio die NATO immer noch ist, hat das einschneidende Folgen. Wenn beim Prager Gipfel im Herbst 2002 bis zu sieben Staaten Ostmitteleuropas der Allianz beitreten, wird von den Blöcken in Europa so wenig übrig sein wie in Berlin von der Mauer. Die NATO wird zunehmend für das stehen, was sich die OSZE einst auf ihre Fahnen schrieb: Sicherheit in fast ganz Europa, mit Rußland.

Langfristig werden die Deutschen und ihre EU-Partner nicht umhin kommen, ihre Sicherheit auch jenseits der NATO zu organisieren. Die Europäische Sicherheits- und Verteidigungspolitik (ESVP) ist zwar feierlich deklariert worden, doch noch bleibt offen, ob die europäische Eingreiftruppe ausreichend gut ausgestattet sein wird, um wirklich eigenständig zu handeln. Entscheidend für die Sicherheitsbeziehungen Rußlands zu Europa und Deutschland im speziellen dürfte zukünftig sein, inwieweit Rußland in der ESVP mitwirken kann. Positive Beispiele der militärischen Zusammenarbeit gibt es genug. Das feindselige Donnergrollen im russischen Generalstab während des Kosovokonflikts 1999 ist fast vergessen, die Bilanz von Russen und Europäern in der militärischen Zusammenarbeit auf dem Balkan höchst erfreulich. Sowohl in Bosnien wie im Kosovo helfen russische Soldaten den NATO-Truppen, den Frieden zu sichern. Darauf können beiden Seite aufbauen.

Dennoch: Die Europäer werden auf mittlere Sicht in ein Dilemma geraten. Zweifellos gebietet ein gutes Verhältnis der Europäischen Union zu Rußland die Beteiligung Moskaus am Aufbau der ESVP-Strukturen. Voraussichtlich werden auch die Amerikaner auf die russische Beteiligung drängen. Washington erlaubt ja schon heute dem NATO-Partner Türkei, in der ESVP von außen mitzureden. Es geht dabei um ein mögliches begrenztes Vetorecht für Ankara bei Einsätzen der neuen europäischen Eingreiftruppe, das nicht nur die Griechen irritiert. Die EU muß sich deshalb fragen, ob von einer EU-Verteidigungsidentität noch die Rede sein kann, wenn die ESVP schon in ihrer Aufbauphase von der Mitsprache und Zustimmung großer Länder abhängig ist, die nicht Mitglied der Union sind. Die EU-Staaten werden in der Verteidigungspolitik schon bald ihr Verhältnis zu Rußland ebenso klären müssen wie die NATO dies mit dem neuen NATO-Rußland-Rat getan hat. Es wird festzulegen sein, wo Moskau mitredet und wo nicht. Dabei haben Europäer und Russen in vielen Regionen ein gemeinsames Sicherheitsinteresse, zum Beispiel an der Ostsee, in Südosteuropa, am Schwarzen Meer und im Kaukasus. Das ist ein reiches Wirkungsfeld für die Verflechtung der unabhängigen europäischen Sicherheitspolitik mit Rußland.

Energiepolitik

Sicherheitspolitik beschränkt sich freilich nicht auf eigenständige Truppen und gemeinsame Gefahrenabwehr. Eine moderne Sicherheitspolitik muß vor allem die stete und zuverlässige Versorgung mit Energieressourcen garantieren. In Deutschland, das als einziges großes europäisches Land keinem international bedeutenden Energiekonzern eine Heimat bietet, überlassen Politiker dieses Thema gern den Verbündeten. Die Sicherung von Rohstoffen hat für viele Deutsche einen schlechten Beigeschmack und erinnert sie an großmäulige Kolonialwettläufe Wilhelms II. oder Hitlers verbrecherischen Ostfeldzug. Für Briten, Franzosen oder Holländer ist die systematische Diversifizierung ihrer Energiequellen eine Selbstverständlichkeit. Sie sind in allen Förderregionen der Welt präsent, um im Notfall immer eine Ausweichmöglichkeit auf einen anderen Markt zu haben. Die Deutschen dagegen suchen ihr Versorgungsheil in jüngster Zeit in Verhandlungen mit Rußland.

Dafür gibt es gute Gründe. Energie wird für Rußland und Europa das zentrale strategische Bindeglied der kommenden Jahrzehnte sein. Für Europa lautet die Formel der Zukunft: Nicht auf den

Besitz von Rohstoffquellen kommt es an, sondern auf den Zugang zu Ressourcen. Wladimir Putin hat auf dem deutsch-russischen Gipfel in Weimar im April von sich aus einen zehnminütigen Monolog über die künftige Energiezusammenarbeit gehalten. Der russische Präsident weiß: Vor allem durch seine Ressourcen hat Rußland für Europa und die Welt noch Bedeutung.

Die EU importiert heute 75 Prozent ihres Erdöls, davon liefert Rußland 45 Prozent, also fast die Hälfte. Beim Erdgas ist die EU bisher weniger auf Lieferanten von außen angewiesen: Da Holland und Großbritannien selbst Großproduzenten sind, importiert die EU derzeit nur 40 Prozent ihres Erdgasverbrauchs. Davon liefert Rußland wiederum knapp die Hälfte (40 Prozent). Doch der Energiehunger der Europäer wird steigen, auch bei massivem Sparen. Zugleich erschöpfen sich allmählich die Ressourcen von Öl und Gas innerhalb der EU, die vor allem in der Nordsee liegen. Bis 2020 wird die Abhängigkeit der EU deshalb beim Erdöl auf 90 Prozent steigen und beim Erdgas auf 70 Prozent. Rußland bietet sich heute vor allem beim Erdgas als künftiger strategischer Lieferant an. Als Musterbeispiel dafür mag die Stadt München dienen: Die Wärmeenergie der bayerischen Großstadt speiste sich 2001 zu einem Drittel aus Erdgas, davon lieferte Rußland 98 Prozent.

In der gesamten EU wird der Erdgasanteil am Gesamtenergieverbrauch der Mitgliedsländer weiter wachsen (nach Schätzungen der Internationalen Energieagentur von 31 Prozent im Jahr 1997 auf 62 Prozent 2020). Deshalb haben der EU-Kommissionspräsident Romano Prodi und Wladimir Putin schon 1999 vereinbart, den russischen Umfang der Erdgaslieferungen in die EU langfristig zu verdoppeln.

Insofern scheint es, als böte sich hier ein großartiges Szenario zukünftiger Zusammenarbeit. Deutsche Politiker und Energiemanager werden nicht müde, es zu preisen. Rußland, so heißt es, könne die Abhängigkeit des Westens von Staaten des Nahen Ostens, die über siebzig Prozent der Weltölreserven verfügen, verringern. US-Präsident Bush und seine Entourage haben bei ihren Besuchen in Berlin und Paris im Mai gleichfalls für eine Vertiefung des europäischen Verhältnisses zu Moskau geworben. Rußland und die EU, erklären deutsche und russische Politiker, könnten eine »symbiotische Energiebeziehung« eingehen. Die Europäer investieren in Förderanlagen und Pipelines, die Russen liefern den Stoff, aus dem die Wachstumsträume sind.

Dieser wunderbare Zukunftsentwurf ist leider nicht mehr als ein Traum. Die schlichten Zahlen sprechen gegen seine Verwirklichung. Sollte Rußland, wie von Brüssel, Berlin und Moskau geplant, bis 2020 seine Energielieferungen verdoppeln, bedeutete dies, daß Rußland 90 Prozent seiner Gasproduktion in die EU exportieren müßte. Das scheint illusorisch zu sein. Rußland hat bereits mehreren asiatischen Staaten, darunter China, die Lösung ihrer Energieprobleme versprochen. Zugleich beliefert Rußland weite Teile der ehemaligen Sowjetunion mit Erdgas. Nicht zu vergessen der russische Absatzmarkt: Der Energiekonsum wird bei einem prognostizierten Wirtschaftswachstum von vier bis fünf Prozent im Jahr weiter kräftig ansteigen. Da verbleibt weniger für den Export. Rußland verbraucht schon heute 57 Prozent der eigenen Produktion. Niedrige Preise und hemmungslose Energieverschwendung dürften die Schere zwischen Exportversprechen und tatsächlichen Kapazitäten weiter öffnen.

Wladimir Putin und der halbstaatliche Konzern Gasprom werben um die Europäer mit dem Zauberwort »Versorgungssicherheit«. Merkwürdig nur, daß Rußland die Europäische Energiecharta von 1994 zwar unterschrieben, aber nicht ratifiziert hat. Grundgedanke der Charta ist gerade diese Versorgungssicherheit, und zwar auf den Grundlagen freier Transport von Energiegütern und freier Energiehandel. Dieses Ziel der EU stößt auf den Widerstand russischer Lobbies. Vor allem der Energieriese Gasprom wünscht die Kunden durch langfristige Verträge mit garantierten Abnahmemengen zu binden. Die deutsche Ruhrgas AG, die bei Gasprom mit rund fünf Prozent der Aktien beteiligt ist und auf dem deutschen Markt führt, teilt dieses Interesse im wesentlichen. Die Manager von Ruhrgas und der Gasprom-Chef und Putin-Vertraute Alexej Miller geben sich im Kanzleramt die Klinke in die Hand. Durch ihre Lobbyarbeit droht die Konkurrenz mittelfristig ausgeschaltet zu werden. Damit wäre die erst kürzlich verkündete Liberalisierung des deutschen Energiemarkts, der die Freigabe des Handels in der EU folgen soll, dahin.

Woher aber wollen die Russen die zusätzlichen Mengen Erdgas nehmen? Wladimir Putin versucht in Zusammenarbeit mit Gasprom eine eurasische Gas-Allianz aufzubauen. Grundgedanke ist, die Energieressourcen auf dem Territorium der ehemaligen Sowjetunion zu bündeln und gemeinsam auf dem Weltmarkt anzubieten. Im Visier sind vor allem die vielfach noch unerforschten Reserven in der Kaspischen Region. Würden zum Beispiel Turkmenistan und Kasachstan ihre wachsende Gasproduktion zu Moskauer Bedingungen in das russische Pipelinenetz einschleusen, könnte Gasprom einen Teil der Lieferlücke nach Europa füllen und hätte zugleich konkurrierende Anbieter in freundschaftlicher Umarmung ausgeschaltet. Dies ist das russische nationale Interesse, dessen Verfolgung Putin niemand übelnehmen kann. Es ist nur nicht zum besten europäischen und deutschen Nutzen. Wie läßt sich dieser Interessenkonflikt lösen?

Es wird die Aufgabe deutscher und europäischer Politiker sein, die Energiezusammenarbeit mit Rußland entschlossen auszubauen, aber zugleich sich über deren Grenzen rechtzeitig klar zu werden. Putin hat in Weimar versichert, daß Rußland nie aus politischen Gründen am Gas- und Ölhahn nach Europa geschraubt hat. Doch darum geht es nicht. Die russischen Produzenten sind einfach nicht in der Lage, allein zu leisten, was Europa künftig an Importen braucht. Hier droht die Verflechtung mit Rußland im positiven Sinne in eine neue Abhängigkeit negativer Art umzukippen. Sie wird nicht militär-strategisch wie im kalten Krieg sein, aber gleichwohl empfindlich spürbar, denn die EU und vor allem die auf Erdgas umschwenkenden Deutschen könnten so von Rußlands Lieferungen und Lieferschwierigkeiten abhängig werden. Das wäre das Ende der Ungezwungenheit, der Beginn neuer Zwänge.

Die Suche nach Alternativen muß also heute beginnen und nicht erst, wenn ein möglicher Krieg im Nahen Osten die nächste Energiekrise beschert. Die Rezepte sind fast so alt wie die Ölkrisen der siebziger Jahre: Deutschland, ohnehin Weltmeister im Energiesparen, nutzt die vorhandenen Ressourcen immer effektiver. Das Land sollte neue Energieträger wie Windkraft und Kernfusion mit großen Investitionen zügig aufbauen. Der Ausstieg aus der Kernenergie als verspätete Verbeugung vor den in Ehren ergrauten Demonstranten von Brokdorf 1977 verdient es, alsbald rückgängig gemacht zu werden. Die neuen umweltschonenden Techniken der Kernenergie sollten nicht nur in Frankreich und Finnland, sondern auch in Deutschland weiterentwickelt werden. Eine zentrale Aufgabe der Energiekonzerne und der Bundesregierung wird es sein, alternative Lieferregionen für Öl und Erdgas zu erschließen. In den kommenden Jahren werden neue Pipelines vom Kaspischen Meer durch die Türkei und Griechenland nach Westen gebaut. Es ist im europäischen Interesse, daß die kaspische Region zu einem unabhängigen Anbieter auf dem Weltmarkt heranwächst. Durch die neuen Pipelines kann kaspisches und dereinst auch iranisches Erdgas in das europäische Netz eingespeist werden. Wenn die Vereinigten Staaten ihre Politik nicht ändern, werden die Europäer gegenüber Teheran langfristig eigene Wege gehen müssen. Iran ist immerhin das Land mit den zweitgrößten Erdgasreserven der Welt. Es sollte ein Anbieter auf dem freien europäischen Energiemarkt werden. Erst im Konzert mit diesen Alternativen kann die unverzichtbare Energiepartnerschaft mit Rußland für alle Seiten Nutzen bringen.

Ein Partner Europas

Europas ungeschriebenes Grundgesetz lautet, daß kein Staat des Kontinents in keinem Bereich strategische Dominanz erringt, sei sie politischer, militärischer oder wirtschaftlicher Art. Rußland hatte sich im 20. Jahrhundert vom europäischen Wirtschaftsraum abgeschottet. Mit ihm war jahrzehntelang ganz Mittel- und Osteuropa im sozialistischen Biotop verbarrikadiert. Das hat auch Rußland sehr geschadet, das von einer Weltmacht zu einer Regionalmacht abgestiegen ist. Doch im Schrumpfen liegt die Chance. Die wirtschaftliche Verflechtung Rußlands mit Europa dürfte nun stetig wachsen, vorausgesetzt, daß sie nicht in neue Abhängigkeiten umschlägt. Auf dieser Grundlage kann Rußland ein wirklicher europäischer Partner unter vielen Gleichen werden.

IV. INTERIEUR

Patriotismus? Ja bitte!

Wie patriotisch dürfen Deutsche sein? Nicht »wie«, sondern »ob« – das schien und scheint manchen die eigentliche Frage. Diese Wahrnehmung ist so falsch wie jene.

Ob die Deutschen »patriotisch« sein dürfen? Natürlich, warum nicht? Eine Gesellschaft, die durch nichts zusammengehalten wird, fällt auseinander. Es gibt kein Haus ohne Fundament und keine Gemeinschaft ohne ein Fundament. Dieses »Fundament« kann man auch »Verbindendes« nennen oder »Überliefertes«, positiv wie negativ, und warum – trotz des Hühnerhofgeschnatters – nicht auch »Leitkultur«?

»Leitkultur«, gemeinsam Erlebtes und Überliefertes, das durchaus in ein und derselben Gemeinschaft unterschiedlich bewertet wird, gibt es in jeder Gemeinschaft, und in fast jeder Gemeinschaft ist es anders. »Die« Deutschen haben, gut oder schlecht, andere prägende und überlieferte Erfahrungen als die Einwohner Papua-Neuguineas, die Eskimos oder die Franzosen und Engländer.

Da zudem jede Gemeinschaft jedem nicht nur Wohltaten geben kann, sondern zum Beispiel Steuern nehmen muß, um jene zu finanzieren, muß das Nehmen immer wieder und immer wieder neu begründet und die Begründung von der Bevölkerungsmehrheit innerlich mehr oder weniger akzeptiert werden. Andernfalls zerbröselt das Gemeinwesen. Es besteht nur noch aus Ichlingen, mit denen im wahrsten Sinne des Wortes kein Staat zu machen ist, geschweige denn eine Gemeinschaft. Ganz ohne Wir-Gefühl gibt es auch keine Verbesserung, »Erfüllung« oder »Selbstverwirklichung« des Ich.

Auch die Frage: »Wie patriotisch dürfen Deutsche sein?« ist falsch gestellt, denn Deutsche dürfen genauso patriotisch oder nicht-patriotisch sein wie Nicht-Deutsche. Das war so, das ist, und das wird so bleiben.

Deutsche dürfen, wie Nicht-Deutsche, so patriotisch sein, daß ihr Patriotismus die Lebensmöglichkeit und Lebensqualität anderer Nationen nicht behindert. Nicht behindern und nicht behindert werden. Leben und leben lassen. Darauf kommt es im friedlichen Nebeneinander der Nationen an. Freiheit ist stets die Freiheit des Andersdenkenden, in der eigenen Nation, bei den Nachbarn, in der Welt.

Nicht der Patriotismus ist das Übel, sondern der jeweilige Versuch, andere Nationen zu beherrschen oder gar zu erobern und zu unterdrücken. Patriotismus an sich ist weder gut noch schlecht. Schlecht ist nur der Mißbrauch des ganz Natürlichen. Und natürlich ist jeder Patriotismus, manche sagen lieber zu diesem natürlichen Patriotismus »Nationalismus«. Der Grund ist einfach: Nationalismus kommt vom lateinischen Wort »natio«, die Nation. »Natus sum« heißt vom Lateinischen ins Deutsche übersetzt, ich bin geboren. Wie alle anderen, überall und immer, bin ich in eine Gemeinschaft geboren. Diese Gemeinschaft, in die ich geboren wurde, ist die Nation. Diese Nation ist also so natürlich wie die Tatsache, daß ich geboren wurde, natus sum. Das gilt für alle Deutschen und für alle Nichtdeutschen.

Auch das Wort Nationalismus wäre also an sich harmlos. Aus geschichtlichen Gründen, weil der Nationalismus so oft, besonders in Deutschland, mißbraucht wurde, sprechen viele hierzulande lieber vom »Patriotismus« als vom »Nationalismus«. Sei's drum. Was ist »Patriotismus«? Patriotismus ist der Einsatz der Bürger für ihr Gemeinwesen; für das Gemeinwesen, in dem sie leben, das sie entweder lebenswert gestalten oder erhalten wollen.

Was ist »lebenswert«? Darauf gibt es in demokratischen Gesellschaften, gottlob, keine einheitliche Meinung. Gerade auf die Vielfalt kommt es an. Ohne Vielfalt keine Freiheit. Das wiederum bedeutet: Den Patriotismus schlechthin gibt es nicht, weil die

Lebensvorstellungen jedes einzelnen oder Lebensziele verschiedener Gruppen oft ganz unterschiedlich sind.

So setzen sich die verschiedenen Bürger für das ein, was sie jeweils für gut und lebenswert halten. Jeder ringt, das heißt argumentiert politisch und gewaltlos (!) in Demokratien um die Durchsetzung und Verbreitung seines Lebens- und Gesellschaftsentwurfs innerhalb des eigenen Gemeinwesens.

Der Einsatz freier Bürger für ihr freies Gemeinwesen. Das ist Bürgersinn, und Bürgersinn gehört zu jeglichem Patriotismus. In Deutschland und woanders. Kein Gemeinwesen kann ohne diesen Patriotismus leben und überleben. Das wiederum bedeutet: Jeder Staat braucht den Patriotismus seiner Bürger, der deutsche Staat wie jeder andere auch. Wer das Gegenteil behauptet, verkennt die elementaren Voraussetzungen jedes Gemeinwesens. Oft hört man: »Wegen ihrer Geschichte können und dürfen die Deutschen eben jenen positiven Bezug zu ihrem Gemeinwesen nicht mehr hegen und pflegen.«

Von welchem deutschen Gemeinwesen ist die Rede? Vom Dritten Reich? Gewiß, das Dritte Reich lehnen deutsche Demokraten ab. Gut so. Doch das Dritte Reich gibt es nicht mehr, den Alliierten sei Dank. Den Staat der bundesdeutschen Demokratie gibt es statt dessen. Und warum dürfen oder sollen oder können »die Deutschen« sich für ihre Demokratie weniger einsetzen, also weniger »Patriotismus« zeigen als britische Demokraten für ihre britische Demokratie oder französische Demokraten für ihre französische Demokratie? Die Frage zu stellen, heißt, sie beantworten.

Wer sich selbst innerlich nicht annimmt, kann andere erst recht nicht annehmen. Frieden nach außen kann nur bewahren, wer inneren Frieden gefunden hat. Wenn ich mich selbst nicht liebe, kann ich auch andere nicht lieben. Deshalb heißt es in der Hebräischen Bibel (nicht unbedingt ein Dokument des deutschen Patriotismus): »Liebe deinen Nächsten wie dich selbst.«

Für Zwischenstaatliches gelten letztlich die gleichen Grundregeln wie für Zwischenmenschliches. Einmal mehr und immer wieder und kurzum: Deutsche dürfen so patriotisch wie Nichtdeutsche sein. Niemand verbietet es ihnen. Niemand erwartet, daß Deutsche weniger patriotisch als andere sind. Was von Deutschen, wie von Nichtdeutschen, von allen friedliebenden Bürgern nach innen und außen erwartet wird, ist die Bereitschaft zu friedlicher Zusammenarbeit und zum friedlichen Ausgleich. Kein Bürger lebt auf einer einsamen Insel, wie weiland Robinson Crusoe, und kein Staat ist allein auf dieser Welt. Allen und keinem allein gehört die Welt. Wer das beherzigt, kann problemlos »patriotisch« sein.

Und machen wir uns – bitte – nichts vor. Die Deutschen tun es doch schon längst. Ihnen und ihrer Umwelt bekommt es bestens.

Die innerdeutsche Kontroverse um den Patriotismus »der Deutschen« ist in erster Linie Politikum und Instrument: Instrument der »Linken« (parteipolitisch meistens der SPD, Grünen und PDS sowie der diversen einstigen K-Gruppen, Grüppchen und Sekten, also der Alt- und 68er Neu-Linken)), um der demokratischen Rechten der Bundesrepublik, vor allem der CDU/CSU die demokratische Rechtfertigung zu entziehen. Das Argumentationsmuster ist dabei, besonders seit 1968, ebenso banal wie wirksam: Die Nationalsozialisten haben das Nationale betont, überhöht und verbrecherisch mißbraucht.

Deshalb wäre jede Form des Patriotismus oder gar des »Nationalismus« tabu, Patriotismus gliche aggressivem Nationalismus und wäre eigentlich »Nationssozialismus« oder zumindest »wie Nationalsozialismus« und wenn nicht »Nationssozialismus«, eben »Faschismus«. Worte als Schlagworte, wie mit dem Salzstreuer hantierend, wirkungsvoll allemal, denn: »Jeder Patriot ist Nazi«, besonders ein christdemokratischer Patriot, dem gegenüber man sich bei Bedarf und wenn einem die Argumente ausgehen, der Total-Verunglimpfung, nämlich der Nazi-Keule, bedient.

So knallhart wie die rot-grüne Koalition seit 1998 hat – warum auch nicht? – kaum eine bundesdeutsche Regierung im europäischen Rahmen nationale Interessen formuliert und manchmal rüde durchgesetzt.

Auch sprachlich nahm man Anleihen bei vorher Verteufelten auf: Im Jahre 1994 ist ein Buch mit dem Titel »Die selbstbewußte Nation« erschienen, die Autoren waren zumeist anerkannte und ehrenwerte Konservative und Liberale. Empört wurde besonders auf den Titel reagiert, ein Sturm im Wasserglas entfacht und einmal mehr »Nazis ante portas!« oder »Wehret den Anfängen!« gerufen.

Am Anfang der rot-grünen Koalition griff Neu-Kanzler Gerhard Schröder in seiner ersten Regierungserklärung diesen Gedanken und jene Formulierung fast wörtlich auf, und keiner nahm Anstoß daran. Als danach diese nicht zuletzt aus einstigen »Friedensbewegten« bestehende Bundesregierung in drei Jahren zwei leider notwendige Kriege zu Recht mitführte, gab man zugunsten des Machterhalts eigene lang gehegte Prinzipien auf, und nun hat sogar Günter Grass im »Krebsgang« gelernt, daß Leid durch Deutsche kein Leid von Deutschen rechtfertigt. Woraus wir lernen, daß und wie heuchlerisch politische Schlagworte verwendet und bekämpft werden. Sie werden tatsächlich eher als Schlaginstrumente eingesetzt und nicht, wie üblicherweise das Wort, als Mittel der Kommunikation. Viele unserer politischen Debatten sind Heuchelorgien. Deshalb befürworte ich auch in der Diskussion über »Patriotismus« mehr Gelassenheit.

JACQUES SCHUSTER

Von Paulus zu Saulus

… oder wie aus Deutschen Juden wurden

Je tiefer Auschwitz in die Nebel der Vergangenheit sinkt, um so mehr wandeln sich die Deutschen von Nachfahren der Mitläufer und Täter zu Kindern und Enkeln der Opfer. Denken sie sich in die Jahre des Dritten Reichs, leben sie meist im Untergrund, kämpfen im Widerstand, tragen ein entschlossenes, doch von Angst gezeichnetes Gesicht oder gleich den Davidstern, keinesfalls jedoch den Rock des »Bundes Deutscher Mädel«, das Hemd der »Hitler-Jugend« oder das schwarze Wams der »SS«. Den 8. Mai begehen sie als »Tag der Befreiung« – ganz so, als hätte die Hakenkreuzspinne das Deutsche Reich überfallen und nur nach lautem deutschem Flehen von den Alliierten vernichtet werden können. In ihren Wohnzimmern stellen sie den siebenarmigen Leuchter auf. Und ihre Töchter und Söhne nennen sie Sarah, Lea, Benjamin oder Jakob. Nach Brandanschlägen auf Asylantenheime sieht man sie zuweilen mit Kerzen in den Händen betroffen durch die Fußgängerzonen schlürfen, manche von ihnen tragen sogar den Judenstern.

Den Opfern von damals wollen sie in bester Absicht ein Mahnmal errichten, ein Denkmal, so wie es ihrer neuen Identität, ihrem eigenen Selbstverständnis entspricht. Ein jüdisch anmutender Ort soll es werden, der Yad Vashem gleicht, möglichst noch in seiner wortgetreuen Bedeutung, der Verheißung Jesaias (56,6) entlehnt: »Ich werde ihnen (denen, die keine Nachkommen haben, J. S.) in meinem Hause und in meinen Mauern ein Denkmal stiften und einen Namen, der mehr wert ist als Söhne und Töchter: Einen ewigen Namen stifte ich ihnen, der unvertilgbar ist.«

Yad Vashem in Berlin soll es sein. Was hat man nicht alles vorgeschlagen, um derlei zu verwirklichen: Eine Grabplatte mit Geröll aus Masada, dem Ort jüdischen Heldenmutes gegen die Römer, darauf die Namen der Deportierten. Nun soll es ein Stelenwald werden, recht hübsch und beeindruckend am Brandenburger Tor gepflanzt, einem jüdischen Friedhof gleich.

Yad Vashem in Berlin muß es sein, möglichst nachgebaut, mit dem »Ohel Jiskor«, der »Halle der Erinnerung«, der »Höhle des Gedenkens«, der »Allee der Gerechten«, der »Halle der Namen«, der Kindergedenkstätte und vielleicht noch einer Gedenkmauer, auf der – wie in Berlin allen Ernstes vor gar nicht langer Zeit vorgeschlagen – in großen hebräischen Lettern »lo tirzach« steht, das »Du sollst nicht morden« der Zehn Gebote – als ob es sich nicht um viel mehr, um etwas ganz anderes gehandelt hat als »nur« um Mord. Das Judentum aber braucht keine monumentalen Mahnmale. Es besitzt Denkmäler seit Jahrtausenden – und die zuhauf, Gedächtnisorte in Herz und Liturgie. »Sachor« heißt es immer wieder. »Gedenke«, »Erinnere dich« der toten Mütter und Väter nach der Zerstörung des Tempels, der auf den Scheiterhaufen verbrannten Vorfahren im Mittelalter, der Gehetzten und Geschlagenen während der Kreuzzüge. »Sachor« heißt es, denke an den »Kiddush Hashem«, an die »Heiligung Seines Namens«, an die Märtyrer, die sich selbst das Leben nahmen, um ihren christlichen Häschern zu entkommen. »Sachor«, gedenke der Großeltern, Tanten und Onkel, deren Bilder noch heute an den Wänden in den Häusern der Familien hängen, Fotos von Menschen, die man selbst nie gekannt – sei es, weil sie deportiert wurden, sei es, weil sie im fernen Exil frühzeitig entkräftet an Armut und Elend zugrunde gingen.

»Haskarat Neshamot«, das »In-Erinnerung-Rufen der Seelen«, gehört zum Judentum wie Abraham, Isaak und Jakob zur Bibel, ist unabtrennbarer Bestandteil der jüdischen Religion. Kein Sabbat-Gottesdienst vergeht, der nicht im Gedenken an die sechs Millionen Juden schließt. Kein Versöhnungsfest, kein Passah, kein Schavuoth wird begangen, ohne das »Jiskor«-Gebet (»Gedenke«) zu sprechen. Unter beklommenem Schweigen der Gemeinde erinnert der Vorbeter im »El ma'a le rachamim« (»Gott voller Erbarmen«) an die »Brüder und Schwestern, die Heiligen und Reinen, die ermordet und verbrannt wurden, weil sie Dir treu blieben«.

Judentum heißt ständiges Gedenken, unablässige Rückschau, ewiges Gedächtnis, wo man geht und steht. Ein Mahnmal in Berlin-Mitte, noch dazu an nichtauthentischem Ort, widerspricht der jüdischen Tradition und bezeugt auf beklagenswerte Weise das ewige Mißverständnis der Nichtjuden einer christlichen Gesellschaft, denen all das fremd ist. Sie meinen es gut in ihrem Tun und den mosaisch anmutenden Mahnmalentwürfen, ohne zu ahnen, daß die Monstrosität ihres Stein gewordenen Gedenkens etwas zutiefst Unjüdisches hat. Mit barscher Bündigkeit betonen sie die Einzigartigkeit der Verbrechen, die alles aus dem Feld schlage und schier unvorstellbar sei, ohne daran zu denken, daß ein Mahnmal gerade für diesen Genozid trivialisiert und ästhetisiert. Wer die Stimmung der Konzentrationslager, der Gaskammern und Totenhaufen in edle Steine schlägt, ist ein Leichenschänder und begeht Blasphemie.

Würden die 75 Millionen selbsternannten deutschen Juden (die restlichen fünf sind Antisemiten) wieder beschließen, Nachfahren der Täter zu sein, bemerkten sie vielleicht, wie anstößig ihr Vorhaben ist. Ein jüdisch anmutendes Mahnmal in Deutschland außerhalb der authentischen Orte zu errichten gleicht dem Bemühen eines Familienmörders, der nach Jahren beschließt, seinen von ihm erschossenen Geschwistern einen Obelisken in den Garten zu stellen. Man sollte in Demut schweigen, das Bekennen der Schuld nicht immer emphatisch in die Umlaufbahnen schleudern und sich mit den authentischen Stätten der Vernichtung begnügen.

Die nichtjüdischen und gleichsam jüdischen Deutschen aber kümmern solche Bedenken nicht. Sie trachten nach dem Bau eines mosaischen Mahnmals, ganz so, wie es ihrer neuen, seit einigen Jahren angenommenen Identität entspricht. Unmittelbar nach dem Krieg spürten sie die Juden zentnerschwer, wie Schattenleiber des Vergangenen und Versäumten, obwohl Hitler ganze Arbeit geleistet und das Land tatsächlich nahezu »judenrein«

hinterlassen hatte – der wohl einzige »Erfolg« nationalsozialistischer Politik überhaupt. Doch trotz der Last blieb man stumm, verharrte im »kommunikativen Beschweigen« (Hermann Lübbe) und verdrängte, was mit Schuld und düsterem Gestern zu tun hatte. Mit den zwölf finsteren Jahren wollte man fortan nichts mehr zu tun haben und schaute nach vorn. Erst allmählich meldete sich eine Stimme aus den Sphären des Halbwissens und Nicht-mehr-wissen-Wollens, die nicht mehr verstummte, immer lauter schrie. Nun begann der innere Kampf, die quälende Auseinandersetzung mit der eigenen Schuld auf eine christlich geprägte, der protestantischen Tradition entsprechenden Weise, obgleich man längst den Bezug zur Kirche verloren hatte. Die Deutschen gingen mit sich selbst ins Gericht, stellten sich und alles andere in Frage – schmerzhaft und unter Qualen. Sie taten Buße, Buße im Sinne von Umkehr, von Wandel, von völliger Veränderung, Buße, die öffentlich sein mußte – ganz nach dem Vorsatz der evangelischen Tradition, die lautstarkes Bekennen von Schuld mit dem Abwerfen einer großen Last gleichsetzt. Man ging in sich, sühnte, rang mit sich selbst und konnte nicht mehr der sein, der man war. Man wurde vom Paulus zum Saulus, warf sie ab, die verhaßte, die eigene Identität und versetzte sich fortan in die Rolle der Opfer. Zudem verknüpfte man protestantisches Bekennen von Schuld mit jüdischen Formen der Erinnerung. Und nicht nur das: Alles, was Deutsche für jüdisch hielten, drückten sie plötzlich mit geradezu närrischer Liebe ans Herz – sei es noch so banal.

Vor allem die ostjüdische Stetl-Welt hat es den Deutschen angetan, die Bilder der schwarzen Kaftanjuden mit servil gesenktem Blick, dabei sinnierend und von kalter Traurigkeit – eben so, wie man sie aus der Hetzpropaganda der Nazis kennt, diesmal allerdings verklärt, unterlegt mit schmachtenden Klezmerklängen, gespielt von Musikern mit Pajes und Milchmann-Tewje-Mütze – Erscheinungen, die für die jüdische Welt so typisch sind wie der Lederhosen tragende Bayern-Seppl für die Deutschen. Die deutsche Judäophilie kennt keine Grenzen und taucht überall auf: In den öligen Reden zur »Woche der Brüderlichkeit« genauso wie im frommen Entzücken über angeblich »jüdische« Speisen, in rührseligen Artikeln über deutsche Juden aus Amerika, die plötzlich wieder die Heimat besuchen (nach Deutschland kamen sie zum Glück schon oft), genauso wie in überzuckerten Vorträgen über Juden in Kunst, Kultur und Wissenschaft der Weimarer Republik.

Kaum einer der Lobprediger merkt, daß sie die Juden damit erneut herausheben. Mehr sogar: Daß sich ihr Verhältnis den Juden gegenüber von den Ansichten nach 1933 strukturell kaum unterscheidet. Nach wie vor sind Juden den nichtjüdischen Deutschen etwas Besonderes und Einzigartiges – Fremde eben im eigenen Land, diesmal nicht im negativen, sondern im positiven, im hochjauchzenden Sinn. Dem Rassismus von einst ist rassistische Reue, philosemitische Rührseligkeit gefolgt.

In allem Reden und Wirken schwingt es mit, das Pathos vom auserwählten Volk, »und das so, als müsse auch hier einem Mythos Unterrasse Gegendampf gegeben werden«, so Ernst Bloch einmal treffend. Die deutschen Gutmenschen nehmen derlei nicht wahr, bekennen emsig, halten sich für geläutert und gereinigt, ohne wahrzunehmen, daß das jüdisch-nichtjüdische Zusammenleben vergangener Epochen, etwa in Kaiserzeit und Weimarer Republik, trotz der fehlenden Gleichberechtigung in manchen Bereichen natürlicher war als gegenwärtig. In Weimar gab es nicht jene Form von »Philanthropie, die aus sich selber die Juden reinwusch, und sie gehörte nicht zum guten Ton«, so nochmals Ernst Bloch in seinem Aufsatz über »die sogenannte Judenfrage«. »Handel und Wandel brauchten keine Legenden des Baalschem, um mit Juden das Geschäft zu machen, und die Proletarier? – sie hatten andere Sorgen, waren nicht am Arier, sondern am Kapitalismus interessiert, und als Abel fühlten sie sich selbst. Dann aber auch, was die geistige Gesellschaft angeht, so gab es in den weiten Kreisen um bildende Kunst, Musik, Theater ... kaum eine Entfaltung von Judenfrage und nichts von betontem Philosemitismus. Daß Reinhardt oder S. Fischer oder auch Bruno Walter und Otto Klemperer oder Josef Kainz Juden waren, Piscator oder Rowohlt oder Furtwängler oder Bassermann keine, das interessierte, außer in schmutzigen Winkeln oder sinistren Organen, überhaupt niemand, die meisten wußten gar nichts davon. Wer auch entdeckte noch in der ›Dreigroschenoper‹ Weills Musik als jüdisch, Brechts Text dagegen als deutsch ...? Sonst haben erst die Nazis (und im Fall Mahler ihre österreichischen Vorgänger) auch hier ihr Deutschland erwachen lassen.«

Die Deutschen heute haben vergessen, daß in den Jahren vor 1933 ein pathosloses Miteinander herrschte, ohne die Bemühungen von »Onkel Toms Hütte« oder »umgekehrt, von sonderlichem Liebestrank und Überkompensierung, als ob Juden, ohne das, nicht normal wären. Sie sind es; sind es mehrere nicht ganz, etwa als etwas Besonderes, dann brauchen sie erst recht nicht philosemitisch entschuldigt zu werden«. Die nichtjüdischen Deutschen sollten das endlich beherzigen. Es wird Zeit.

JÜRGEN LUH

Die Berliner Republik und ihre Armee

»Militarismus ist ein Vorwurf, der gern auf die deutsche Geschichte bezogen wird«, konstatierte kürzlich der ehemalige Chef des Heeresamts, Generalmajor a. D. Jürgen Reichardt, in einer Tageszeitung. »Man versteht darunter die Vorherrschaft eines Denkens in militärischen Kategorien in nichtmilitärischen Bereichen, etwa der Politik. [Doch] es gibt auch das Gegenteil von Militarismus, auch wenn es dafür kein Schlagwort gibt: das Vorherrschen nichtmilitärischer Denkweisen in militärischen Angelegenheiten. In Deutschland ist dieses Denken auf dem Vormarsch.« Reichardt schreckt nicht die Diskussion um Wehrpflicht- oder Berufsarmee, die im Wahljahr wie schon häufiger entbrannt ist, und auch nicht, daß deren zivile Wortführer »Wehrexperten« genannt werden. Ihn beunruhigt, »wie leichtfertig inzwischen über militärische Angelegenheiten geredet wird«.[1] In der Tat zeugt das verkrampfte Verhalten der Politik beispielsweise bei der Anschaffung des neuen Transportflugzeugs Airbus A 400M von wenig Verständnis für die Belange der Truppe. Was aber ist der Grund für die seltsam verzerrte Einstellung zu militärischen Dingen in Deutschland? Und welche Konsequenzen hat diese Denkungsart für Politik und Bundeswehr?

Eine erste Antwort lautet: Die gezwungene Haltung gegenüber Angelegenheiten, die mit den Streitkräften zu tun haben, ist das Ergebnis eines offenbar seit 1945 in vielen deutschen Politikerköpfen unterschwellig vorhandenen negativen Urteils gegenüber allem Militärischen. Reichardt hat eine Ursache dafür eingangs seiner Ausführungen angedeutet – allerdings eher unbewußt: die unwillkürliche oder gewollte Gleichsetzung von Militär mit

Militarismus. Seit der Entscheidung des Alliierten Kontrollrats vom 25. Februar 1947, Preußen aufzulösen, weil es ein Herd des Militarismus und der Reaktion in Deutschland gewesen sei (»a bearer of militarism and reaction in Germany«), hat sich in weiten Teilen von Politik, Presse und Wissenschaft die Ansicht festgesetzt, daß Deutschland vor 1945 in erster Linie ein militaristischer Staat gewesen sei, der die Welt ins Unglück gestürzt habe. Diese Deutung identifiziert die Ursachen der von Deutschland kommenden Katastrophen – gemeinhin genannt werden die Feldzüge Friedrichs des Großen (1740-1742, 1744/45, 1756-1763 und 1778/79), die Kriege Bismarcks gegen Dänemark (1864), Österreich (1866), Frankreich (1870/71), der Erste sowie der Zweite Weltkrieg (1914-1918 und 1939-1945)– in einer beispiellosen »sozialen Militarisierung« der preußisch-deutschen Gesellschaft, die in der Regierungszeit des »Soldatenkönigs« Friedrich Wilhelms I. eingesetzt und über die Regentschaft Friedrichs II. und die Epoche des Kaiserreichs bis in die Jahre des Dritten Reichs hinein angehalten habe. Aufgrund dieser Disposition sei man in Preußen-Deutschland stets unverantwortlich schnell geneigt gewesen, politische Konflikte mit militärischer Gewalt zu lösen.

Obwohl diese Behauptung wenig der Wirklichkeit entspricht – eine genaue Betrachtung der Verhältnisse bestätigt zwar die Bedeutung der militärischen Strukturen für die politische Entwicklung des deutschen Staats, sie zeigt jedoch ebenso, daß deren Einfluß auf die Geisteshaltung der Bevölkerung nicht größer war als in anderen europäischen Ländern[2] –, hält man in Deutschland an dieser Deutung fest. Dies ist zum einen deshalb der Fall, weil man hierzulande fürchtet, durch die Einordnung des Phänomens »soziale Militarisierung« in den gesamteuropäischen Kontext könnte es zu einer Relativierung der deutschen Alleinschuld vor allem an den Katastrophen des zwanzigsten Jahrhunderts kommen und damit zu einem Geschichtsbild, das rechtsextremen Populisten und Demagogen die Möglichkeit gebe, die deutsche Staatsräson zu erschüttern. Eine Relativierung des »deutschen Militarismus«, so die Befürchtung, führe auch zu einer Verharmlosung der deutschen Verbrechen – oder wie der amerikanische Journalist Joe

Klein jüngst formulierte: »Als würden die Knobelbecher am Rhein aufmarschieren, bevor man auch nur ›Sieg Heil‹ rufen könne, wenn man den Geist erst einmal aus der Flasche ließe.«[3] Dies aber dürfe nicht geschehen. Deutschland soll »rücksichtsvoll sein und friedlich und fair und kooperativ und nur ein Land wie alle anderen«.[4]

Man will die Militarismus-Interpretation der deutschen Geschichte nicht aufgeben, weil die Friedenssehnsüchte, die sich nach dem Zweiten Weltkrieg in Deutschland verständlicherweise etabliert haben, bei einem Großteil der politischen Eliten immer noch einen wesentlichen Bestandteil des eigenen Selbstverständnisses ausmachen: Die Bundeswehr, dies die Überzeugung vieler, dürfe niemals dorthin gehen, wo die Wehrmacht schon einmal gestanden hat. Diese Meinung vertreten vor allem die Mitglieder der Grünen, der SPD und der PDS, aber dieselbe Ansicht bestimmt auch das politische Handeln vieler in der CDU/CSU und der FDP; die Formulierung als solche stammt immerhin von Helmut Kohl. Im Unterbewußtsein dieser Politiker scheint daher alles, was mit Soldaten zu tun hat, schnell einen »militaristischen« Touch zu erhalten.

Darüber hinaus hat eine in Deutschland weitverbreitete pazifistische Grundstimmung erheblichen Anteil an der Abneigung, sich mit Dingen auseinanderzusetzen, die das Kriegshandwerk betreffen. Nach dem aus der jüngeren deutschen Vergangenheit begründeten Prinzip, »von deutschem Boden soll nie wieder Krieg ausgehen«, lautet der Tenor dieser Stimmung seit einigen Jahren nun »kein Krieg nirgends«.[5] Konflikte, so meinen die Vertreter dieser Grundhaltung, ließen sich allein dadurch vermeiden, daß man einerseits die multilateralen Strukturen stärke, beispielsweise Instrumente wie die OSZE weiterentwickle, andererseits in der Welt die Einhaltung der Menschenrechte durchsetze, die sozialen Probleme bekämpfe und den Umweltschutz fördere[6] – in erster Linie mit Geld demnach und nicht mit Soldaten. Sollte es dennoch zu Komplikationen kommen, müsse man die Schwierigkeiten aus der Welt schaffen, indem man sich an einen runden Tisch setze und miteinander rede. Die Vertreter dieser Meinung sind davon überzeugt, daß es auf dem Erdkreis keine Auseinandersetzung gebe, bei der sich eine Seite der Argumentation der anderen verschließe. Für sie gilt: »Wenn es in einem Konflikt bereits so ist, daß nur noch Soldaten weiterhelfen, dann ist es meistens zu spät.«[7] Damit solch ein Fall nicht eintritt, sei es also am besten, auf Militär möglichst zu verzichten.

Die Folge dieser skizzierten Einstellung ist die politische Maxime, daß deutsche Soldaten nicht an Kampfhandlungen teilnehmen sollen. Man dürfe sie höchstens zu »Friedensmissionen« verwenden. Der Einsatz der Bundeswehr sei allein zu rechtfertigen, wenn er einem friedlichen Hilfs- und Entwicklungszweck diene. In der heutigen politischen Praxis bedeutet dies etwa: Eine Auslandsmission der Streitkräfte ist im Bundestag lediglich dann unumstritten, wenn es darum geht, in Krisengebieten internationale Organisationen bei der Errichtung demokratischer Strukturen zu unterstützen, wenn für die Bewohner solcher Regionen friedliche und normale Lebensbedingungen gesichert werden sollen, oder wenn es darum geht, an diesen Orten für »einen friedlichen Ablauf der Wiederaufbaumaßnahmen« zu sorgen, damit »ein friedliches Zusammenleben der [dort lebenden] Volksgruppen vorangebracht werden kann«.[8] Die Bundeswehr, so die Quintessenz dieser Auffassung, solle am besten eine Organisation ähnlich des Technischen Hilfswerks sein – erweitert um Polizeiaufgaben.

Die derzeitige deutsche Politik gegenüber essentiellen militärischen Fragen ist in vielem das Resultat dieser idealistischen Auffassung. Außenminister Joseph Fischer beispielsweise hat den Stellenwert, den er Streitkräften in der Politik beimißt, schon in einer programmatischen Rede im August 1998 offenbart: »Die klassische militärgestützte Machtpolitik«, so Fischer, »wird zwar noch lange ihre Rolle spielen, aber sie wird zur Lösung der drängenden Weltprobleme, des Klimaproblems, der Ressourcenvergeudung, der Überbevölkerung und der ungerechten Verteilung der Lebenschancen, nichts wirklich beitragen können.«[9] Und entsprechend wird die Bundeswehr eingesetzt. Um der Stellung des vereinigten Deutschlands im Bündnissystem und der Welt gerecht zu werden und um gleichzeitig deutlich zu machen, daß man mit

Kampfeinsätzen nichts zu tun haben will, sind die sogenannten »Friedensmissionen« von der Politik ab 1990 immer weiter ausgedehnt worden. So sind heute nach den Angaben des Verteidigungsministeriums etwa 60 000 Mann, fast ein Drittel der Berufs- und Zeitsoldaten, in internationalen oder Auslandseinsätzen verplant oder gebunden.[10] (Wehrpflichtige werden zu solchen Einsätzen nicht herangezogen.) Davon stehen 4680 Mann im Kosovo (KFOR), 1680 in Bosnien-Herzegowina (SFOR), 590 in Mazedonien (FOX), 3900 in Dschibuti am Horn von Afrika (Operation Enduring Freedom), 50 bis 60 in Kenia (ebenfalls Operation Enduring Freedom), 50 in Kuwait (Combined Joined Task Force – Consequence Management) sowie 1200 in Afghanistan (ISAF), die nach einem Beschluß des Bundestages vom 14. Juni 2002 um 200 Soldaten vermehrt werden sollen.[11] Elf Bundeswehrsoldaten halten sich in Georgien auf, um im Rahmen einer UN-Beobachtermission (UNOMIG) das Moskauer Waffenstillstands- und Truppenentflechtungsabkommen zwischen Georgien und Abchasien zu überwachen.[12] (Die Zahl 60 000 ergibt sich aufgrund des Personals, das mit der Einsatzvor- und -nachbereitung sowie der Ausbildung und Regeneration der Truppen befaßt ist.) »›Erweitertes Aufgabenspektrum‹ lautet die Rechtfertigung für eine derartige Beanspruchung« der Truppe. In der stetigen Ausweitung von Aufgabenstellung, Intensität, Umfang und Dauer der Beteiligung an internationalen Einsätzen spiegele sich »die gewachsene Bereitschaft Deutschlands wider, außenpolitische Verantwortung zu übernehmen«.[13]

Allerdings ist die Bundeswehr für diese Auslandseinsätze nicht geschaffen worden und dementsprechend wenig ausgerüstet. Es fehlen die technischen Möglichkeiten dafür. Die Truppe verfügt weder über ein modernes Transportflugzeug, das die Soldaten und ihre Ausrüstung an einen weiter als 1850 Kilometer entfernten Ort bringen kann, noch über genug sichere und interoperable Fernmelde- und Führungsverbindungen, es fehlt außerdem bei »der Logistik [und] bei den Sicherungsaufgaben«.[14] Denn aufgrund der eingangs skizzierten Überzeugung ist seit Beginn der neunziger Jahre, seit dem Fall der Mauer 1989, der Auflösung der Sowjetunion und dem Auseinanderbrechen der Blöcke, der Verteidigungsetat der Bundesrepublik Deutschland kontinuierlich verringert worden: Man brauche jetzt keine neuen Kampfpanzer, Kampfflugzeuge und Kriegsschiffe mehr, so die offenbar allgemeine Auffassung, die vorhandenen reichten aus, und wenn diese schrottreif seien, um so besser, dann reduziere sich die wenig geliebte Armee von selbst. In diesen Zusammenhang gehört auch ein Vorschlag der Grünen, die »eine oder andere Teilstreitkraft« der Bundeswehr ganz abzuschaffen.[15] Infolge dieser Einstellung verfügt die Truppe heute nur über wenig modernes Gerät. Lediglich in der ABC-Abwehr, im medizinischen und Sanitätsbereich, bei einigen großen Überwassereinheiten der Marine sowie einigen Spezialkräften (zum Beispiel dem KSK) erreicht die Bundeswehr einen im internationalen Vergleich hohen, sogar sehr hohen Standard. (Das führt zu der kuriosen Situation, daß auf dem Balkan ABC-Abwehreinheiten (!) das »friedliche Zusammenleben der Bevölkerung« garantieren.) Was dagegen das Material und die Ausrüstung des Heers (vom Panzer Leopard 2 abgesehen) und der Luftwaffe anlangt, so steht es im allgemeinen schlecht. Das Heer beispielsweise erhält »heute gerade noch ein Viertel der Investitionsmittel ..., die ihrerseits kaum ein Viertel des Verteidigungshaushalts ausmachen«.[16]

Die Konsequenz aus der untergeordneten Bedeutung, die man den Streitkräften beimißt, verbunden mit der sich verändernden militärischen Bedrohung, ist auch, daß sich die Bundeswehr seit fast fünfzehn Jahren »in einem nahezu ununterbrochenen Neugliederungsprozeß« befindet, so daß zur Zeit »drei Generationen unterschiedlicher Heeresmodelle nebeneinander bestehen: das der aktuellen Truppengliederung, sodann ein neueres Modell, das schon die Grundlage der Ausbildung an den Truppenschulen ist, und schließlich jenes, das im Bundesministerium der Verteidigung oder im Heeresamt für die Zukunft entworfen wird«.[17] In dieser Situation wird die generelle Unsicherheit der heutigen Politikergeneration über Aufgaben und Ziele der Bundeswehr offenbar. Weil man sich möglichst wenig mit militärischen Fragen beschäftigen möchte und den Gedanken verdrängt, daß es auf der

Welt immer noch Krieg gibt, ist man nur schlecht in der Lage, eine langfristige Beurteilung der »strategischen Erfordernisse« vorzunehmen und die Truppenstruktur durch Veränderungen solcher Einschätzung anzupassen. »Wenn [aber] militärischen Planern [sowohl die politischen Zielvorgaben als auch] die Mittel fehlen, bleibt oft nur der Ausweg, sich von den grundsätzlich erforderten Fähigkeiten moderner Streitkräfte zu lösen und die ›Prioritäten‹ an den ›Wahrscheinlichkeiten‹ zu orientieren. Das ist der Bundeswehr mehrfach widerfahren – mit der Konsequenz, daß sich diese ›Wahrscheinlichkeiten‹ nach jedem unerwarteten Ereignis änderten, worauf die ›Prioritäten‹ neu zu bestimmen waren.«[18] Ein Wandel aber »muß möglichst stetig verlaufen«, wie der Direktor des Instituts für strategische Analysen in Bonn, Holger Mey, richtig feststellte. Denn »keine Armee verträgt grundsätzliche Brüche in Serie. Daher müssen Formen und Methoden flexibel, die Grundlinien hingegen langfristig angelegt sein. Sie müssen Antwort geben auf die strategischen Rahmenbedingungen, deren langfristige Gültigkeit erkennbar, wenngleich nicht bereits im Detail beschreibbar ist«.[19]

Dies ist zur Zeit jedoch nicht der Fall. Auf die Frage, wie die Bundeswehr auf die »große Vielfalt möglicher Formen bewaffneter Auseinandersetzung« ausgerichtet werden soll, die das Kennzeichen der Militärstrategie im 21. Jahrhunderts sind[20], geben die deutschen Politiker daher bestenfalls notdürftige Antworten. Sie tun dies wahrscheinlich deshalb, weil »eine Konstante aller Varianten möglicher [Konflikt-] und Kriegsformen ... die Anwendung von Gewalt und deren Abwehr durch Gegengewalt« ist, und man diese Tatsache, die die Geschichte auf ihrer Seite hat, nur ungern zugeben möchte. Doch werden Anwendung und Abwehr von Gewalt »trotz aller ideologischen und anderer Einwände ... das Hauptfeld der Streitkräfte als Instrument der Politik bleiben, auch der Bundeswehr. Dies schließt den Einsatz für humanitäre und zivilisatorische Zwecke nicht aus, aber der militärische Zweck bestimmt die Generallinie der Entwicklung. Dies gilt auch und gerade angesichts der Tatsache, daß nur noch der kleinere Teil des Personals unmittelbar an Kampfhandlungen teilnimmt.

Der Prototyp des Soldaten bleibt der Kämpfer, ungeachtet aller sonstigen Vielseitigkeit des Berufsbilds. Dies kann zu Widersprüchen mit gegenläufigen Tendenzen in der Gesellschaft führen, zu deren Lösung oder Abmilderung es einer pragmatischen Politik bedarf«.[21]

Davon aber ist nichts zu spüren. Im Gegenteil. Viele wichtige, zum Teil lebenswichtige Rüstungsvorhaben, wie beispielsweise das elektronische Ortungssystem CSAR für den neuen Kampfhubschrauber NH-90, mit dem man Piloten oder eigene Soldaten im feindlichen Territorium aufspüren und dadurch retten kann, stehen zur Disposition.[22] Und dies vor allem deshalb, weil die Mehrheit der deutschen Politiker glauben will, daß der Einsatz militärischer Mittel zum Zweck der Konfliktlösung verwerflich ist und der Gesellschaft nicht zugemutet werden kann. Debatten darüber, so die Furcht dieser Politiker, aber auch von Teilen der Presse, könnten in Deutschland gewisse nationale »Tendenzen« wiederaufleben lassen.[23] (Wohl aus diesem Grund erfährt die deutsche Bevölkerung nichts über die Beteiligung von KSK-Einheiten an Kampfeinsätzen in Afghanistan.) Diese unterschwellig stets vorhandene Furcht ist eine wesentliche Ursache dafür, daß für militärische Belange so wenig Geld wie möglich ausgegeben werden soll. Beispiele sind das Transportflugzeug Airbus A 400M – trotz dessen Unabdingbarkeit für »humanitäre« Einsätze – und die Luft-Luft-Rakete Meteor, die die wichtigste Waffe des »Eurofighters« werden soll. Solange man aber in Deutschland nicht wahrhaben will, daß Kampfhandlungen und Kriege noch auf unabsehbare Zeit ein Mittel der politischen Auseinandersetzung in der Welt sein werden und man eine modern ausgestattete Bundeswehr braucht, solange man mit Hinweis auf die deutsche Vergangenheit mit der Investition in das Militär sofort »Militarismus« verbindet, bleibt die Mentalität der deutschen Politiker die idealistische der Bonner Republik. Der Umzug von Regierung und Parlament nach Berlin ist dann in dieser Hinsicht nichts als ein Ortswechsel.

Anmerkungen

1 Jürgen Reichardt, Volk und Waffen. Die Streitkräfte als Gegenstand der deutschen Politik, in: FAZ 29. Mai 2002
2 Siehe dazu beispielsweise Peter Wilson, Social militarization in eighteenth-century Germany, in: German History 18 (2000), S. 1-39
3 Klein, Über Deutschland
4 Ein Amerikaner reist durch unser Land – und findet eine Nation von Feiglingen und Jasagern, Frankfurter Allgemeine Sonntagszeitung, 23. Juni 2002
Dies ist die Analyse der deutschen Mentalität von Joe Klein, Über Deutschland
5 Siehe etwa Karl Heinz Bohrer, Grenzen der Korrektheit. Jürgen Habermas' politische Semantik, in: FAZ, 10. Juni 2002
6 Siehe Joseph Fischer, Die Selbstbeschränkung der Macht muß fortbestehen. Deutschlands Rolle und Aufgabe in der globalisierten Welt des 21. Jahrhunderts, in FAZ: 10. August 1998
7 So Fischer, Die Selbstbeschränkung der Macht muß fortbestehen
8 Dazu http://www.bundesregierung.de/dokumente/Artikel/ix_66508.htm
9 Fischer, Die Selbstbeschränkung der Macht muß fortbestehen.
10 Siehe http://www.bundesregierung.de/dokumente/Artikel/ix_66508.htm
11 Siehe http://www.bundeswehr.de/wir/einsatz/enduring_freedom.php
12 Siehe Auslandseinsätze verlängert. Weitere Mandate für Mazedonien und Afghanistan / Breite Mehrheit im Bundestag, in FAZ: 15. Juni 2002
13 Siehe http://www.bundeswehr.de/wir/einsatz/print/grundlagen.php
14 So der designierte Generalinspekteur der Bundeswehr, Wolfgang Schneiderhahn, siehe Dieter Wonka, Der Einsatz im Ausland als Normalfall für die Soldaten. Wolfgang Schneiderhahn, designierter Generalinspekteur der Bundeswehr, im Gespräch, in: Leipziger Volkszeitung, 22./23. Juni 2002
15 Siehe Wonka, Der Einsatz im Ausland als Normalfall für die Soldaten
16 Reichardt, Volk und Waffen
17 Reichardt, Volk und Waffen
18 Reichardt, Volk und Waffen
19 Holger H. Mey, Herausforderungen für die Bundeswehr, in: Aus Politik und Zeitgeschichte, Band 24/2002, S. 3-4
20 Siehe Mey, Herausforderungen für die Bundeswehr, S. 3. Siehe auch Curt Gasteyger, Europas neue Kriege. Abschied von Clausewitz oder das Kosovo als Modell, nicht als Ausnahme, in: FAZ, 30. Mai 2000
21 Mey, Herausforderungen für die Bundeswehr, S. 3
22 Siehe Michael Inacker, Rüstungsstreit zwischen Blair und Schröder. Nach dem Debakel Militär-Airbus droht jetzt ein Konflikt um „Meteor", in: Frankfurter Allgemeine Sonntagszeitung, 23. Juni 2002
23 Dazu Klein, Über Deutschland

V. DER ANDERE STAAT

RICHARD SCHRÖDER

Entsorgung der Geschichte

Die Auflösung der Länder in der DDR

Kürzlich hat ein Blitzschlag meinen Computer zerstört. Da habe ich erst gemerkt, was mir da fehlte. Jetzt habe ich einen neuen und weiß ihn um so mehr zu schätzen.

In diesem Sinne möchte ich der Abschaffung der Länder in der DDR vor fünfzig Jahren gedenken. Sie sind wiedererstanden. Nun wissen wir um so deutlicher, was wir an ihnen haben. Aber an dieses Datum erinnert sich doch kaum jemand. Ob ein Staat in Provinzen, Departements, Bezirke oder Länder gegliedert ist, was macht das schon? Das haben die Ostdeutschen im Herbst 1989 aber ganz anders gesehen. Denn neben der Reisefreiheit tauchten sehr bald zwei weitere Forderungen auf: »Deutschland einig Vaterland«, dieses subversive Zitat aus der Nationalhymne der DDR, die deswegen nicht mehr gesungen, sondern nur noch als Orchesterstück gegeben wurde, und die Forderung nach der Wiedereinrichtung der Länder. Namentlich die sächsischen Demonstranten gaben diesen beiden Forderungen Ausdruck durch Fahnen, schwarz-rot-goldene mit einem Loch in der Mitte – das DDR-Emblem war herausgeschnitten – und mit weiß-grünen sächsischen Fahnen. Ich weiß nicht, woher sie die so plötzlich hatten. Sie müssen sie sich selbst genäht haben. Schwerlich ist sonst jemand schon einmal auf die Idee gekommen, sich eine Fahne zu nähen. Der Aufwand beweist: Die Forderungen waren keine Allüren, sondern Herzensangelegenheit. Wir wollen wieder Deutsche sein dürfen und Sachsen. Denn beides war den DDR-Bürgern untersagt. 1952 wurden die Länder abgeschafft, und Anfang der siebziger Jahre mußten wir das Kennzeichen D von den Autos abschrauben. Die Polizei war da sehr wachsam.

Eine Herzensangelegenheit waren diese zwei Forderungen deshalb, weil sie unsere Identität betrafen, genauer die Differenz zwischen dem, was wir sein sollten – klassenkämpferische sozialistische Internationalisten -, und dem, was wir nun endlich wieder unverkrampft sein wollten. Dieses Fahnenschwenken ist aber gar nicht bei allen Westdeutschen gut angekommen. Nach Auschwitz kann man kein Gedicht mehr schreiben und Fahnen schwenken schon gar nicht, ist uns bedeutet worden. Nur bei der Fußballweltmeisterschaft ist so etwas erlaubt. Der Ostdeutsche ruft begeistert: »Wir sind ein Volk«, und der Westdeutsche brummelt mürrisch: »Wir auch.«

Die Forderung nach Wiederherstellung der Länder war in der DDR-Bevölkerung so stark, daß noch die Übergangsregierung Modrow sie vor der freien Volkskammerwahl ins Auge faßte, Warum? Weil die Abschaffung der Länder am 23. Juli 1952 viel mehr war als eine Verwaltungsreform. Sie war von der SED als symbolischer Akt gemeint und ist auch so empfunden worden.

Zur Erinnerung: Bei der Potsdamer Konferenz hatten die Siegermächte des Zweiten Weltkriegs beschlossen, Länder einzurichten, deren Eigenständigkeit die Nazis 1933 durch die Einsetzung von Reichsstatthaltern beseitigt hatten. Auf Länderebene also sollten die Deutschen nun Demokratie und Rechtsstaat praktizieren, obwohl die Fragen, die Deutschland als Ganzes betrafen, noch nicht geregelt waren. Die Sowjetunion hat sich formal daran gehalten. Früher noch als die Westmächte ließ sie in ihrer Besatzungszone die Gründung von Parteien zu, nämlich »antifaschistisch-demokratischer«, wie sie das nannte. Das waren KPD,SPD, CDU, LDP. Auch die Kirchen wurden als antifaschistisch eingestuft und vergleichsweise freundlich behandelt. Fünf Länder wurden eingerichtet. Der westliche Rest von Vorpommern kam zu Mecklenburg, der Rest von Niederschlesien zu Sachsen, Brandenburg, ehemals preußische Provinz, wurde ein Land und die preußische Provinz Sachsen mit Anhalt zu Sachsen-Anhalt vereinigt. Bereits am 9. Juli 1945 wurden fünf Länderregierungen gebildet. Im Oktober 1945 fanden Wahlen zu den Landtagen statt. Für die Länder wurden Verfassungen ausgearbeitet – allerdings auf der

Grundlage eines Einheitsentwurfs der SED. Trotzdem standen diese Verfassungen durchaus noch in der Tradition der parlamentarischen Demokratie. Sie sahen sogar eine Verwaltungsgerichtsbarkeit vor.

Daß Stalin das mitgemacht hat, war deshalb erstaunlich, weil jedermann wußte, daß die Kommunisten die parlamentarische Demokratie und namentlich die Gewaltenteilung ablehnten. Parallele staatliche Strukturen in allen Besatzungszonen, das gab Raum für die Hoffnung auf ein vereinigtes Deutschland. Sehr bald zeigte sich aber, daß die Sowjetunion mit ihrer Besatzungszone eigene Wege gehen wollte. Bei der ersten und einzigen Versammlung aller deutschen Ministerpräsidenten in München (6./7. Juni 1947) reisten die Regierungschefs der Sowjetischen Besatzungszone unter Protest vorzeitig ab, als sie sich mit ihrer Forderung nach schneller Einrichtung einer deutschen Zentralregierung nicht durchsetzen konnten. Ein Jahr später erreichte die Konfrontation zwischen der Sowjetunion und den Westalliierten einen ersten Höhepunkt durch die Blockade von West-Berlin. Mit der Gründung erst der Bundesrepublik, dann der DDR sank die Hoffnung, daß die Deutschen nächstens in einem gemeinsamen Staat würden leben können.

Aber auch die demokratischen Formen wurden von den Kommunisten nur so lange hochgehalten, wie sie sich der Mehrheit sicher waren. Walter Ulbricht hat das ja intern einmal ausgesprochen: »Es muß demokratisch aussehen, aber wir müssen alles in der Hand behalten.« Die Zwangsvereinigung von KPD und SPD (22. April 1946) belegte das bereits, und zwar nicht nur wegen der massiven Nachhilfe der sowjetischen Besatzungsmacht, sondern vor allem dadurch, daß die Minderheit der Kommunisten die Mehrheit der Sozialdemokraten bald danach innerparteilich entmachtete, indem sie die vereinbarte Doppelbesetzung einseitig abschaffte. Als die Kommunisten bemerkten, daß diese Fusion ihnen auf Dauer nicht die Mehrheit garantiert, gründeten sie sich zwei weitere Parteien, indem die SED einigen ihrer Mitglieder den Auftrag erteilte, aus ihr auszutreten und diese Parteien zu gründen, nämlich die NDPD und die DBD. Die beiden Parteien verschwanden übrigens 1990 noch vor der Vereinigung und bewiesen damit ihre Substanzlosigkeit. Und die SED führte einen Kampf gegen die Eigenständigkeit von CDU und LDP. Zweimal verlor die CDU dabei auf sowjetischen Druck ihren Vorsitzenden, zuletzt Jakob Kaiser. Beide Parteien mußten schließlich ihre Studentenorganisationen auflösen. Und um ganz sicher zu gehen, erfand die SED schließlich die Wahl nach Einheitslisten, die auf die Sitzverteilung keinen Einfluß hatte. Am 15./16. Mai 1950 stimmten sieben Millionen für und vier Millionen gegen die Einheitsliste zur Volkskammerwahl.

Die Verfassung der DDR von 1949 war bereits ein Bruch mit der europäischen Verfassungstradition, indem sie die Gewaltenteilung aufhob, eine permanente Allparteienregierung vorschrieb und keine Verwaltungsgerichte mehr vorsah. Der berüchtigte Artikel über die Boykotthetze wurde zum gefürchteten Instrument der Justizwillkür. Aber diese Verfassung sah noch Länder vor und eine Länderkammer, die freilich ebenso einstimmig verfuhr wie die Volkskammer. Und die Länder waren nun de facto nur noch Vollzugsorgane. Von echtem Föderalismus konnte nicht die Rede sein. Denn den haben die Kommunisten von Anfang an abgelehnt. 1946 bereits gaben sie öffentlich die Losung aus: »Einheit bedeutet Aufstieg, Föderalismus bedeutet Niedergang.«

Auf diesem Weg weg von der deutschen Einheit und weg von der parlamentarischen Demokratie war die Abschaffung der Länder dennoch ein markanter Einschnitt. Ihm lag nämlich noch einmal ein Kurswechsel Moskaus zugrunde. Anfang April 1952 bekam Wilhelm Pieck in Moskau von Stalin den Marschbefehl für den »Weg zum Sozialismus«, und das hieß: Schluß mit dem antifaschistisch-demokratischen Weg, oder: von jetzt ab muß es nicht einmal mehr demokratisch aussehen. Die DDR wird nach dem Muster der Sowjetunion umgestaltet. Einen Tag nach Piecks Rückkehr beschloß das Politbüro die Abschaffung der Länder (11. April 1952).

Am 10. März 1952 hatte Stalin den Westmächten einen Vorschlag zur Wiedervereinigung Deutschlands gemacht. Was auch immer er sich bei diesem Vorschlag gedacht hat, jedenfalls hat er unmittelbar danach angeordnet, die DDR nach sowjetischem Muster umzugestalten und etwa noch bestehende Ähnlichkeiten zwischen Ost und West zu beseitigen. Und dazu gehörte auch die Abschaffung der Länder.

Öffentlich proklamiert wurde der neue Kurs auf der 2. Parteikonferenz der SED (9.-12. Juni 1952). Die Erklärung beginnt mit einem Aufruf zum »nationalen Befreiungskampf gegen die amerikanischen, englischen und französischen Okkupanten in Westdeutschland« und zum »Sturz ihrer Vasallenregierung in Bonn«. Die »Festigung und Verteidigung der Grenze« und die »Organisierung bewaffneter Streitkräfte, die mit der neuesten Technik ausgerüstet« sind, werden angekündigt. Am 26. Mai wurde die Westgrenze abgeriegelt.

Und dann kommt die neue Losung: »Aufbau des Sozialismus«. »Das Hauptinstrument bei der Schaffung der Grundlagen des Staates ist die Staatsmacht. Die führende Rolle hat die Arbeiterklasse.« Das hieß innenpolitischer Konfrontationskurs: »Verschärfung des Klassenkampfes«, den »feindlichen Widerstand brechen«. Ein umfassendes Programm der ideologischen Schulung wird verkündet. Tatsächlich verschärften sich seitdem die Repressalien, sowohl die innerparteilichen gegen Abweichler wie die sogenannten Titofaschisten – Stalins Zerwürfnis mit Tito hatte in den »Volksdemokratien« eine Welle von Schauprozessen gegen führende Kommunisten ausgelöst –, als auch gegen wirtschaftlich Selbständige – wer Angestellte hatte, war jetzt »Kapitalist« –, Bürgertum und Kirche. Das kulminierte im März 1953 in einem regelrechten Kirchenkampf. Die Junge Gemeinde wurde als Tarnorganisation des US-Imperialismus denunziert. Beleg war der Satz »Liebet eure Feinde«. Massenhaft wurden christliche Jugendliche von den Oberschulen verwiesen. Circa 70 Pfarrer waren inhaftiert. Nach Stalins Tod legte die SED auf Moskauer Veranlassung den Rückwärtsgang ein. Und weil sie dabei die Arbeiter, nämlich die Normerhöhungen, nicht berücksichtigte, kam es zum Aufstand des 17. Juni. Um nun die Staatsmacht für den Aufbau des Sozialismus und als Instrument für den Klassenkampf tauglicher zu machen, werden mit Gesetz vom 23. Juli 1952 die Länder in vierzehn Bezirke aufgeteilt. Es trägt den irreführenden Namen: »Gesetz über die weitere Demokratisierung des Aufbaus und der Arbeitsweise der staatlichen Organe in den Ländern der DDR.« Daß das Gesetz über die Abschaffung der Länder als Gesetz zur Demokratisierung ihrer Organe ausgegeben wird, ist nur ein beliebiges Beispiel für die Unwahrhaftigkeit und Verlogenheit der politischen Sprache in der DDR, die bis 1989 anhielt. Es bleibt für mich ein Wunder, daß sich die politische Verwirrung, die vierzig Jahre Kauderwelsch in den Köpfen hinterlassen hat, doch sehr in Grenzen hält.

Auch verfassungsrechtlich war der Vorgang, gelinde gesagt, Kauderwelsch. Die Länder sind faktisch abgeschafft, aber die Verfassung wird nicht geändert. Auch die Länderverfassungen werden nicht außer Kraft gesetzt. Die Länderkammer besteht weitere sechs Jahre bis zum 8. Dezember 1958 fort, wird aber nun von den Bezirkstagen beschickt. Erst 1968 wird den neuen Verhältnissen in einer neuen Verfassung Rechnung getragen, die das längst praktizierte Prinzip des »demokratischen Zentralismus« unter »Führung der Partei der Arbeiterklasse« proklamiert. Möglich war diese Rechtsverwirrung, weil es kein Verfassungsgericht gab. Daß es das nicht gab, war aber durchaus konsequent – vom Politikverständnis der SED aus gesehen. Es hat in der Losung »Aufbau des Sozialismus« seinen treffenden Ausdruck gefunden. Es ist das technizistische Politikverständnis. Da soll etwas aufgebaut werden. Der Architekt, die SED, ist im Besitz des Plans und ordnet an, was die Bauarbeiter, das Volk also, auszuführen haben. Und die Staatsmacht oder, wie es meistens hieß, »der Staatsapparat« ist dabei das »Hauptinstrument«, einer Baumaschine oder Waffe vergleichbar. Nach diesem Politikverständnis ist Gewaltenteilung nur schädlich. Viele Köche verderben den Brei. Die Länder stören nur beim Durchgriff der Partei, die als »Hirn der Klasse« besungen wurde, bis zum letzten Arbeiter auf dem Bauplatz des Sozialismus. Auch das Recht und die Verfassung sind nach diesem Verständnis nur »Instrumente« für den Aufbau des Sozialismus. Instrumente oder Werkzeuge dürfen aber nicht unabhängig sein, sie müssen geführt werden, ganz nach dem

Willen des Handwerkers. Und so war denn auch die Rechtspraxis, genauer gesagt: so war sie gewollt. Dieser Tradition ist die PDS noch immer gewogen, wie ihr Vorschlag zu einer Grundgesetzänderung beweist.

Dazu kam Legitimation durch »die Geschichte«. Sie war eine Legitimation »von oben«, ähnlich dem Gottesgnadentum. Der Aufbau des Sozialismus galt nämlich als das große Menschheitsprojekt. Für das Ausheben der Baugrube mußte anderes geschehen als für den Bau des ersten Stockwerks. Deshalb sei die Verfassung immer nur die Fixierung eines bestimmten Stadiums der Entwicklung, also im Grund mit ihrer Fixierung schon überholt, denn die Entwicklung geht ja weiter. Und deren »Gesetzmäßigkeiten« kennt allein die Partei. Dieses ihr – angeblich wissenschaftliches – Wissen legitimierte sie zur Herrschaft. Man sieht: Das hat seine eigene innere Stringenz. Es ist allerdings die Stringenz einer Wahnwelt. »Der Marxismus ist allmächtig, weil er wahr ist«, hatte Lenin gesagt. Und wenn nicht, was dann? Wenn die statischen Berechnungen nicht stimmen, endet, nach derselben technizistischen Metaphorik, der Aufbau des Sozialismus im Zusammenbruch des Sozialismus. Das haben wir erlebt. Dieser Sozialismus war aber nicht nur sozusagen falsch berechnet. Die technizistische Perspektive selbst war inhuman, weil sie Menschen nur nach dem Nutzen für das sozialistische Menschheitsprojekt beurteilte. Wobei noch von Glück reden konnte, wer bloß als unbrauchbar aussortiert wurde, etwa aus dem Bildungssystem. Schlimmer war es, wenn er als ideologischer Schädling oder Abweichler identifiziert wurde. Ironie der Geschichte: Die unfreiwillige Maueröffnung kam dadurch zustande, daß die SED-Führung sich mittels eines Ausreisegesetzes derjenigen unbürokratisch entledigen wollte, die nicht mehr mitmachen wollten beim großen Menschheitsprojekt. Ein kleines Mißverständnis genügte, und die Massen liefen zur Grenze, bis sie nicht mehr hielt.

Das etwa sind die Zusammenhänge, in die die Auflösung der Länder in der DDR gehört. Wieviel davon war denjenigen im Osten bewußt, die 1989 so vehement die Wiedererrichtung der Länder forderten? Nicht all das Genannte, aber doch mehr als man auf den ersten Blick glauben mag. Vor allem nämlich war der Wunsch nach Wiederherstellung der Länder der Wunsch nach Heimat. Zum Programm »Aufbau des Sozialismus« gehörte auch: Den Bauplatz abräumen, also der Bruch mit der Geschichte. In der umfänglichen Präambel des Gesetzes vom 23. Juli 1952 heißt es: Die Gliederung in Länder stamme noch vom kaiserlichen Deutschland. Sie stamme aus der Zeit der Großkapitalisten und Großgrundbesitzer – also weg damit. Jahrhundertealte Landeshauptstädte und Kreisstädte sind ja auch kulturelle Zentren, deren Bürger etwas auf sich halten. Infrastrukturen und Verkehrswege sind auf sie ausgerichtet. Das war den Kommunisten ein Dorn im Auge und wurde mit dieser Reform zerschlagen.

Der Bruch mit der Geschichte wurde auch noch anders inszeniert: durch die Vernichtung historischer Gebäude, von denen das Berliner und das Potsdamer Stadtschloß und die Universitätskirche in Leipzig nur die prominentesten Beispiele sind. Die Gebäude wurden sozusagen hingerichtet. Halle-Neustadt oder Hoyerswerda-Neustadt, Plattenbauten auf die grüne Wiese gesetzt, wurden als sozialistische Städte bejubelt, in denen der neue sozialistische Mensch sich entfalten werde. In Wahrheit wurden sie zu sozialen Problemstädten, wie auch anderswo in der Welt. Je länger, je mehr haben die Menschen die verordnete Geschichtslosigkeit, nach der die wahre Menschheitsgeschichte frühestens 1848 mit dem Kommunistischen Manifest, richtig aber erst 1917 begann, abgelehnt. Etwa seit den siebziger Jahren begannen sie wieder Dorffeste ohne sozialistischen Inhalt zu organisieren. Gesangvereine bildeten sich. Der Weimarer Zwiebelmarkt wurde zur DDR-weiten Attraktion. Und die SED hat das unter Honecker in Grenzen sogar gefördert. Luther, in meiner Schulzeit noch als Fürstenknecht und Bauernverräter gebrandmarkt, wurde 1983 auch von staatlicher Seite groß gefeiert. Die Reformation wurde jetzt als frühbürgerliche Revolution gewürdigt. Das Denkmal Friedrich des Großen, bis dahin im Park von Sanssouci versteckt, erschien wieder unter den Linden. Schließlich erschien sogar eine respektable Bismarck-Biographie. In Berlin wurde die Konzeption der sozialistischen Stadt: abräumen und neu bauen, wie sie am Alexanderplatz lähmend verwirklicht ist, aufgegeben und das Nikolaiviertel in Anlehnung an die historische Substanz rekonstruiert. Warum das alles? Ich nehme an: Weil die Utopie des Kommunismus auch für die Genossen selbst an legitimierender Kraft verlor. Ausweis dafür war die neue Wortschöpfung »real existierender Sozialismus«, wozu es den frechen Versprecher »real vegetierender Sozialismus« gab. Real existierender Sozialismus, das war eine Status-quo-Formel ohne jeden visionären Gehalt. Weil die Utopie nicht mehr genügend legitimierte, suchte die SED vorsichtig historische Legitimation. Und darin traf sie sich mit dem Interesse der Bevölkerung an Geschichte, die etwas anderes ist als Klassenkampf. Ich war im Geburtsort von Novalis, in Wiederstedt, Pfarrer. Als das Geburtshaus, das Schloß derer von Hardenberg, Mitte der achtziger Jahre abgerissen werden sollte, haben einige beherzte Einwohner mit viel Zivilcourage und Phantasie den Abbruch zu stoppen vermocht. Sie hatten nicht unbedingt viel von Novalis gelesen. Aber sie waren stolz auf ihn. Er war schließlich einer von ihnen. Sie wollten ihn sich nicht nehmen lassen. Und so ähnlich war auch die Forderung nach Wiedereinführung der Länder gemeint: Wir sind Sachsen, Thüringer, Mecklenburger, und das lassen wir uns nicht nehmen. Wir fordern unsere Geschichte zurück mit all ihren Geschichten und pfeifen darauf, die Avantgarde der Menschheit auf dem Weg zum Großen Glück zu mimen. Heimat ist uns wichtiger als Utopie.

Westdeutsche nehmen das vielleicht nicht so wahr: Im Osten hat sich seit 1989 ein gewaltiges Interesse an der eigenen, zumal lokalen Geschichte Bahn gebrochen. Es ist wie eine Entdeckungsreise in eine *terra incognita* vor der Haustür. Ungezählte Fördervereine für die Erhaltung historischer Bauten sind entstanden – oder für ihren Wiederaufbau, wie die Dresdener Frauenkirche. Es kommt vor, daß die evangelische Kirche ein Kirchengebäude aufgibt, weil die wenigen verbliebenen Gemeindeglieder den Erhalt nicht rechtfertigen. Und dann bildet sich ein Förderverein, großenteils gar keine Kirchenmitglieder, manchmal tatkräftig von westlichen Rückkehrern unterstützt, die sagen: Wir lassen uns unsere Kirche nicht nehmen. Die Kirche bleibt im Dorf.

Ich finde das alles sehr erfreulich. Und behaupte: Da kann mancher Westdeutsche von Ostdeutschen etwas lernen.

Für nicht wenige Westdeutsche ist Auschwitz eine Sichtblende vor der deutschen Geschichte vor 1933. Kein Wunder, daß sie deshalb am liebsten gar nicht Deutsche sein wollen, sondern Europäer. Bloß leider ist für eine Nation mit Namen Europa derzeit in Europa nur noch auf dem Wasser Platz. Das Land ist vollständig unter Nationen aufgeteilt, die nun immer näher zusammenrücken und es immerhin schon bis zu einer gemeinsamen Währung, dem schönen Euro, gebracht haben. Auschwitz kann keine nationale Identität definieren. Denn die wäre nur Nationalwahn mit umgekehrtem Vorzeichen. Die Deutschen, das verworfene Volk. Ganz anders stellt sich deutsche Geschichte dar, wie sie durch die deutschen Länder repräsentiert wird. In jeder noch so kleinen ehemaligen deutschen Residenzstadt sind alle europäischen Stile, wie sie die Euro-Banknoten dokumentieren, vertreten.

Noch ehe 1871 das Deutsche Kaiserreich entstand, hatten deutsche Länder den Weg zum Verfassungsstaat genommen. Und in den Zeiten des Absolutismus, der mit Demokratie gar nichts und mit Rechtsstaat sehr wenig zu tun hatte, gab es im Heiligen Römischen Reich deutscher Nation doch immerhin ein Reichskammergericht. Es ist zwar nur eine Anekdote, aber daß man sie erfunden hat, sagt doch auch etwas. Friedrich den Großen soll die Mühle bei Sanssouci gestört haben. Er habe deshalb den Müller aufgefordert, sie ihm zu verkaufen, andernfalls werde er ihn enteignen. Darauf der Müller: »Majestät, es gibt noch ein Reichskammergericht.« Deutschland hat zur Entstehung der modernen Demokratie wenig beigetragen, wohl aber zur Entstehung des Rechtsstaats, und der ist die Voraussetzung der Demokratie. Und Deutschland hat die respektable Tradition eines spezifischen Föderalismus, des Exekutivföderalismus vorzuweisen. Die Ländervertretung ist die älteste Institution des Grundgesetzes, denn sie geht bis ins Mittelalter zurück. Die Macht des deutschen Königs oder Kaisers war nämlich nie absolut. Er war angewiesen auf den Reichstag, die Vertretung der Reichsstände. Seit 1663 tagte er permanent in Regensburg. Sehr viel hatte er nicht zu sagen, weil die deutschen Landesfürsten die Kompetenz der Reichsinstitutionen ausgehöhlt hatten. Das Reich war nur ein Schatten, aber der Schatten einer Ordnung geteilter Gewalt.

Nach dem furchtbaren Dreißigjährigen Krieg hat der Westfälische Friede von 1648 Regelungen gefunden für den Umgang mit den konfessionellen Unterschieden in Deutschland. Daraus hat sich nach und nach die Konzeption der Religionsfreiheit entwikkelt, dem ältesten der späteren europäischen Grundrechte. Und eine sozusagen unfreiwillige Toleranz. Wer in dem einen deutschen Land mißliebig wurde, konnte in einem anderen deutschen Land willkommen sein. Das hat der Aufklärung in Deutschland ihre Chance gegeben. Der Zwergstaat Sachsen-Weimar hat mit diesem Pfund gewuchert. Als Christian Wolff vom Soldatenkönig aufgrund von Verleumdungen durch die Hallenser Pietisten aufgefordert wurde, Preußen bei Strafe des Strangs binnen vierundzwanzig Stunden zu verlassen, wurde er mit großem Hallo von Bürgern und Studenten bis zur Grenze begleitet und setzte seine Lehrtätigkeit in Marburg fort. Als Fichte wegen des Atheismusvorwurfs Jena verlassen mußte – Goethe hat dabei keine sehr rühmliche Rolle gespielt –, ging er nach Berlin. Der preußische König, befragt, ob er ihm Aufenthalt gewähre, bejahte das mit der Bemerkung: Zwar soll er Ärger mit dem lieben Gott haben, aber das soll dieser mit ihm selbst abmachen.

Von der Art sind die Geschichten, deretwegen ich gern Deutscher bin. Denn daß ich stolz bin, ein Deutscher zu sein, das zu sagen wäre heutzutage reiner Selbstmord. Nur Polen, Franzosen, Dänen oder Amerikaner dürfen so etwas sagen.

Wörlitz, Wedgwood und die Linsen

Von der Beständigkeit eines aufgeklärten Weltbilds

I.

Zunächst das Wichtigste: »was tun und treiben
Sie eigentlich in dieser großen Zeit?
Ich sage: groß: denn alle Zeiten scheinen
mir Groß, wo sich der Einzelne zuletzt,
auf gar nichts stehend als auf seinen Beinen,
dazu vom Zeitengeist halbtotgehetzt,
Besinnen muß, ob nolens oder volens,
auf nichts geringeres als eben SICH!
Die Pause eines bloßen Atemholens
Genügt bisweilen – Sie verstehen mich.«*

* Peter Gan, 1935, zitiert nach: Sebastian Haffner, Geschichte eines Deutschen, Die Erinnerungen 1914-1933, Stuttgart/München 2000, S. 3.

II.

Schon um 1800 war die Zeit des Atemholens für einige Besucher des Wörlitzer Parks recht knapp bemessen: »Fort, fort, der Südost fliegt gerade über Wörlitz.« Frei und leicht wie eine Nachtigall, die in keiner der Jean Paulschen Kunstlandschaften fehlen darf, schwebt »aus Ekel am Unten« und »bloß zur Lust« sein Luftschiffer Giannozzo in einer Montgolfiere »über die schlafenden Länder«, geschieden von aller Zivilisation.

»Mit der Sonne sank ich da in den wechselnden Garten, dessen Aussichten wieder Gärten sind. Da war mir, als gehe die Sonne eben auf; alle Tempel blitzten wie von Morgenlicht – erfrischender Tau überquoll den Boden, und die Morgenlieder der Lerchen flogen umher. – Lange, sonnentrunkne Perspektiven liefen wie glänzende Rennbahnen der Jugend, wie Himmelswege der Hoffnung hin – das goldne Alter des Tags, der Morgen, schien meinem schönen Wahne umzukehren.«

Etwa zur selben Zeit und in ähnlicher Weise vom Erlebten begeistert, forderte der wallonische Fürst de Ligne in seiner »kritischen Uebersicht der meisten Gärten Europens« namentlich alle »Gärtner, Maler, Philosophen, Dichter« auf: »gehet nach Wörlitz.« Glaubt man Carl August Boettiger aus Weimar, dann war es damals durchaus auch kein Nachteil, den individuellen Aufenthalt im Garten mit vielen Gleichgesinnten zu teilen: »man genoß doppelt, denn man genoß mit Hunderten.«

Auch wenn sich in der Zwischenzeit die Besucher hinsichtlich ihrer Profession verändert haben, so war doch das Interesse an dieser Kulturlandschaft über die Jahrhunderte ungebrochen. So allerdings, wie seit 1949 mit der Entstehung der Deutschen Demokratischen Republik die historischen Namen für das Land zwischen Altmark und Unstrut, Harz und Elster aus den Schulbüchern und Atlanten verschwanden, so wurden für die Bewohner der Bundesrepublik Deutschland, wären sie auch noch so geschickte Ballonflieger gewesen, die Spielräume einer Reise zunehmend enger, die weitläufige Auenlandschaft an den Flüssen Elbe und Mulde zu erkunden. Der mißglückten DDR-Geschichte überlassen, verblaßte in erstaunlicher Geschwindigkeit im Bewußtsein der Westdeutschen die Erinnerung an das heute sogenannte Gartenreich Dessau-Wörlitz.

Erst seit dem 1. Juli 1990 gab es die Geisterzüge nicht mehr, die als Transitzüge unter Grenzpolizeibewachung von der Bundesrepublik aus in die »Besondere politische Einheit Berlin-West«, nach offiziellem DDR-Jargon »nicht zum Territorium der imperialistischen BRD gehörend«, fuhren, ohne daß man sie in der »Ostzone« verlassen durfte. Die Züge Berlin – Frankfurt/Main und

Berlin – Hof – München hielten in Dessau, um die Diesellok mit einer Elektrolok auszutauschen. Der Bahnsteig im Dessauer Hauptbahnhof, an dem der Interzonenzug hielt, wurde abgesperrt. West- und Ostdeutsche, abgeschirmt voneinander, schauten sich über die Gleise hinweg schweigend, gepaart mit penetrantem Mißtrauen, an und machten sich ihre Gedanken.

Auch die im Pkw reisenden Bundesbürger, gleichfalls ausgerüstet mit dem obligatorischen Transitvisum, fuhren ebenso am Gartenreich vorbei. Höchstens der Wörlitzer Park, damals in der Obhut der »Staatlichen Schlösser und Gärten Wörlitz, Oranienbaum, Luisium«, einer Einrichtung des Rats des Kreises Gräfenhainichen, unterstellt dem Ratsmitglied für Kultur, war Anlaß für einen verbotenen Abstecher von der waghalsigen Transitstrecke, heute A 9. Durch die üblichen Autokarten des VEB Tourist Verlags wurde man durch violette Sternchen »mit dem kulturellen Erbe, den Schönheiten unserer Heimat und den Errungenschaften unserer sozialistischen Entwicklung« bekannt gemacht. Als »unentbehrliche Begleiter bei Reisen und Wanderungen und zu sinnvoller Freizeitgestaltung« konnten allerdings »die Titel der Verlagsproduktion im In- und im Ausland nur über den einschlägigen Handel bezogen werden«. Bei Bezugsschwierigkeiten in den nichtsozialistischen Staaten hatte man sich an den Buchexport »Volkseigener Außenhandelsbetrieb der Deutschen Demokratischen Republik« zu wenden. Meistens erfolglos.

Erst einen Tag nach der Öffnung der Mauer, am 10. November 1989, werden öffentlich, während des Dialogs vor dem Dessauer Rathaus, von den dort auftretenden Sprechern die angemaßte und in der Verfassung der früheren DDR festgeschriebene Führungsrolle der SED und das Reisegesetz scharf kritisiert.

Während bis zur Wiedervereinigung beider deutscher Staaten 1990 immerhin jährlich über eine Million DDR-Bürger alleine den Wörlitzer Park besuchten, war die übrige Gegend um die Stadt Dessau im europäischen Ausland höchstens Eingeweihten historischer Gartenkunst ein Begriff. Vornehmlich zwei Ausstellungen trugen dazu bei, daß die Schätze dieser kulturell höchst attraktiven Landschaft einer »nichtsozialistischen« Öffentlichkeit vorgestellt werden konnten. »Barock und Klassik – Kunstzentren des 18. Jahrhunderts in der Deutschen Demokratischen Republik« hieß die Schau, die seinerzeit gemeinsam von den Staatlichen Schlössern und Gärten Wörlitz, den Staatlichen Kunstsammlungen Dresden, den Staatlichen Schlössern und Gärten Potsdam und den Nationalen Forschungs- und Gedenkstätten der deutschen Klassik Weimar organisiert und vom 5. Mai bis 14. Oktober 1984 in der niederösterreichischen Schallaburg präsentiert wurde. »Für das Volk der Deutschen Demokratischen Republik bedeutete dies, einen komplizierten Prozeß von Geschichtsbetrachtung und -aneignung zu vollziehen, wie er wohl erstmalig in der deutschen Geschichte zu bewältigen war«, schrieb der damalige Minister für Kultur der DDR, Dr. Hans-Joachim Hoffmann, in seinem Vorwort zum umfangreichen Ausstellungskatalog. Dies vor allem auch, weil »in den nunmehr 35 Jahren der Existenz ihres Staates die Bürger der DDR das schwere, unheilvolle Erbe des Faschismus, eine neue Gesellschaft aufzubauen, der Welt ihren Willen zu friedlichem Zusammenleben zu beweisen« hatten. Und die vier Direktoren der genannten Institutionen hofften gar in ihrer Einleitung, daß »diese Zeugnisse von Kultur und Kunst aus Vergangenheit und Gegenwart und die Möglichkeiten künftiger Kultur nicht im Inferno eines Atomkrieges untergehen« mögen.

Weniger umfangreich, jedoch kulturpolitisch mindestens ebenso bedeutsam war die »Exposition des Châteaux et Jardins Nationaux de Wörlitz, Oranienbaum, Luisium – Un Jardin pour Jean-Jacques Rousseau« im »Centre Culturel de la République Démocratique Allemande«, 117 Boulevard Saint Germain, 75006 Paris vom 1. Juni bis 2. Juli 1988.

Zu dieser Zeit wagte man bereits von der schönen Unmöglichkeit zu träumen, daß das Gartenreich Dessau-Wörlitz zukünftig auf der Liste des Weltkulturerbes der UNESCO aufgeführt sein könnte. Der erste, noch von der früheren DDR-Regierung gestellte Antrag wurde 1989 von der UNESCO-Kommission in Banff/Kanada wegen der damals noch ungeklärten weiteren Nutzung des gigantischen Braunkohlekraftwerks in Vockerode zurückgestellt. Auch ohne die vier Schornsteine, die im Auftrag der

VEAG aufgrund ihres ruinösen Zustands im September des Jahres 2001 gesprengt werden mußten, verschandelt bis heute diese steingewordene Metapher einer gescheiterten DDR-Energiepolitik eindrucksvoll die Silhouette des einstigen Fischerdorfs am Südufer der Elbe.

III.

Mag man als junger Mensch Goethe? –
dann schon lieber Schiller!
Mag man als junger Mensch Porzellan? –
dann schon lieber Steingut!

Dem jungen Museumsführer geht es im Sommer des Jahres 1979 im Wörlitzer Schloß nicht anders. Kenntnisreich und mit großer Leidenschaft absolviert er seine Führungen durch den Gründungsbau des deutschen Klassizismus und erzählt enthusiastisch von der Grand Tour des Fürsten Franz sowie den Ausgrabungen in Pompeji, als ob er jedes Jahr selbst hätte nach Italien fahren können. Das jedoch war vollkommen unmöglich. Ersatz bildeten das Fernsehen, glücklicherweise lebte er nicht im Tal der Ahnungslosen, und Literatur. Doch es blieb oft der Eindruck, man würde wie der Blinde von der Farbe reden.

Während einer Führung durch die Museumsetage im Wörlitzer Schloß schwärmte er wieder einmal von der Wedgwood-Sammlung des Fürsten, die in einigen Zimmern auf den Kaminen aufgestellt war. Es seien qualitätsvolle Nachbildungen antiker Gefäße zu sehen, doch nicht in Gestalt des höfischen Porzellans, nein, es handele sich um englisches Steingut: Black Basalt. Auch die prächtigen Kerzenleuchter auf den Speisetischen hätten die Aufmerksamkeit verdient: Jasper Ware. Vor 200 Jahren entstanden diese Kunstwerke in der Fabrik des Josiah Wedgwood in Etruria/Staffordshire. Damals belieferte der geschäftstüchtige Unternehmer Kunden in ganz Europa, die Zarin Katharina die Große von Rußland etwa und eben auch den Fürsten von Anhalt-Dessau.

Nach der Führung durch das Haus sprach eine ältere Dame den Museumsführer an. Sie dankte sehr herzlich für die Führung und war offensichtlich von dem eben Gesehenen noch ganz begeistert. Sie hätte da aber eine Ergänzung: Die Wedgwood-Fabrik würde heute noch existieren und die gleichen Keramiken produzieren. Das Erstaunen des Museumsführers über diese Tatsache war nicht gespielt. Der junge Mann konnte das soeben Gehörte kaum glauben. Denn im kürzlich veröffentlichten fünften Band des »Lexikons der Kunst« (Seemann-Verlag, Leipzig 1978) gab es keinerlei Hinweis auf die moderne Produktion. Es wurde lediglich erwähnt, daß in Barlaston 1975 ein Wedgwood-Museum eingerichtet worden ist. Die Frau lachte amüsiert und versprach ihm Beweise. Sie bat um Adressenaustausch, und so erfuhr er, daß sie aus Recklinghausen kam. O Gott, ein Westkontakt mit Adressenaustausch!

Wenige Zeit später erreichten den Museumsführer erste Nachrichten über Wedgwood aus der BRD. Es entspann sich ein bis heute anhaltender Briefwechsel. Später kam das Ehepaar aus Recklinghausen zu einer Versammlung der Goethe-Gesellschaft nach Weimar und unternahm einen Tagesausflug nach Wörlitz. Am selben Abend hielt der Museumsführer eine Anzahl Bücher über Wedgwood in den Händen und eine kleine blau-weiße Deckeldose aus Jasper Ware, hergestellt 1979!

Das Interesse steigerte sich immer mehr, Literatur fand abenteuerlich ihren Weg aus dem Westen in den Osten. Allmählich wurde dem Wörlitzer Museumsführer der außerordentliche Rang der Wedgwood-Sammlung bewußt. Er versuchte die Sammlung zu publizieren und das Projekt in der feinen Reihe des Insel-Verlags in Leipzig unterzubringen. Doch ging es auf Verlagsseite über ein anfängliches Interesse nicht hinaus.

Selbst die Herausgabe einer kleinen Postkartenmappe bei »Bild und Heimat Reichenbach, Betrieb der ausgezeichneten Qualitätsarbeit, Träger des Ordens ›Banner der Arbeit‹ « gestaltete sich sehr problematisch. Neben der begehrten Druckgenehmigungsnummer und Papierfreigabe war es wohl auch das englische Thema, das Schwierigkeiten bereitete. Der damalige Direktor der

Staatlichen Schlösser und Gärten Wörlitz, Oranienbaum, Luisium hatte sich mehrfach zu rechtfertigen, bis unter der Genehmigungsnummer III/26/13. A1/1417/86. 321417 die kleine Mappe mit acht Postkarten erschien. Eingeweihten ist sofort klar, daß sich in der mittleren Zahlengruppe hinter dem zweiten Schrägstrich das Erscheinungsjahr 1986 verbirgt.

Unmittelbar nach dem Fall der Mauer trat der Wörlitzer Museumsführer wieder in Kontakt mit dem Insel-Verlag in Leipzig. Dieser hatte nun Vereinigungssorgen aus Richtung Frankfurt/Main. Wechselnde Zuständigkeiten, neue Projekte ergaben einen schließlich unerfreulich endenden Briefwechsel, ohne daß jemals das fertige Manuskript und die Arbeitsfotos an den Autor zurückgeschickt wurden.

Das Jahr 1995, 200. Todesjahr des genialen Keramikunternehmers aus Etruria, rückte näher. Der Museumsführer machte darauf aufmerksam, aber in der Staatlichen Schlösserverwaltung interessierte sich niemand ernsthaft dafür, bis 1994 doch noch das Projekt »1795. 1995 Josiah Wedgwood. Englische Keramik in Wörlitz« ins Leben gerufen wurde. Eine Reise nach Barlaston war nun endlich möglich. Im Wedgwood-Museum lernte man vieles über die Geschichte und Produktionsweise dieser weltberühmten Keramikfabrik. Sogar die Briefe des Fürsten Franz von Anhalt-Dessau entdeckte man im dortigen Archiv. Und man erhielt die Zusage des Wedgwood-Museums, sich an einer Ausstellung in Wörlitz zu beteiligen, wenngleich die Resonanz auf englischer Seite eher verhalten war. Der Ruf der Wörlitzer Sammlung erreichte schließlich auch Robin Reilly, den Wedgwood-Kenner schlechthin. Gemeinsam mit zwei Mitarbeiterinnen des Werksmuseums unternahm er im Februar 1995 eine Reise nach Wörlitz. Dort stellte er fest, daß es in dieser Sammlung allein drei, ihm bis dahin unbekannte Unikate gab: die kleine Plastik eines Ganymed, eine Kaminplakette mit einer Jagddarstellung und ein Teeservice aus Black Basalt.

Andere Partner in europäischen Museen wurden gefunden. Man wählte Residenzen aus, die ehemals Kontakte zum Hof in Anhalt-Dessau unterhielten. In Museen in Deutschland, Polen und Rußland ergaben sich prachtvolle Entdeckungen. Erstmals nach der Lieferung an den Sankt Petersburger Hof vor über 200 Jahren verließ das berühmte »Husk-Service« Katharinas der Großen die russische Heimat und wurde auf der Speisetafel im Wörlitzer Schloß vorgestellt.

Zur ersten großen Wedgwood-Präsentation in Deutschland erschien beim Leipziger Seemann-Verlag ein Ausstellungskatalog: die erste Veröffentlichung über diese traditionsreiche englische Keramik in deutscher Sprache. Über 15 000 Besucher fanden von August bis Oktober 1995 den Weg vom Schloß zur Galerie am Grauen Haus und in den Wörlitzer Flora-Tempel.

Herausragende Objekte der inzwischen bekanntergewordenen Wörlitzer Sammlung zählten zu den zentralen Exponaten der Ausstellung »Josiah Wedgwood. The Father of English Potters«, die von August 2000 bis Mai 2001 an sechs Orten in Japan von über 143 000 Menschen besucht wurde.

IV.

Im Frühjahr 1990 waren drei Mitarbeiter der Staatlichen Schlösser und Gärten Wörlitz, Oranienbaum, Luisium in der Nähe des Schlosses Luisium mit Parkpflege beschäftigt. Bei schönstem Wetter bereitete die Arbeit Vergnügen. Natürlich kreisten fast alle Gespräche um die völlig neuartige politische Situation. Wohin würde es wohl gehen, mit den Menschen, mit dem Land? Es gab neben den alten, die das aber nicht mehr sein wollten, neue Parteien. Eine im Herbst 1989 gegründete SDP wollte sich schon vom Namen her von ihrer Westschwester abgrenzen. Und dann der demokratische Aufbruch oder die DSU. Die (letzte) Volkskammerwahl am 18. März hatte noch nicht stattgefunden.

An jenem Wochentag kamen nicht allzu viele Besucher in den Garten. Einige dezent dunkelgekleidete Herrschaften fielen da richtig auf. Einer von ihnen, ein jüngerer Herr, kam auf die Gärtner zu, grüßte und fragte, ob sie hier angestellt wären und ihm Auskunft geben könnten. Er hätte das Luisium kennengelernt und sei vom Park und besonders vom Schloß begeistert. Nur das

Haus sei ja in einem sehr beklagenswerten Zustand. Dies wurde ihm bestätigt, und man erzählte, daß die vor einigen Jahren begonnene, ohnehin schleppend verlaufende Restaurierung vor einiger Zeit gänzlich eingestellt worden sei. Der Herr im Mantel meinte daraufhin, daß er sehr gern etwas für das Haus unternehmen würde. Er bot den Mitarbeitern an, das so heruntergewirtschaftete Anwesen für 100 000 West(!)mark aufzukaufen. Dann könnten gründliche Sanierungsarbeiten erfolgen und das Bauwerk einer sinnvollen Nutzung zugeführt werden. Und er könne seine Erfahrungen mit dergleichen Aufgaben gern beweisen. Man lud alle für den Abend ein in das Dessauer Hotel »Central« (Albrechtsplatz, heute geschlossen), das ehemals direkt neben dem Intershop lag. Man fuhr hin und meldete sich zum vereinbarten Zeitpunkt auf dem Zimmer des Herrn von D. Er bat seine Gäste höflich, einzutreten. Die Atmosphäre war einzigartig! Zwei sehr junge, hübsche Mädchen, die Röcke trugen, die eher an Gürtel erinnerten, und dann der junge Mann mit einer seltsamen Tätigkeit beschäftigt. Aus einem großen Sack inmitten des Zimmers füllte er den Inhalt in kleinere Tüten. Dabei assistierten die beiden Mädchen mit verlegener Unbeholfenheit. Man sollte sich bloß nicht wundern, meinte er, denn er hätte gehört, daß man in der DDR so gerne Linsen essen würde! Die könnte man aber aufgrund der Versorgungsengpässe nicht genügend kaufen. Daher möchte er nun Dessau damit beliefern. Die Gartenmitarbeiter staunten nicht schlecht!

Nach erledigter Abfüllung hatte der Herr nun Zeit und bat sie – auf seine Rechnung – ins Restaurant. Hier legte er den Anwesenden eine umfangreiche Dokumentation der Renovierungen am Schloß seiner Ahnen am Rhein vor. Was man dann zu sehen bekam, war schon äußerst beeindruckend. Die Genehmigungen der Denkmalbehörden legte er ebenso vor wie die Zuwendungsbescheide der Fördermittelgeber. Viel Neues und Unbekanntes war das.

Zum Abschied hatte er darum gebeten, sein Angebot einmal zu überdenken. Jederzeit könnte man sich gerne bei ihm im Hotel melden, denn er wäre hier noch einige Tage beschäftigt. So trennte man sich – ohne jemals wieder etwas voneinander zu hören.

V.

Das Gartenreich, bestimmt durch Gedächtnis und Erinnerung, ist ein sehr persönlicher Entwurf des anhaltischen Aristokraten Leopold III. Friedrich Franz von Anhalt-Dessau. Eigentlich beschränkt auf den Zeitraum seines Lebensalters war es ein Unternehmen von großer Kühnheit und verblüffender Vielfalt. Bis in unsere Tage zeugt dieser »Musterstaat« von der sozialen Verantwortung seines fürstlichen Schöpfers gegenüber seinen 30 000 Untertanen. Insbesondere der Wörlitzer Park war schon zur Zeit seiner Entstehung ein Zentralbegriff für alle Lebensreformer, Ursprung eines einfachen und harmonischen Lebens. Und Fluchtziel all derer, die in der zweiten Hälfte des 18. Jahrhunderts den urbanen Strukturen und den Zwängen der Hofgesellschaft entfliehen wollten. Wörlitz galt als ein Ort der Sozialutopie, der die Neugestaltung der Umwelt in ihrer humanen Dimension in Aussicht stellte. Basierend auf dem Motto des Horaz, das Nützliche mit dem Angenehmen zu verknüpfen, fand trotz vieler Risiken und Probleme eine Ökonomisierung aller Lebensbereiche statt. Ein Rhythmuswechsel, der nach dem Siebenjährigen Krieg die lebensbedrohliche Situation der Bevölkerung tatsächlich grundlegend verändert hat.

Obwohl die Historie des Gartenreichs Dessau-Wörlitz uns gegenwärtig zuweilen als Klischee aus dem Holzschnittblock vorgeführt wird und seine philanthropisch gesinnten Vorreiter weiter mythisiert werden, ist es kein Disneyland des 18. Jahrhunderts, das uns heute lediglich einen blassen Eindruck eines aufgeklärten Bildungsideals nach antikem Vorbild zu offerieren hätte. Sondern vergleichbar mit einem Wertekanon bietet das Gartenreich für alle Mitglieder unserer hektischen Multioptionsgesellschaft neben einer vertieften Sicht auf die lebenswirkliche Vergangenheit ein Reservoir an Lösungsmöglichkeiten für die zur Zeit besonders aktuellen zivilisationsgeschichtlichen Fragestellungen.

Und gerade weil momentan allzu vieles, wie insbesondere auch die Stille und die Dunkelheit, die Friedrich von Hardenberg noch am Jahrhundertausgang in seinen »Hymnen an die Nacht« als

Erlebnisraum für rauschhafte und spirituelle Erfahrungen gepriesen hat, für das oberflächliche Touristenauge unterhalb seiner Wahrnehmungsschwelle bleibt, wäre es fatal, die für damalige Zeiten prototypische symbolische Dimension dieser Reformlandschaft nur noch auf die Gartenbilder und Museumsschlösser zu reduzieren. Verfehlt wäre es auch, sollte die seit der Wiedervereinigung durch massive finanzielle Hilfe verschiedenster Institutionen möglich gewordene, partielle Restaurierung der historischen Denkmäler ausschließlich dazu dienen, sie als Locations für kurzlebige Events eines beliebigen Premium-Publikums zu vermarkten.

Aktuelle Beispiele für einen solchen, sicherlich legitimen Vergnügungsbetrieb, die dafür weitaus besser taugen mögen, gibt es genug. So entsteht in der Schweiz gerade für 60 Millionen Euro nach den Ideen des Ufo-Phantasten Erich von Däniken die Erlebniswelt »Mystery Park«, wo jährlich bis zu 500 000 Besucher am Fuße der Berner Alpen zu »kollektivem Abdriften« animiert werden sollen. Und das kürzlich eröffnete Legoland im bayerischen Günzburg sei, so der Präsident der Lego Company, die größte Investition in der 70jährigen Firmengeschichte. Mehr als 150 Millionen Euro gab das dänische Unternehmen für die 40 Attraktionen aus, die auf einer Fläche von 60 Hektar präsentiert werden.

Zu dieser kulturindustriellen Bilderflut steht das historische Gartenreich Dessau-Wörlitz nicht nur wegen der immens hohen Investitionssummen in einem krassen Gegensatz. Als ein authentischer Erinnerungsort von elementarer Dauer kann vielleicht gerade hier die, wie man im Osten immer wieder hören kann, fehlende gesellschaftliche Identität gestiftet werden. Denn was wie das Kraftwerk Vockerode offensichtlich für viele in der Region jahrzehntelang heimatliche Gefühle weckte, wurde mit der Wiedervereinigung als Landmarke obsolet. Im Jahr 1994 vom Stromnetz genommen wurden unmittelbar im Anschluß daran die damals noch funktionstüchtigen Turbinen in die Sowjetunion verkauft. Ebenfalls hier verschwanden im gleichen Jahr nicht nur die arbeitsplatzintensiven Gewächshausanlagen, um Platz für ein inzwischen geplantes Gewerbegebiet zu schaffen, sondern auch die gigantischen, überirdischen Heiztrassen für Fernwärme, deren

Stützpfeiler aus Beton teilweise immer noch die Sicht auf die Wiesen mit jahrhundertealten Solitär-Eichen versperren. Fast zeitgleich erfolgte der Abzug der letzten sowjetischen Soldaten aus dem zu DDR-Zeiten hermetisch abgeriegelten Oranienbaumer Forst, wo sich schon von Oktober 1935 bis Mai 1945 eine Heeresmunitionsanstalt befand. Von ihrem lebensbedrohenden Wirken zeugen heute nur noch mehr und mehr verfallende Kasernengebäude hinter hohen Mauern und Zäunen mit kleinen Blechschildern, auf denen der aufmerksame Spaziergänger lesen kann: »Kampfmittelverseuchtes Gebiet – Lebensgefahr! – Betreten nach § 3 (2) GAVO verboten, Staatl. Forstamt Wörlitz.«

Die im Jahr 2000 unter anderem durch die EXPO-Sachsen-Anhalt GmbH in dieser sogenannten Korrespondenzregion Dessau/Bitterfeld/Wittenberg durch zahlreiche Projekte und Ausstellungen erfolgreich eingeleiteten Strukturanpassungen mit dem Wechsel von einer zuletzt maroden DDR-Industrielandschaft zu einer auch wirtschaftlich attraktiven Tourismusregion sind erst zu einem geringen Teil vollzogen. Dieser Prozeß wird noch Jahre höchster Einsatzbereitschaft aller beanspruchen. Wo jedoch nach schnellem Wachstum gerufen oder dem Zeitgeist gehuldigt werde, »drohen Bewahren und Erhalten als Inbegriffe für Fortschrittsfeindlichkeit und Investitionshemmnis mißbraucht zu werden«, wie in einem Positionspapier der Kultusminister der Länder kürzlich zu lesen war. Bestes Beispiel hierfür bietet die aktuelle Diskussion um die Errichtung von Windkraftanlagen im Raum Oranienbaumer Heide. Deren Gegner befürchten nicht nur einen Imageverlust für das direkt angrenzende Gartenreich und eine Minderung der Lebensqualität, sondern verweisen darauf, daß selbst die regionalen Entwicklungsprogramme für die Regierungsbezirke des Landes Sachsen-Anhalt diesen Standort ausdrücklich nicht dafür vorsehen.

Parallel zu dieser Entwicklung konnte man nach der Wiedervereinigung einen besorgniserregenden Bevölkerungsschwund mitverfolgen. Derzeit stehen im Regierungsbezirk Dessau 9397 Zuzügen 14 732 Fortzüge gegenüber. Dieser Wandel ist bis zum Jahr 2015 im Landesdurchschnitt mit 12 bis 13 Prozent niedriger prognostiziert als für die Stadt Dessau mit etwa 17 bis 18 Prozent, was de facto im Vergleich mit der Situation vor dem Fall des »Eisernen Vorhangs« eine Halbierung der Bewohner Dessaus bedeutet, also zukünftig nur noch etwa 60 000 Einwohner.

Daneben hat sich der Bevölkerungsstand nach Altersjahren in Sachsen-Anhalt gewandelt und die grafische Darstellung in Form einer Alterspyramide, deren Konturen nach oben spitz zulaufen, ist heute eher zu einem hochaufragenden Lebensbaum geworden, in dessen mächtiger Krone viele ältere Menschen Platz genommen haben – bei einer Arbeitslosenquote von derzeit durchschnittlich über zwanzig Prozent.

Demgegenüber prägt diese Kulturlandschaft von Weltrang, seit Ende des Jahres 2000 als solche endlich auf der Liste der UNESCO, ganz wesentlich das Gesicht dieser Region Sachsen-Anhalts und verkörpert mit das Selbstverständnis Deutschlands als Kulturstaat. Die dem »Weltbild-Wörlitz« innewohnende programmatische Verknüpfung von zahlreichen Reformen, von künstlerisch überformter Natur und naturnaher Landschaft, prädestiniert als Gesamtkunstwerk aller Sinne, kann aber auf Dauer nur Bestand haben, wenn sie ohne Ressentiments von einem hinreichend großen Teil der Bevölkerung getragen wird. Ein Beleg dafür können die Besucherstatistiken sein. Für die letzten zehn Jahre ist leider festzustellen, daß Gäste aus den westlichen Bundesländern und aus dem europäischen Ausland den Besucherschwund aus den neuen Bundesländern auch auf lange Sicht wohl nicht kompensieren werden können. Um so nachdenklicher stimmt es dann, wenn keine der insgesamt vier (!) Welterbe-Stätten des Landes Sachsen-Anhalt auf seiner offiziellen Website aufgeführt ist. (Quelle Statistisches Landesamt Sachsen-Anhalt, www.stk.sachsen-anhalt.de, Stand vom 4.6.2002)

Weltbekannte touristische Sehenswürdigkeiten und ein Naturparadies im Wechsel mit zumeist leerstehenden Plattenbauten und Gewerbegebieten, die in ihrer Häßlichkeit kaum zu überbieten sind, lassen heute viele auf die Entwicklung eines saisonalen Massen- und Ausflugstourismus hoffen. Vor diesem fast schon paradoxen Bild bekommt man plötzlich Angst bei der Vorstellung, was sich bei einem falschgeleiteten Aktionismus alles daraus entwickeln könnte. Mit einem Gespür für die Doppelbödigkeit des Alltäglichen also beileibe nicht nur ein Ortswechsel!

VI.

Aus den Gärten komm ich zu euch, ihr Söhne des Berges!
Aus den Gärten, da lebt die Natur geduldig und häuslich,
Pflegend und wiedergepflegt
mit den fleißigen Menschen zusammen.
Aber ihr, ihr Herrliche! Steht, wie ein Volk von Titanen,
In der zahmeren Welt und gehört nur euch und dem Himmel,
Der euch nährt' und erzog und der Erde, die euch geboren.
Keiner von euch ist noch
in die Schule der Menschen gegangen,
Und ihr drängt euch, fröhlich und frei,
aus der kräftigen Wurzel,
Unter einander herauf und ergreift, (...)
mit gewaltigem Arme den Raum (...).
Eine Welt ist jeder von euch, wie die Sterne des Himmels
Lebt ihr, jeder ein Gott, in freiem Bunde zusammen.*

* Friedrich Hölderlin, »Die Eichbäume«, zitiert nach: Alexander Honold, Nach Olympia. Hölderlin und die Erfindung der Antike, Berlin 2002, S. 110.

N. B.
Uwe Quilitzsch (Griesen) und Alfred W. Radeloff (Dessau) haben mich bei meiner Erinnerungsarbeit in außergewöhnlicher Weise unterstützt. Ohne sie hätte ich den Beitrag nicht schreiben können. Dafür bedanke ich mich an dieser Stelle sehr herzlich.

VI. ÜBER ARNULF BARING

Der Mentor der Berliner Republik

Arnulf Baring ist siebzig Jahre alt geworden. Die »Berliner Republik« beginnt normal zu werden und die Herausforderungen der wiedervereinigten Nation als größtes Land im Herzen Europas anzunehmen. Galt es in den Zeiten der Teilung, die Freiheit Westberlins zu erhalten und die Einheit Deutschlands in Freiheit zu erreichen, so geht es jetzt darum, diese Einheit von Berlin aus zu vollenden und als wiedervereinigte Nation einen wichtigen Part in der Politik zu übernehmen, innerhalb Europas, der NATO und gegenüber den USA. Deutschland hat zum ersten Mal klar definierte und allseits anerkannte Grenzen – es gibt keine Spannungen und Interessengegensätze um Grenzen oder Besitzungen. Deutschland ist von Nachbarn umgeben, die der deutschen Einheit zugestimmt haben. Wurde 1871 das Deutsche Reich auf den Schlachtfeldern begründet, so wurde die Deutsche Einheit friedlich auf der Straße errungen und in Konferenzsälen vertraglich vollendet. Jetzt sind wir verpflichtet, die Konsequenzen daraus auch umzusetzen. Und was hat das alles mit Arnulf Baring zu tun? Viel, denn er hat diese Entwicklung aufmerksam begleitet, kommentiert und vorausschauende Forderungen an die Politik gestellt.

Ich lernte ihn 1991 in streitiger Auseinandersetzung um einige seiner Aussagen in dem Buch »Deutschland was nun?« kennen. Mir waren seine Aussagen zur Dauer der Wiedervereinigung zu pessimistisch: Er sehe keine Chance, die ehemalige DDR in wenigen Jahren zu sanieren. Sie werde für ein bis zwei Generationen ein Notstandsgebiet bleiben. Es werde genauso lange dauern, die früheren DDR-Gebiete auf die Beine zu bringen, sie zu einem normalen Teil Deutschlands zu machen, wie es gedauert habe, sie zugrunde zu richten. In einem Brief erläuterte ich ihm meine andere Auffassung. Danach trafen wir uns zu Hause in lebhafter und intensiver Diskussionsrunde – und wir schenkten uns nichts. Seit dieser Zeit halten wir engen Kontakt und pflegen intensiven Meinungsaustausch.

An diesem kleinen Beispiel lassen sich Eigenschaften und Fähigkeiten von Arnulf Baring festmachen. Er spricht Dinge an und aus, von deren Richtigkeit er überzeugt ist, auch dann, wenn allgemeine Hoffnungen oder die öffentliche Diskussion in eine andere Richtung weisen. Er sucht die Auseinandersetzung um die Sache, weil es ihm um Deutschland, um den Zustand und die Zukunft unserer Republik geht. Im persönlichen Gespräch geht er auf Argumente und Sachverhalte ein – er mißt stets das Argument und wägt ab. Worthülsen und Platitüden lehnt er ab; sie sind ihm fremd.

In seinem oben erwähnten Buch hat er schon 1991 auf Sachverhalte hingewiesen, die in der »Berliner Republik« auch gegenwärtig noch von Bedeutung und Bestandteil der politischen Auseinandersetzung sind. »Unsere Politiker haben im Grunde während der vergangenen 40 Jahre nichts anderes gelernt, als Chancen zu verteilen. Jetzt geht es aber darum, Zumutungen plausibel zu machen.« Auch für mich ist die Frage von Bedeutung, wie Zumutungen und notwendige Veränderungen – auch zu Zeiten des Bundestagswahlkampfs – plausibel gemacht werden können. Wer Veränderungen fordert, ohne ihre Notwendigkeit erklären zu können, der wird scheitern.

Die notwendigen Veränderungen ergeben sich nicht allein aus der deutschen Einheit, sondern auch aus der demographischen Entwicklung, dem verschärften Wettbewerb als Folge der Globalisierung und der geänderten außenpolitischen Lage. Veränderungen sind für viele Deutsche eine neue Erfahrung. Das System DDR war veränderungsresistent – notwendige Anpassungen geschahen zu spät oder gar nicht. Selbst das Ergebnis dieser Stagnation, den wirtschaftlichen Zusammenbruch der DDR, wollen viele nicht wahrhaben. Nach der Einheit gab es in den neuen Bundesländern einen unglaublichen Umbruch – aber das System unseres Sozialstaats veränderte sich nicht.

In der Bundesrepublik ging es nach der Währungsreform schrittweise und stetig aufwärts. Viele der Veränderungen waren positiver Art: ein Verteilen von Chancen. Erst Anfang der neunziger Jahre wurden Strukturdefizite deutlich, die uns vor die Herausforderung stellten, mit notwendigen Veränderungen unser Land zukunftsfähig zu machen. Das bringt es mit sich, »Zumutungen plausibel zu machen« – eine der Hauptaufgaben in den nächsten Jahren. Darin wird sich die »Berliner Republik« zu bewähren haben.

Baring ist weiterhin der Meinung, daß wir so etwas Elementares wie Macht, Machtpolitik wieder für uns entdecken müssen. Und daß es nicht der Ausbreitung des Realitätssinns bei uns diene [...] »harte Machtrealitäten der Erde, auch die Deutschlands, hinter dem Traumschleier unserer Illusionen zu verbergen.«

Ein Teil des »Traumschleiers unserer Illusionen« ist zwischenzeitlich gerissen und zwang uns zu der Einsicht, daß wir uns den Einsätzen der Bundeswehr an der Seite unserer Alliierten im Rahmen von UN-Operationen nicht entziehen können. Als wiedervereinte Nation können wir Sonderrechte gegenüber den anderen europäischen Nationen nicht mehr begründen. Wenn wir es ernst mit der europäischen Integration und Europäischen Union meinen, dann kann es keinen deutschen Sonderweg geben.

Für die künftige Entwicklung in Europa und die der deutsch-amerikanischen Zusammenarbeit wird es entscheidend davon abhängen, welche Bedeutung wir der Leistungsfähigkeit unserer Bundeswehr einschließlich ihrer technologischen Fähigkeiten beimessen. Sie darf nicht zu einer Interventionsarmee in Form einer »bewaffneten Berufsfeuerwehr« reduziert werden. Die Wehrpflicht und die Fähigkeit zur Landesverteidigung sollten die Grundlage bleiben, um gegebenenfalls gemeinsam mit den Verbündeten Konflikte – auch weit entfernte – einzudämmen. Die Bundeswehr wird sich vermutlich für einen längeren Zeitraum mit erheblichen Kontingenten bei diesen Auslandseinsätzen beteiligen müssen. Nur wenn die Truppen bedrohungs- und aufgabengerecht ausgerüstet sind, kann dieses von der politischen und militärischen Führung verantwortet werden. Die Bundeswehr ist eine Parlamentsarmee, ihr Einsatz kann erst mit und nach Zustimmung des Bundestags erfolgen. Damit hat das deutsche Parlament insgesamt eine hohe Verantwortung. Die Diskussion um die Teilhabe Deutschlands an internationalen Einsätzen der Bundeswehr wird andauern, und sie wird wesentlich begleitet von der Frage, wie viele Steuermittel für die Bundeswehr bereitgestellt werden müssen. Die nächste Regierung muß eine deutliche Erhöhung des investiven Anteils vornehmen – oder die Auslandseinsätze werden drastisch reduziert. Die Leistungsfähigkeit der Bundeswehr und die Glaubwürdigkeit unserer sicherheitspolitischen Anstrengungen werden wesentlich die Intensität des deutsch-amerikanischen Verhältnisses und die Entwicklung der gemeinsamen Außen- und Sicherheitspolitik (GASP) der EU bestimmen – Worte und Taten müssen übereinstimmen.

Wenn Deutschland wirklich auf ein gemeinsames, stärkeres europäisches Engagement im Rahmen von GASP setzt, müssen wir gemeinsam mit Frankreich die Führungsaufgabe übernehmen – dazu gehören Bereitschaft ebenso wie Fähigkeit. Ein Land, das zwar wirtschaftlich stark ist, aber nicht über die notwendigen technologischen Fähigkeiten und militärischen Mittel verfügt, wird bei grundlegenden sicherheitspolitischen Entscheidungen nicht ernst genommen. Die Zeiten der Vorneverteidigung – wo nichts ohne Deutschland ging – sind vorbei. Wir können uns durch mangelnde Leistungsfähigkeit zunehmend selbst isolieren. Es wird immer deutlicher, daß nach dem Wiedererlangen der staatlichen Einheit die Außenpolitik vielfältiger und entscheidungsfordernder geworden ist. Wir sind auf dem Wege zur Normalität. Wir müssen unsere nationalen Interessen definieren, um sie zur Grundlage der Entscheidungsprozesse zu machen. Für unsere Nachbarn und Verbündeten ist klar, daß wir anders als in den Zeiten der Teilung jetzt unsere Interessen freimütig und offen artikulieren müssen. Verläßlichkeit und Kontinuität sind gefragt, nur daraus ergibt sich Berechenbarkeit. Gerade für unsere Nachbarn ist diese Berechenbarkeit auf der Grundlage unserer Interessen Basis freier Partnerschaft.

Und ein anderes gehört auch dazu: Deutschland als größtes

Land im Herzen Europas bestimmt die Entwicklung maßgeblich. Wenn die deutsche Wirtschaft erlahmt, hat dies Auswirkungen auf den gesamten EU-Wirtschaftsraum. Wenn die Bundeswehr nicht leistungsfähig ist, hat das Auswirkungen auf die Weiterentwicklung von GASP. Darum ist das, was wir tun oder auch nicht tun, bedeutsam für Europa. Es ergeben sich Verpflichtungen, die wir erfüllen müssen. Arnulf Baring sagt: »Wenn wir Deutschen Europa wirklich dienlich sein wollen, müssen wir in erster Linie unser Land in Ordnung bringen, längst überfällige Reformen beherzt anpacken. Wir sollten Leistungsfähigkeit und Lebensfreude steigern, der Zukunft zugewandt sein.« Diese Verantwortung und Berechenbarkeit in einem Europa vieler Nationen verlangt auch, daß wir uns zu unserer deutschen Geschichte und zur Nation bekennen.

Berlin ist immer noch der Ort, an dem die deutsche Geschichte kumuliert. Es hat als Bundeshauptstadt der wiedervereinten Nation dic Herausforderungen der Einheit sichtbar angenommen. Berlin war Leuchtturm der Freiheit und ist jetzt Symbol der Einheit. Diese Veränderungen sind das Ergebnis der glückhaften Einheit Deutschlands. Von Berlin aus – dieser geschundenen, zerstörten, gespaltenen, wiederaufgebauten und jetzt wiedervereinten Stadt – muß Deutschland die Herausforderungen der Veränderungen meistern. Berlin selbst muß sich dieser Herausforderung stellen, und die Bundesregierung muß sich entscheiden, wieviel Hauptstadt sie will und mit welcher kulturellen Ausstrahlung. Deutschland als Ganzes hat sich selbstverständlich daran zu beteiligen und seinen Beitrag zu leisten.

Vergangenheit und Herausforderungen für die Zukunft. Ja. »Es lebe die Republik, es lebe Deutschland!«

Es mag sein, worauf Baring zuletzt noch hingewiesen hat, daß die Regierungserklärung Schröders erste, unsichere Hinweise enthielt, was er sich unter einer »Republik der Neuen Mitte« vorstellt, die von Berlin ausgehen solle. Darin pries er das weltoffene Klima, Berlin als Anziehungspunkt für Jugend und kulturelle Avantgarde, sah in Berlin eine »heitere und aufregende Stadt« für jüngere Deutsche und Europäer, »die sie von Fußballspielen und der Love Parade her kennen«. Er versprach: »Auch und gerade an diese Traditionen werden wir anknüpfen, wenn wir Berlin zur Hauptstadt einer Republik der Neuen Mitte machen wollen.«

Baring meint hierzu: »Das wird nicht reichen. Man muß sich wohl bei diesem Ortswechsel gedanklich mehr anstrengen, der zugleich eine Rückkehr in unsere lange Geschichte ist. Wer einen neuen Stil deutscher Politik entwickeln, sich offener, unbefangener, souveräner geben möchte als im rheinischen Bonn, muß sich an einem hohen Anspruch messen lassen. Er muß mehr im Blick haben als die letzten fünfzig Jahre. Aber darf gleichzeitig keinen Augenblick die Tugenden vergessen, die der alten Bundesrepublik Respekt und Zustimmung der Welt eingetragen haben: die Bescheidenheit im Auftreten, den kooperativen Arbeitsstil, die Fähigkeit, anderen zuzuhören, ihre Interessen wahrzunehmen, behutsam am Konsens mitwirken. Falls sich die so unangenehm auffällige, selbstbewußte Stillosigkeit durchsetzt, wird das auch die Substanz der Bundesrepublik verändern – obwohl die etablierten Institutionen, das Grundgesetz, die Parteien, die Apparate bleiben. ›Berliner Republik‹ – das sind bisher nur zwei Worte. Aber sie spiegeln eine verbreitete, vage Erwartung.«

Wir alle sollten unseren Beitrag dazu leisten, daß Berlin nicht auf Love Parade, Fußball, Karneval der Kulturen oder Stadt ohne Sperrstunde reduziert wird. Wir müssen uns dafür einsetzen, daß sich nicht selbstbewußte Stillosigkeit durchsetzt – Berlin hat eine große Vergangenheit und einen kulturellen Reichtum, der mich gewißsein läßt, daß Berlin als Hauptstadt unseres wiedervereinten Deutschlands die Erwartungen auch erfüllen kann.

Die Einsicht in notwendige Veränderungen wächst, und unsere Bürgerinnen und Bürger sind bereit, diese zu vollziehen, wenn die Zumutungen plausibel gemacht werden. Die Bundesregierung muß diese Veränderungen von Berlin aus gestalten – eine Herausforderung wie die des Aufbaus nach 1945 und der deutschen Einheit. Arnulf Baring wird ein mahnender und ansprechender Wegbegleiter sein – möge ihm und uns das *ad multos annos* vergönnt sein.

»Ach wie gut, daß niemand weiß, daß ich Rumpelstilzchen heiß«

Arnulf Baring und die Flucht aus der Geschichte

Wenn man hört, daß an einem Streitgespräch Arnulf Baring teilnehmen wird, ist der Abend schon gerettet. Sein streitbarer Geist läßt einen nie im Stich, ob es nun um geschichtliche oder politische Dinge geht. Liegt das nun an Barings herausfordernden Thesen oder an der Unbekümmertheit, mit der er auch unaussprechbare Dinge sagt? Sehr oft spielt Baring die Rolle des Provokateurs, aber trotz seiner eloquenten Streitlust hat man nicht den Eindruck, daß es ihm um den Effekt geht. Er ist immer so bei der Sache, daß er nicht selten hochroten Gesichts seinen Kontrahenten ins Wort fällt, und dann fürchtet man, daß ihn vor lauter Erregung der Schlag trifft. Aber der heitere Smalltalk nach der Sendung beruhigt seine Freunde, daß Baring sich nur im Moment des intellektuellen Rencontres zu Exaltationen hat hinreißen lassen.

Bei allem Vergnügen an seinen Auftritten ist man am Ende melancholisch. So selten sind pointierte Äußerungen also geworden, daß man ihr Vorkommnis im Kalender rot anstreichen muß? Die übliche Professorenprosa, so kenntnisreich sie sein mag, ermüdet zumeist sehr schnell. Baring bezieht seine telegene Popularität wahrscheinlich daher, daß seinesgleichen eben rar geworden ist. Natürlich wäre Sebastian Haffner ein Gesprächspartner für ihn gewesen, und gerade in Haffners letzten Lebensjahren waren die beiden tatsächlich vertraut. Aber sonst? Namen will man gar nicht nennen, schon weil es ja alles ehrenwerte Köpfe sind, einem selbst auf vielfältige Weise verbunden – in meinem Fall sind es sehr häufig Autoren des eigenen Verlags. Nur: Die Zahl derer, die ihre Zuhörer zu unterhalten, sogar zu amüsieren wissen, während es um schwierige, zuweilen düstere Dinge geht, ist verschwindend gering.

In den zwanziger Jahren, die einem immer bedeutender werden, je weiter sie zurücksinken, muß der Reichtum an solchen Figuren gar nicht zu bändigen gewesen sein – von politischen Köpfen wie Ernst Niekisch, philosophischen Geistern wie Werner Sombart bis zu geistreichen Spöttern wie Alfred Kerr. Aber heute? Auch in dieser Hinsicht ist die Szene verarmt, und man dankt es Arnulf Baring, daß er einem diese reicheren Zeiten in Erinnerung ruft. Was wüßten wir von der Kunst des Streitgesprächs, wenn es Sebastian Haffner nicht gegeben hätte und Arnulf Baring nicht gäbe.

In der Zeit, die an eigener Produktivität so wenig besitzt, daß eine Unzahl von ermüdenden Talkshows dafür aufkommen muß, ruft einem Arnulf Baring in Erinnerung, daß Geist immer etwas mit Überspitzung zu tun hat, mit Einen-Gedanken-auf-die-Spitze-treiben, kurz: mit Überpointierung. Darüber verfügte selbst Hegel in unvergleichlichem Maße, so wenn er Napoleon den »Weltgeist zu Pferde« nannte.

Deutschlands Rolle

Aber natürlich darf die Rolle Barings nicht auf die eines *Agent provocateur* reduziert werden. Seit dem, was man verharmlosend die »Wende« nennt – obwohl es sich doch um den politischen und ökonomischen Zusammenbruch eines ganzen Weltsystems handelt –, beschäftigt die gegenwärtige und zukünftige Rolle Deutschlands Barings ganzes Denken. Das Land kann sich, dem gilt das Staunen Barings, in seine neue Situation nicht finden. Es nimmt keine Notiz davon, daß Deutschland mit seinen mehr als 80 Millionen Einwohnern der volkreichste und wirtschaftlich dynamischste Teil Europas ist – eine »kleine Großmacht« oder eine »große Mittelmacht«, wie das Sebastian Haffner über das alte Preußen formuliert hat. Deutschland fühlt sich so wohl in der Rolle eines amerikanischen Klientelstaates, daß es davon nicht lassen will.

Ein halbes Jahrhundert hat Bonn im Schatten der Weltmächte gelebt. Nun will es nicht wieder auf die große Bühne treten. Amerika und Rußland erwarten, daß das von Bonn nach Berlin zurückgekehrte Land eine Leitrolle – um das heikle Wort Führungsrolle zu vermeiden – in Europa, vor allem in dessen Osten, spielt. Aber Deutschland hat sich so sehr durch seinen Ausflug in die Weltpolitik die Finger verbrannt, daß es nach wie vor darauf beharrt, nur zweit- oder drittklassige Instrumente im Konzert der Politik zu spielen. Ängstlich sieht das Land darauf, seinen kleineren und schwächeren Partnern Frankreich, England und Italien, die jeder ziemlich genau 20 Millionen Einwohner weniger zählen, nicht zu nahe zu treten. Obwohl erst Bonn, dann Berlin das Mehrfache an Unterstützung der einstigen östlichen Supermacht geleistet hat, besteht Deutschland darauf, hinter Großbritannien und Frankreich zurückzutreten.

Am wohlsten fühlt sich Deutschland in einer Rote-Kreuz-Rolle. Wenn es um humanitäre Aktionen in Afrika oder Asien geht, meldet sich Deutschland zu Wort, aber eine Führungsrolle will es nicht übernehmen, so sehr Moskau und Washington es dazu auch drängen. Das Land hält sich in solchen Fällen die Hand vor die Augen, als glaube es, daß man es dann nicht sehen kann. »Ach wie gut, daß niemand weiß, daß ich Rumpelstilzchen heiß« – wobei in diesem Fall das vermeintliche Rumpelstilzchen ein verkappter Riese ist.

Ein Jahrhundert lang hat sich erst das alte Preußen, dann das neugegründete Deutsche Reich auf den ersten Platz in Europa gedrängt; jetzt ist es ihm geradezu peinlich, daß die wirklichen Großmächte es an dieser Stelle sehen wollen. Das kleinere England, das sich nach dem Kriege zusammen mit seinem Empire von der Weltpolitik verabschiedet hat, spielt diesen Part durchaus unbekümmert. Gerade in der kritischen Lage nach dem Sturz der Taliban hat es in Afghanistan die Führungsrolle der westlichen Allianz übernommen. Aber Deutschland wehrt sich mit Händen und Füßen gegen wirkliche Verantwortung. Die Türkei, einst der kranke Mann am Bosporus und auch heute nicht gerade ein Ausbund von Gesundheit, muß für Berlin einspringen. Deutschland hört weg, auch wenn Kabul es drängt, eine wichtigere Rolle in Afghanistan zu übernehmen. Aber so ist es seit langem schon, auch im Golfkrieg hat Deutschland sich ja mit Milliarden von einer wirklichen Beteiligung freigekauft. Andere mußten die

Schreckensherrschaft in Bagdad in ihre Schranken weisen, Deutschland zog es vor zu zahlen. Aber das Land wird sich nicht auf alle Zeiten von der Geschichte freikaufen können.

Solche ernsthaften Dinge sind es, die hinter Barings Temperamentsausbrüchen stehen und die er nun seit mehr als einem Jahrzehnt immer wieder variiert. Klarer als andere sieht er die Aufgabe Deutschlands in Osteuropa, wo gerade der Verlust seiner östlichen Provinzen ihm die Möglichkeit gegeben hat, in das Vakuum einzutreten, das die Liquidation der einstigen Herrschaft Habsburgs, der Sowjetunion und auch Konstantinopels hinterlassen hat. Einst blickte man dort im Zeichen des Panslawismus sehnsüchtig nach dem »Dritten Rom« oder man war, oft unwillig, ein Teil des österreichisch-ungarischen Imperiums, das sich von der Bukowina und Galizien bis nach Triest erstreckte, und auch das Osmanische Reich, das einst vom Zweistromland bis in die Donau- und Balkanwelt reichte, hat seine Ordnungsfunktion eingebüßt. Der Erste Weltkrieg hat die alten Imperien ausgelöscht, und im Gefolge des Zweiten Weltkriegs und der Überdehnung des russischen Machtbereichs haben auch Petersburg und Moskau ihre Faszination verloren. Aber was konnte an deren Stelle treten? Man liebt in Ostmitteleuropa intellektuell Frankreich am meisten, und man bewundert als politische Ordnungsmacht das alte England. Aber beide haben weder die politische Macht noch die wirtschaftliche Kraft und vermutlich auch nicht den Willen, das Vakuum zu besetzen.

So müssen die Restbestände des alten Deutschland auf den Plan treten, und in puncto Investitionen zeigen sie sich denn auch ihrer Aufgabe schon gewachsen. Aber Deutschland hütet sich ängstlich, als Nation wirklich präsent zu sein. Das zählt zu jenen Tabus, die Arnulf Baring sieht und offen ausspricht. So ist es auf vielen Feldern, und immer kann man sich getrost auf seine Unbedenklichkeit verlassen, die Dinge nüchtern und klar zu sehen. Nicht auf alle Zeiten hat Deutschland erst mit den Alldeutschen, dann den Nationalsozialisten seine Funktion als stärkste Macht Mitteleuropas eingebüßt, wenn man es auch peinlich vermeidet, die Dinge beim Namen zu nennen.

Baring hat solche Ängstlichkeit nicht. Hinter seinen rhetorischen Provokationen steht stets ein politischer Gesamtentwurf für Deutschlands Rolle zwischen den Vereinigten Staaten von Amerika, Rußland und Europa. Deshalb darf man sich nicht täuschen, daß dieser sprühende und provokative Kopf ein ernsthafter politischer Denker ist.

Arnulf Baring

wurde am 8. Mai 1932 als Sohn des späteren Senatspräsidenten am Bundesverwaltungsgericht, Dr. jur. Martin Baring, geboren. Er stammt aus einer alten friesischen Familie, die Ende des 15. Jahrhunderts im niederländischen Groningen erstmals urkundlich erscheint und Mitte des 16. Jahrhunderts in Niedersachsen ansässig wird. Aus ihr kommt auch der Gründer des einst weltbekannten Londoner Bankhauses Baring Brothers & Co., das vor allem Ende des 18., Anfang des 19. Jahrhunderts eine große Rolle gespielt hat; seine Nachfahren wurden Lords, einer ist Vizekönig von Indien, ein anderer als britischer Generalkonsul in Kairo der eigentliche Regent Ägyptens gewesen.

Professor Dr. jur. Arnulf Baring studierte nach dem Abitur in Berlin in Hamburg, Berlin (Freie Universität), Freiburg im Breisgau, New York (Columbia University), Speyer (Hochschule für Verwaltungswissenschaften) und Paris und legte beide juristische Staatsprüfungen ab. 1962 wurde er politischer Redakteur beim Westdeutschen Rundfunk in Köln, danach hatte er einen Forschungsauftrag der Deutschen Gesellschaft für Auswärtige Politik in Bonn. 1969 bis zu seiner Emeritierung war er ordentlicher Professor für Zeitgeschichte an der Freien Universität Berlin. Er ist auch an der Harvard University, im Bundespräsidialamt, in der Stiftung Wissenschaft und Politik in Ebenhausen bei München, am Wilson Center in Washington, am East-West-Institute in New York, an der Princeton University und am St. Antony's College in Oxford wissenschaftlich tätig gewesen.

Von Arnulf Baring sind wichtige Bücher zur politischen Entwicklung erschienen: „Der 17. Juni 1953“ (1957); (zusammen mit Christian Tautil) „Charles de Gaulle – Größe und Grenzen" (1963); „Außenpolitik in Adenauers Kanzlerdemokratie" (1969), (neu als: „Im Anfang war Adenauer", 1982); „Sehr verehrter Herr Bundeskanzler! Briefwechsel Heinrich von Brentano mit Konrad Adenauer 1949-64" (1974); (mit Masamori Sase) „Zwei zaghafte Riesen? Deutschland und Japan seit 1945" (1977); der nach seinem Aufenthalt im Bundespräsidialamt entstandene Bestseller „Machtwechsel. Die Ära Brandt-Scheel" (1982); „Unser neuer Größenwahn – Deutschland zwischen Ost und West" (1988); „Deutschland, was nun?" (1991); „Scheitert Deutschland? Abschied von unserem Wunschwollen." (1997); „Es lebe die Republik, es lebe Deutschland! Stationen demokratischer Erneuerung 1949-1999." (1999) und (zusammen mit Gregor Schöllgen) „Kanzler, Krisen, Koalitionen" (2002).

DIE HERAUSGEBER UND AUTOREN

Dr. Konrad Adam, geboren 1942 in Wuppertal, war nach dem Studium der Alten Sprachen, der Geschichte und Philosophie in Tübingen, München und Kiel bei der Deutschen Presse-Agentur in Kiel und Hamburg tätig. Ende 1979 wechselte er in die Feuilleton-Redaktion der „Frankfurter Allgemeinen Zeitung". Seit Herbst 2000 ist er politischer Chefkorrespondent der „Welt" in Berlin. Er hat mehrere Bücher veröffentlicht, darunter „Die Ohnmacht der Macht", „Die Republik dankt ab", „Für Kinder haften die Eltern" und „Staat machen".

Peter Carstens, geboren 1962 in Köln, war nach dem Studium der Geschichte, Philosophie und Politik in Wien, Paris und an der Freien Universität von 1991 bis 1994 Referent in der Berliner Senatskanzlei. Seither ist er Redakteur der „Frankfurter Allgemeinen Zeitung", von 1997 bis 2001 als Korrespondent in Dresden und nun in der Berliner Parlamentsredaktion.

Dr. Mathias Döpfner, geboren 1963 in Bonn, war nach dem Studium der Musikwissenschaft, Germanistik und Theaterwissenschaft in Frankfurt am Main und Boston Geschäftsführer der Agentur „KulturKonzept" in München und Korrespondent der „Frankfurter Allgemeinen Zeitung" in Brüssel. 1994 wurde er Chefredakteur der „Wochenpost", Berlin, 1996 der „Hamburger Morgenpost" und 1998 der Zeitung „Die Welt", Berlin. Seit 2000 gehört er dem Vorstand der Axel Springer AG an, deren Vorstandsvorsitzender er seit 2002 ist. Er veröffentlichte mehrere Bücher über Musik und ein „Insider-Lexikon" über Brüssel.

Jürgen Engert, geboren 1936 in Dresden, war nach dem Studium der Philosophie und Germanistik an der Freien Universität Berlin Chefredakteur der Westberliner Zeitung „Der Abend" und danach Chefredakteur Fernsehen des Senders Freies Berlin. 1997 wurde er Gründungsdirektor des ARD-Hauptstadtstudios Berlin. Nach seiner Pensionierung erschienen seine Erinnerungen „Mein Gott, Berlin".

Ulrich Frank-Planitz, geboren 1936 bei Zwickau, war nach dem Studium der Medizin und der Rechts- und Wirtschaftswissenschaften Bonner Korrespondent des „Handelsblatt“, Chefredakteur der Wochenzeitung „Christ und Welt“ in Stuttgart, Direktor der Robert Bosch Internationale Beteiligungen AG in Zürich und bis 1997 Verleger der Deutschen Verlags-Anstalt (DVA) in Stuttgart. Danach wurde er Kurator der DVA-Stiftung, Sprecher des Beirats der Leipziger Buchmesse und Mitglied der Kuratoriums der Universität Leipzig. Er hat mehrere Bücher veröffentlicht und herausgegeben, zuletzt erschienen unter dem Titel »Sachsen-Spiegel« Geschichten aus Mitteldeutschland.

Dr. Alexander Gauland, geboren 1941 in Chemnitz, war nach dem Studium der Rechte, dem Assessorexamen und Tätigkeiten in Bonn, Edingburgh und Frankfurt am Main von 1987 bis 1991 Staatssekretär und Chef des Hessischen Staatskanzlei. Seitdem ist er Generalbevollmächtigter der Frankfurter Allgemeine Zeitung GmbH für die Märkische Verlags- und Druckgesellschaft in Potsdam, wo er die „Märkische Allgemeine“ herausgibt. Er hat mehrere Bücher veröffentlicht, zuletzt „Anleitung zum Konservativsein“.

Professor Dr. h. c. Hans-Dietrich Genscher, geboren 1927 bei Halle an der Saale, war nach dem Studium der Rechtswissenschaften in Halle und Leipzig und beiden juristischen Staatsprüfungen Rechtsanwalt in Bremen. Von 1946 bis 1952 gehörte er der Liberal-Demokratischen Partei (LDP) an, nach seiner Flucht aus der DDR trat er der FDP bei. Er wurde 1957 Geschäftsführer der FDP-Bundestagsfraktion in Bonn, 1965 Mitglied des Deutschen Bundestags (bis 1998) und Parlamentarischer Geschäftsführer der FDP-Bundestagsfraktion (bis 1969), 1969 Bundesinnenminister, 1974 Bundesaußenminister und Vizekanzler (bis 1992) sowie Bundesvorsitzender der FDP (bis 1985). 1984/85 war er Präsident des NATO-Rats. Seit 1991 ist er Ehrenbürger von Halle, seit 1992 Ehrenvorsitzender der FDP, seit 1993 Ehrenbürger von Berlin und seit 1997 von Osijek (Kroatien). 1994 wurde er Honorarprofessor an der Freien Universität Berlin. 1995 erschienen seine Lebenserinnerungen, 2000 ein Gesprächsbuch mit Ulrich Wickert unter dem Titel „Sternstunde der Deutschen“.

Dr. h. c. Johannes Gross, geboren 1932 in Neunkhausen im Westerwald und gestorben 1999 in Köln, war nach dem Studium der Philosophie und Rechte in Marburg an der Lahn Redakteur der „Deutschen Zeitung", Leiter der politischen Abteilung des Deutschlandfunks und Chefredakteur und stellvertretender Intendant der Deutschen Welle. 1974 wurde er Chefredakteur von „Capital", 1966 Herausgeber von „Capital" und „Impulse". Von 1977 bis 1984 leitete er „Die Bonner Runde" im ZDF. Von ihm erschienen zahlreiche Bücher, darunter „Die Deutschen", „Unsere letzten Jahre" und „Begründung der Berliner Republik".

Dr. Jürgen Luh, geboren 1963 im hessischen Lützellinden, war nach dem Studium der Geschichte, Politik und Rechte in Berlin Assistent an der Freien Universität und der Universität Potsdam. Seit 2002 ist er Wissenschaftlicher Mitarbeiter der Stiftung Preußische Schlösser und Gärten Berlin-Brandenburg. Er hat Publikationen zur Geschichte des Heiligen Römischen Reiches, Preußens und zur Militärgeschichte veröffentlicht.

Professor Dr. Christian Meier, geboren 1929 im hinterpommerschen Stolp, ist nach Lehrtätigkeiten an den Universitäten Frankfurt am Main, Basel, Köln und Bochum von 1981 bis 1997 ordentlicher Professor für Alte Geschichte an der Universität München gewesen. Von 1980 bis 1999 war er Vorsitzender des Verbands der Historiker Deutschlands, seit 1996 Präsident der Deutschen Akademie für Sprache und Dichtkunst in Darmstadt. Zu seinen wichtigsten Publikationen gehören „Entstehung des Begriffs ‚Demokratie'", „Cäsar", „Die Nation, die keine sein will" und „Athen", zuletzt erschien von ihm „Von Athen bis Auschwitz. Betrachtungen zur Lage der Geschichte."

Professor Dr. h. c. Manfred Rommel, geboren 1928 in Stuttgart als Sohn des späteren Generalfeldmarschalls Erwin Rommel, war dort bis 1996 22 Jahre lang Oberbürgermeister, dreimal Präsident des Deutschen Städtetags und bis 1999 Koordinator für die Deutsch-Französische Zusammenarbeit. Nach dem Studium der Rechte in Tübingen und dem

Assessorexamen trat er in den Dienst des Landes Baden-Württemberg, wo er vor seiner Wahl zum Oberbürgermeister Staatssekretär des Finanzministeriums war. Er veröffentlichte mehrere Bücher, zuletzt „Ratschläge und fromme Wünsche".

Dr. Hermann Rudolph, geboren 1939 im sächsischen Oschatz, arbeitete nach dem Studium der Literatur- und Sozialwissenschaften in Freiburg im Breisgau, München und Tübingen als Journalist für die „Frankfurter Allgemeine Zeitung", „Die Zeit", den Deutschlandfunk und die „Süddeutsche Zeitung", bevor er 1991 zum „Tagesspiegel" nach Berlin ging, zuerst als Chefredakteur, dann als Herausgeber. Er veröffentlichte mehrere Bücher und gab die Brautbriefe von Theodor Heuss und Elly Knapp heraus; zuletzt erschien von ihm das Buch „Das erste Jahrzehnt".

Günter Schabowski, geboren 1929 im vorpommerschen Anklam, studierte Journalistik an der Universität Leipzig. 1967/68 besuchte er die Parteihochschule der KPdSU in Moskau. Danach war er bis 1985 Mitglied der Chefredaktion des SED-Zentralorgans „Neues Deutschland", seit 1978 als Chefredakteur. 1981 wurde er Mitglied des Zentralkomitees, 1984 des Politbüros und 1985 Erster Sekretär der Berliner Bezirksleitung der SED. Am 9. November 1989 verkündete er auf einer Pressekonferenz die Reisefreiheit für DDR-Bürger. 1997 wurde er wegen seiner Mitverantwortung für den Tod von Maueropfern zu einer Gefängnisstrafe verurteilt, 2000 aber begnadigt. Er veröffentlichte zwei Bücher: „Das Politbüro" und „Der Absturz".

Jörg Schönbohm, geboren 1937 im märkischen Neu-Golm, ging nach dem Abitur zur Bundeswehr, wo er zuletzt als Generalleutnant Inspekteur des Heeres war. 1992 wurde er Staatssekretär im Bundesverteidigungsministerium, 1996 Senator für Inneres in Berlin. Seit 1999 ist er stellvertretender Ministerpräsident und Innenminister von Brandenburg, im selben Jahr wurde er auch Landesvorsitzender der brandenburgischen CDU. Er hat ein Buch über die Übernahme und Auflösung der Nationalen Volksarmee (NVA) der DDR geschrieben.

Professor Dr. Julius H. Schoeps, geboren 1942 im schwedischen Djursholm, war nach dem Studium der Geschichte, Geistesgeschichte, Politik- und Kommunikationswissenschaften zunächst Verlagslektor und dann Professor in Duisburg. Seit 1992 ist er Professor an der Universität Potsdam und Direktor des Moses Mendelssohn Zentrums für europäisch-jüdische Studien. Er hat mehrere Bücher geschrieben und herausgegeben, darunter „Neues Lexikon des Judentums" und „Enzyklopädie des Holocaust".

Professor Dr. Richard Schröder, geboren 1943 im sächsischen Frohburg, war nach dem Studium der Theologie in Naumburg und an der Humboldt-Universität Berlin Pfarrer in Wiederstedt am Harz. 1990 wurde er Mitglied und SPD-Fraktionsvorsitzender der DDR-Volkskammer. Von Oktober bis Dezember 1990 gehörte er dem Bundestag an. 1991 wurde er an die Humboldt-Universität berufen, wo er 1993 den Lehrstuhl für Philosophie an der Theologischen Fakultät übernahm und bis Mitte 2000 Vizepräsident war. Er ist 1991 bis 1997 Mitglied des Rats der Evangelischen Kirche in Deutschland gewesen. Von ihm stammen mehrere Bücher, zuletzt „Einsprüche und Zusprüche".

Professor Dr. Wolfgang Schuller, geboren 1935 in Berlin, hat nach dem Studium der Rechte und dem Assessorexamen Alte Geschichte studiert. Von 1972 bis 1976 war er Professor an der Pädagogischen Hochschule Berlin, seitdem ist er Professor für Alte Geschichte an der Universität Konstanz. Er hat mehrere Bücher veröffentlicht, darunter eine „Geschichte und Struktur des politischen Strafrechts in der DDR bis 1968" und eine „Griechische Geschichte".

Dr. Jacques Schuster, geboren 1965 in Berlin, war nach dem Studium der Politik und Zeitgeschichte an der Freien Universität Berlin dort acht Jahre lang Mitarbeiter von Professor Arnulf Baring. Er ist jetzt Ressortleiter für die außenpolitische Berichterstattung der „Welt". 1997 erschien sein Buch über Heinrich Albertz.

Professor Dr. Hans-Peter Schwarz, geboren 1934 in Lörrach, war nach dem Studium der Politischen Wissenschaft, Geschichte und Literaturwissenschaft 1966 Professor für Politische Wissenschaft und Zeitgeschichte an der Universität Hamburg, 1973 an der Universität Köln und 1987 an der Universität Bonn. Er ist u. a. Herausgeber der „Vierteljahrshefte für Zeitgeschichte". Er hat zahlreiche Bücher geschrieben, darunter „Der konservative Anarchist" über Ernst Jünger, „Vom Reich zur Bundesrepublik", den zweiten und dritten Band der „Geschichte der Bundesrepublik Deutschland" über „Die Ära Adenauer", eine großangelegte Adenauer-Biographie und „Das Gesicht des Jahrhunderts".

Dr. h. c. Wolf Jobst Siedler, geboren 1926 in Berlin, war nach dem Studium der Soziologie, Geschichte, Philosophie und Germanistik in seiner Geburtsstadt Generalsekretär des Kongresses für die kulturelle Freiheit, Redakteur der „Neuen Zeitung" und Feuilletonchef des „Tagesspiegel". 1963 wurde er Leiter des Propyläen Verlags, 1967 Verleger der Ullstein-Gruppe, 1980 Mitinhaber der Verlage Severin und Siedler und Quadriga und 1963 geschäftsführender Gesellschafter des Wolf Jobst Siedler Verlags. Er hat zahlreiche Bücher veröffentlicht, zuletzt den ersten Band seiner Erinnerungen „Ein Leben wird besichtigt".

Dr. Jochen Thies, geboren 1944 im ostpreußischen Samland, war nach dem Studium der Geschichte, Politischen Wissenschaft und Romanistik in Kiel, Freiburg im Breisgau und Köln Studienrat, Wissenschaftlicher Mitarbeiter am Deutschen Historischen Institut in London, Redakteur des Bayerischen Rundfunks in München, stellvertretender Leiter der Redenschreibergruppe von Bundeskanzler Schmidt und Chefredakteur der Zeitschrift „Europa-Archiv" in Bonn, außenpolitischer Ressortleiter der „Welt" in Berlin und Leiter des Englischen Programms im Hörfunk der Deutschen Welle in Köln. Seit 1997 ist er für das DeutschlandRadio in Berlin tätig, seit 2000 als Sonderkorrespondent und Mitglied der Chefredaktion. Von ihm erschienen mehrere Bücher, darunter „Architekt der Weltherrschaft. Die ‚Endziele Hitlers'" und „Helmut Schmidts Rückzug von der Macht".

Michael Thumann, geboren 1962 im niedersächsischen Lüchow, arbeitete nach seinem Studium der Geschichte, Slawistik und Politik in Berlin, New York und Moskau als Südosteuropa-Korrespondent für „Die Zeit". 1996 ging er für sie nach Moskau, um über Rußland und Zentralasien zu berichten. Seit Anfang 2002 koordiniert er die außenpolitische Berichterstattung der „Zeit".

Dr. Thomas Weiss, geboren 1951 in München, war nach dem Studium der Kunstgeschichte, Klassischen Archäologie und Volkskunde in seiner Geburtsstadt in verschiedenen leitenden Funktionen als Kunsthistoriker tätig. 1994 wurde er Direktor der Staatlichen Schlösser und Gärten Wörlitz, Oranienbaum und Luisium. 1997 ist er zum Direktor und Vorstand der 1994 reaktivierten Kulturstiftung DessauWörlitz berufen worden; sie geht auf die 1918/19 von der herzoglichen Familie gegründete Joachim-Ernst-Stiftung zurück.

Dr. Erwin Wickert, geboren 1915 im märkischen Bralitz, wurde nach dem Studium der Kunstgeschichte und Philosophie in Berlin und Heidelberg und der Volkswirtschaft und Politischen Wissenschaften in den USA vom Auswärtigen Amt kriegsdienstverpflichtet und zunächst nach Schanghai und dann nach Tokio versetzt. Nach dem Krieg lebte er als Schriftsteller in Heidelberg, bis er 1955 in die Diplomatie zurückkehrte. Er war enger Mitarbeiter des Außenministers Schröder, wurde Gesandter in London, Botschafter in Bukarest und schließlich in Peking. Er hat politisch-historische Romane, Essays und Hörspiele geschrieben; zuletzt erschien der zweite Band seiner Erinnerungen „Die glücklichen Augen".

Professor Dr. Michael Wolffsohn, geboren 1947 in Tel Aviv, war nach seinem Studium Wissenschaftlicher Mitarbeiter der Universität des Saarlandes und Lehrstuhlvertreter an der Hochschule der Bundeswehr in Hamburg. Seit 1981 ist er Professor für Neuere Geschichte an der Universität der Bundeswehr in München. Er hat zahlreiche Bücher veröffentlicht, darunter eine „Geschichte der Juden in Deutschland" und „Die ungeliebten Juden".

Arnulf Baring, Wohin wir gehen, aus: A. B., Es lebe die Republik, es lebe Deutschland! Stationen demokratischer Erneuerung 1949-1999 © Deutsche Verlags-Anstalt, Stuttgart 1999.

Johannes Gross, Begründung der Berliner Republik, aus: J. G., Begründung der Berliner Republik. Deutschland am Ende des 20. Jahrhunderts © Deutsche Verlags-Anstalt, Stuttgart 1995.

Christian Meier, Zwischen Bonner und Berliner Demokratie, aus: C. M., Deutschland zwischen der Bonner und der Berliner Demokratie, Zeitschrift für Politik, Organ der Hochschule für Politik München, 41. Jahrgang, 3/1994. Dieser Beitrag beruht auf einer Rede des Autors vor den Stipendiaten des DAAD im November 1993, die nachträglich redigiert und ergänzt wurde. Er wird hier auszugsweise wiedergegeben.